LIBERTAD IDEOLÓGICA

SOBRE EL USO, SU EJERCICIO Y LAS OBJECIONES

LIBERTAD IDEOLÓGICA

SOBRE EL USO, SU EJERCICIO Y LAS OBJECIONES

Marc-Abraham Puig Hernández

COLEX 2024

Calle Costa Rica, número 5, 3.º B (local comercial)
A Coruña, 15004, A Coruña (Galicia)
info@colex.es
www.colex.es

I.S.B.N.: 978-84-1194-699-5
Depósito legal: C 1549-2024

Para Aura, con amor.

SUMARIO

PREFACIO

¿Cómo es posible que en el siglo XXI se haya degradado el afán de verdad frente a la moral del establo, que permite disfrutar del calor del rebaño? ¿Cómo es posible que sea en campus universitarios, originariamente, los Estados Unidos, pero después muchos otros, donde ha nacido la inquisición de la corrección política y la cultura de la cancelación, que coarta la libre expresión y supone un retroceso rotundo en el proceso de la ilustración?

Adela Cortina,
«Universidad, al margen de la ley», *El País*, 8 de abril de 2023

La filosofía es, pues, a la vez una «predisposición y una necesidad» que nos encontramos en nuestra propia conciencia. Pero al ir a satisfacerla, esto es, al elaborar nuestra propia filosofía, tenemos que hacerlo con lo demás que en nuestra conciencia hay. Y en esta conciencia hay, queramos o no, los resultados del pretérito.

José Ortega y Gasset,
Guillermo Dilthey y la idea de la vida, 1934

En 1975, Julián Marías escribió un prólogo para *La rebelión de las masas*. Preocupado por el estado decadente de la filosofía y de nuestro pensamiento, aunque esperanzado pese a los signos de evidente congoja, escribió parafraseando a Ortega que «dentro de poco no va a haber ninguna razón accesoria o superficial para dedicarse a la filosofía, y se volverá a ejercer por aquellos que no tengan remedio, que no puedan vivir más que haciéndola».

En la academia, es habitual introducir las obras mencionando las fuentes que lo han financiado, que las han convertido en realidad. Lo que pasa es que este libro no ha chupado del bote de ningún ministerio, secretaría o consejería. Tampoco debe su nacimiento a una de esas místicas estancias de investigación en una universidad anglosajona. Así que no precisa de mención al peculio de un patronazgo ni de pleitesía alguna al pontífice de turno en Oxford, Harvard o algún lugar por el estilo.

Ahora bien, no piensen que el libro lo haya completado a espaldas de la universidad. Al contrario, este texto sale de la universidad, lo lanzo desde la universidad. En particular, desde la Universidad Autónoma de Barcelona a las gentes que habitan nuestras universidades y que en ellas se están formando una idea del mundo que les circunda. Sobre ellas lanzo un conjunto de reflexiones que considero pueden serles de interés. Por lo cual, el trabajo, en lugar de beber de jugosas fuentes e influencias, bebe de las gentes de la universidad, de su ambiente, de sus pasillos, de sus clases. Claro que hay otra forma de pensar nuestra institución más allá del certificado, la acreditación, el currículo, la innovación docente, de los *workshops*, *webinar & international congresses* organizados por la cofradía de la santa interdisciplinariedad o de la pedantería allende nuestros muros.

El libro lo he escrito por el placer de escribirlo y por la creencia en que tenía algo que contar.

No ha habido ulterior motivo. Sabedor de que podía hacerlo, de que contaba con esa facultad, me propuse transmitir algunas ideas. A fin de cuentas, sobre esa capacidad, sobre ejercerla y sobre esforzarse en exponer las ideas va el tema de esta pequeña obra. Esto es, sobre la libertad ideológica.

A propósito de ella me convencí de unas cosas y comparto ese parecer con una pirueta racional por sintetizarlas y exponerlas más literaria que académicamente. Aquí no encontraran objetividad ni compromiso con lo políticamente correcto, buenas maneras o reivindicación de unos valores sociales o culturales. Tampoco me lo pidan. Aquí les ofrezco un esfuerzo sincero, en sí mismo, dentro de mis posibilidades. Porque esa actitud ante la vida es un modo de hacer filosofía, y la encontrarán latiendo al pulso de las razones que van entrando y saliendo de las páginas.

La actitud ante los interrogantes que nos dejan intranquilos, que no paran de bombardearnos, de provocarnos insomnio, ante esa desorientación tan humana, que es la llamada a filas de la filosofía.

INTRODUCCIÓN

Senos en el presbiterio

1.

PROYECTAR LA LIBERTAD

> En otros casos, sin embargo, es posible que el Estado tenga que actuar para promover la solidez de un debate público en circunstancias donde los poderes extraestatales repriman el discurso. Puede que tenga que asignar recursos públicos (repartir megáfonos) a aquellos cuyas voces no se escucharían de otro modo en el foro público. Incluso puede tener que silenciar las voces de algunos para poder escuchar las voces de los demás. A veces, simplemente, no hay otra manera.
>
> Owen Fiss,
> *The Irony Of Free Speech*, 1996

El 20 de diciembre de 2013, la activista Eloïse Bouton, por aquel entonces miembro del colectivo FEMEN, entró en la Iglesia de la Madalena de París. Su intención era la de practicar una performance provocadora de las que suelen caracterizar a los grupos activistas.

El atuendo escogido para la ocasión consistía en lucir la parte superior del cuerpo descubierta, cubriéndose únicamente cabeza y hombros con un velo azul a imagen y semejanza de la Virgen María. En el torso y en la espalda llevaba inscritos eslóganes feministas y proabortistas.

Por su parte, la actuación que llevó a cabo incluyó en el repertorio desde representar la postura de orar hasta mostrar un hígado de res y simular que practicaba un aborto. Con las manos pintadas de rojo había concluido lo que consideraba ser el aborto del niño Jesús[1]. En el portal de Facebook de la organización activista se anunció que «la santa madre Eloïse acaba de abortar el embrión de Jesús en el altar de la Madeleine».

Durante el espectáculo no se estaba celebrando misa ni oficio alguno. Con ello pretendía animar el debate público en torno a la posición de la Iglesia respecto al aborto. Desconocemos si logró plantear el debate con suficiente calado en Francia a propósito de este asunto, aunque lo que sí consiguió la

1 https://www.eldebate.com/religion/catolicos/20221021/feminista-aborto-jesus-amparada-tribunal-europeo-derechos-humanos_67605.html

señora Bouton fue la imposición de una pena de prisión de un mes y una importante multa. Los tribunales franceses apreciaron la exhibición de los pechos como un acto sexual condenable.

Esta sanción es la que recientemente el Tribunal Europeo de Derechos Humanos[2] no consideró procedente para el caso. A lo largo del razonamiento del tribunal se atiende a que la sanción no buscaba castigar la «libertad de conciencia o de religión», sino la manifestación llevada a cabo en un lugar púbico. Lo que había que ponderar aquí, de acuerdo con el TEDH, era su capacidad para expresar unas ideas enseñando sus pechos y plantear un debate público frente al derecho a la libertad de conciencia y de religión de la Iglesia y de sus feligreses. El hecho de no haber llevado a cabo la actuación durante liturgia alguna lleva a considerar el altar de la Iglesia de la Madalena como un lugar público y no como un escenario en el que necesariamente se practica y ejerce el derecho a la libertad religiosa y de conciencia en un momento de liturgia.

A ojos del TEDH no se discutía un asunto en que la libertad ideológica, de conciencia o de religión se viera menoscabada con la imposición de las sanciones francesas, sino la limitación de un tipo de expresión de ideas en el «contexto de un debate político o público». Dicho de otro modo, la acción de la señora Bouton iba encaminada a generar un debate público en un escenario propicio para generar suficiente repercusión social. Al no practicarse oficio alguno, el tribunal entiende que no hablamos de colisión de derechos, sino de la limitación del libre discurrir de las ideas en uno de sus posibles foros.

El discurso práctico

Con esta decisión del TEDH podemos retener que unas ideas han podido abrirse paso en lo que aparentemente se presenta como un contexto hostil. Entiendo que sacar una observación tan genérica pueda sonar provocador, especialmente para quienes profesan la fe cristiana. En este caso, ellos podrían alegar que las mismas ideas que han sido preservadas para la otra parte han sido faltadas al respeto para la suya. A fin de cuentas, una creencia religiosa se caracteriza por un ideario mantenido a lo largo de los siglos, y la expresión de ideas provocadoras en sus lugares de culto no pueden ser vistas menos que como un agravio.

Por de pronto, nos encontramos con que podemos recurrir al uso de la libertad ideológica en ambos casos, el de la activista y el de los cristianos. Por así decir, el semblante serio del término «libertad ideológica» se transforma en un utensilio que sirve para un roto y para un descosido.

Con los pechos de Eloïse nos adentramos en una cuestión práctica, a saber, qué uso le damos a eso que llamamos libertad ideológica. La libertad

2 STEDH de 13 de octubre de 2022, asunto *BOUTON vs. Francia*, Consulta 22636/19.

ideológica está vinculada con las ideas que se abren paso en el foro público porque se muestra un ideario o una postura sobre algún tema. Además, se vincula con una expectativa de que se respeten esas ideas y, también, con que esas ideas pueden ser el sustento de una creencia religiosa. Con todo ello, ¿cómo deberíamos usar el término libertad ideológica? ¿Son términos equivalentes la libertad ideológica, la libertad religiosa y la de creencias? ¿Es mejor optar por el de libertad ideológica en un caso y el de libertad religiosa en otro, indicado a continuación que también eso es una idea? Siempre que hablemos de ideas, creencias, convicciones, principios, pareceres políticos... ¿estaremos haciendo referencia a la libertad ideológica?

Para dar respuesta a estos interrogantes debemos prestar atención al Derecho. En los ordenamientos jurídicos aparecen consagradas todas estas libertades de una manera u otra. Si incidimos sobre el porqué de regularlas y sobre cómo garantizarlas estaremos en condiciones de diferenciar cada uno de los términos. A esa faena nos dedicaremos en la primera parte de la obra.

El ejercicio de derechos fundamentales

El TEDH se pronunció sobre la libertad de conciencia de una manifestante en contraposición a los intereses de una entidad religiosa, en principio amparados también por las garantías de esa libertad. Esta dualidad entre manifestante y ordenación religiosa nos ayuda a plantear la siguiente pregunta: ¿acaso puede aparecer la libertad ideológica tanto en un sujeto como en una institución? ¿Qué pasaría si juntáramos educación y religión, como en una escuela religiosa? Si es posible para una institución sostener principios y valores, como los de la libertad o una concepción religiosa, moral o ideológica, ¿pueden las instituciones priorizar el trato en favor las personas que profesan su ideario respecto a las que no lo hacen? ¿Puede ello derivar en algún trato injustificado? Asimismo, ¿cómo se solventan los conflictos jurídicamente cuando sujeto e institución mantienen ideologías contrapuestas? ¿Existe un hilo argumental que permita orientarnos entre este embrollo ideológico?

Para responder a esta pregunta hay quienes abogan por la neutralidad de determinadas instituciones, especialmente si se trata de las Administraciones Públicas, como podría ser el caso de las universidades. En este caso, estaríamos ante un principio de actuación de las instituciones públicas que las empuja a mantenerse equidistante respecto a la ideología de quienes forman parte o de quienes entran en contacto con ellas, por ejemplo, al tramitar un expediente. Digamos que esta sería la concepción deontológica del respeto por la libertad de pensamiento del individuo, de la que surge el principio de actuación por el cual las instituciones públicas deben mantenerse neutrales, por tanto, sin interferir en la concepción ideológica o religiosa de los particulares. Es decir, no debería haber problema siempre y cuando la institución no menoscabe la libertad individual en lo tocante a la ideología.

Sin embargo, hay algo raro en esta propuesta que no acaba de cuadrar. Volvamos a los pechos de la señora Bouton. Si la concepción deontológica de la neutralidad está en lo cierto, la Iglesia debería mantenerse al margen de cualquier idea que afrente al ideario de la activista, y debería hacerlo por principio, es decir, antes de que se proceda a actuar. Como la gente puede pensar muchas cosas, ¿quiénes son los creyentes, el párroco o el vicario para sentirse ofendidos por unos senos campeando por el presbiterio? A fin de cuentas, la política y los movimientos sociales traen estas cosas. Luego, da igual si tenemos noticia de las ideas en un lugar dedicado al culto religioso, en un cementerio o en el campo de concentración de Auschwitz. Ahora bien, algo no termina de verse claro, algo de mal gusto nos chirría en el hecho de que, en este último lugar, pudiera practicarse una performance al grito de «viva el aborto; total, como esta gente ya no lo va a ver...».

Por más que aceptemos que por principio cabe abrir paso a las opiniones, situaciones como el grito en el campo de concentración, al menos, a mí, me resultan incómodas. Despiertan la incomodidad porque si esa es la justificación que da sustento a la manifestación de ideologías da la sensación de que todo vale, y por tanto nada habría que garantizar.

Estoy convencido de que disponemos de otra forma de justificar las decisiones cuando dos ideas o creencias chocan en el foro público, tanto a nivel jurídico como a nivel pragmático, y por tanto social o político. Por justificar me estoy refiriendo a que podemos alcanzar resultados análogos a la decisión del TEDH, mas aportando otro tipo de razones, de argumentos. En este caso, seguramente alcancemos una decisión parecida, como la aceptación de la performance de la señora Bouton. La contrapartida sería que nos exigirá un mayor esfuerzo argumentativo, aunque al final del día daremos con decisiones más razonadas y ampliamente aceptables. Intentaré sintetizar esta idea.

Si partimos de haber aceptado que las instituciones pueden adoptar un ideario (que pueden hacer lo más, en este caso, que una institución como la Iglesia asuma un credo ejerciendo un derecho constitucional), parece evidente que estas entidades puedan señalar que una idea o creencia contradice a otra o que simplemente no resulta pacífica con la que ya han asumido (que pueden hacer lo menos, en este caso, afirmar que las ideas transmitidas en el presbiterio degradan o humillan a quienes profesan sus creencias). ¿Por qué esto adquiere relevancia ahora? Aceptado que una institución ostente la facultad de asumir ideas, suena extraño remitirnos sólo al respeto de la manifestación de otras ideas, desancladas de toda circunstancia y obligándola a que se acepten a todo trance. Esto es, que admita esa otra ideología sin poder replicar o aportar una visión particular de las cosas, especialmente cuando los hechos suceden en el seno de la institución.

Asumamos un punto de vista práctico. Partamos del suceso. En el caso, cuando la señora Bouton realizó esos actos no se estaba celebrando oficio alguno. Ello implica, o al menos nos permite presuponer, que la afectación sobre la libertad ideológica, de pensamiento, de conciencia, religiosa... de la Iglesia y de los creyentes se vería relativizada. Hay diferencias evidentes entre interrumpir una misa, por ejemplo, y expresar una idea sin ninguna audiencia visible, con el templo vacío de gentes. En el primer caso, la ideología se abriría paso afrentando las creencias de los feligreses congregados en el lugar. En el segundo caso, por así decir, encontraríamos un sujeto más difuso, si se me permite la expresión. Si esta diferencia nos parece relevante algo tendrá que ver en el razonamiento sobre el ejercicio de la libertad ideológica. Luego, si encontramos que el Derecho da respuesta a los casos particulares siguiendo unas líneas generales elevadas desde el caso para garantizar el respeto a la libertad ideológica podremos decir que, por inducción, la teoría no tiene por qué explicar la neutralidad en términos deontológicos.

Apostaremos por aportar ese otro criterio, buscaremos otra explicación para desarrollar una teoría satisfactoria del ejercicio de la libertad ideológica cuando entra en conflicto con el ideario de una empresa, una institución o una administración.

A esta labor dedicaremos la segunda parte del libro.

Libertad frente a un mandato

En ocasiones, la libertad ideológica, que evidencia las creencias o la ideología de los individuos, aparece como el fundamento para negarse a cumplir con un mandato.

Ciertamente, a veces un mandato legal obliga a llevar a cabo una conducta que supone un conflicto importante con los principios y valores del individuo. No me refiero a cualquier tipo de duda o impedimento, sino a un conflicto insuperable de conciencia. ¿Qué quiere decir eso? Supone tener que prescindir de las propias ideas, creencias, convicciones, dejar de lado la propia moral, cerrar los ojos ante la situación que nos apremia y pisar el pedal del acelerador para cumplir con el mandato, sabiendo que aquello que dejamos atrás al cumplir con esa obligación es parte de la vida, en concreto, todo lo que le da sentido. Implica sacrificar el significado de la propia vida en aras de cumplir con un deber impuesto a través del Derecho. Es un conflicto insuperable porque en estos términos cumplir con el mandato conlleva renunciar al sentido de la propia vida.

Las creencias y las convicciones encuentran a menudo un arraigo profundo en nuestra conciencia. Ante este tipo de situaciones dramáticas sólo queda emprender un camino que se divide en dos direcciones. De una parte, renunciar a uno mismo para dar cabida al imperativo legal. De otra, sin poder renunciar al significado de nuestra vida, plantear la excepción al cumplimiento de ese deber. No hablamos aquí de saltarnos a la torera las exigencias legales, sino de plantear una salvedad justificada para ese deber en concreto, para esa obligación, pura y llanamente. En esto consiste lo que suele denominarse un dilema profundo de conciencia.

Cuando en casos dramáticos, extremos y difíciles se opta por este segundo sendero, el de priorizar la propia creencia o ideología, no nos referiremos a ello como un insumiso cualquiera, como un desobediente o un disidente. Al contrario, en ese caso, antes que desoír el deber jurídico se plantea una excepción al mandato de la norma jurídica porque hay otra norma, también jurídica, que manda garantizar nuestra libertad. Mas en esos casos hablaríamos de objeción de conciencia.

¿Cabe recurrir a la objeción de conciencia en este tipo de casos? Bien, dicho lo anterior la respuesta a este interrogante podría parecer sencilla, aun una tautología: sí, por supuesto, en cualquier caso, siempre que adquiera ese tinte dramático, sino trágico. Sin embargo, temo que cuando se plantea la desobediencia al Derecho la respuesta no sea tan sencilla, pues no creo que exista ordenamiento alguno pensado para ser desobedecido en lugar de acatado. ¿Qué hace a la objeción de conciencia diferenciarla del resto de insumisiones al ordenamiento? Si el derecho a la objeción de conciencia es en efecto un derecho, ¿debe estar contemplado expresamente en el ordenamiento jurídico? Entonces, ¿qué relación guarda con la libertad ideológica? Porque de situarnos en el ejercicio de una libertad, ¿cómo vamos a establecer de antemano los supuestos en los que va a ejercerse? ¿Cualquier idea o creencia cuenta para eximirnos de cumplir con los requerimientos legales? ¿Qué implica objetar en conciencia? Y, por tanto, ¿cuál es su sentido?

A este tipo de interrogantes nos enfrentaremos en la última parte de la obra.

Tres supuestos que involucran la libertad ideológica

Las libertades vinculadas con el ideario transmitido en el caso de la señora Bouton, las creencias de una institución como la Iglesia, compartidas por sus feligreses y vituperadas por otros, y el derecho a la objeción de conciencia presentan tres situaciones en que habitualmente aparece la libertad ideológica. Estas tres situaciones hacen referencia al uso de un término o de otro, al ejercicio de un derecho fundamental y a las posibles objeciones a los mandatos invocando el nombre de esa misma libertad.

En primer lugar, el recurso a la ideología, a las ideas en sentido amplio, a las creencias, las convicciones, los principios o el credo, es decir, al contenido de esta libertad, aparece en el discurso práctico bajo el nombre de otras tantas libertades. A estas alturas, a nadie debe extrañarle oír hablar de libertad ideológica, de conciencia, de pensamiento o de religión. Ahora bien, el uso que se hace de todos estos términos puede ser algo confuso porque no siempre esas expresiones nos remiten al mismo concepto. Y aquí se trata de intentar aclarar un poco ese asunto.

En segundo lugar, el ejercicio de la libertad ideológica nos traslada al ejercicio de un derecho peculiar, pues hablamos de un derecho fundamental. Los ordenamientos jurídicos protegen celosamente estos derechos, otorgándoles garantías elevadas a todos ellos y concretándolas minuciosamente en cada uno de ellos. Cuestión esencial es atender, primero, a ese conjunto de garantías para, después, discutir sobre el tipo de argumentación más propicio al abordar los casos que incluyen el ejercicio de la libertad ideológica. Intentaré no causar una impresión excesivamente dogmática en esta parte central de la obra.

Finalmente, hay un debate en torno a una de las concreciones de la libertad ideológica, y consiste en la posibilidad de ejercer un derecho, digamos, genérico, a la objeción de conciencia como genuina manifestación de esta libertad. De existir una puerta abierta a un derecho «genérico», su ejercicio podría confundirse con otras formas de desatender los requerimientos legales, de objetar, de desobedecer, a no ser que indaguemos en el sentido de objetar en conciencia al desobedecer. Creo que referirse a todo lo anterior pertenece al corazón de los meollos de la libertad ideológica como una cuestión ineludible e inescindible. También controvertida. De ahí su lugar reservado en la parte final.

Uso, ejercicio y objeciones constituyen tres supuestos en los que la libertad ideológica juega un rol no siempre claro. Este libro es un intento de aportar algo de claridad a partir de una serie de reflexiones. Que lo haya conseguido o no caerá en el parecer de quien esté pendiente del viaje que da comienzo en las próximas páginas. Algunas de las propuestas serán consideradas evidentes y seguramente sobre muchas otras el lector reservará su opinión particular al respecto sin comulgar con las aquí plasmadas. No pretendo convencer de nada a nadie, sino compartir esas reflexiones. La intención, por tanto, estriba en debatir sobre un tema de interés, del que con agrado siempre estoy abierto a comentar las tesis que aquí se ofrecen. Por último, aunque sea una cuestión más propia del azar, también espero que ese conjunto de reflexiones le pueda ser de utilidad a algún desocupado lector.

PRIMERA PARTE

El progreso del peregrino en la similitud de los términos

2.

LA AVENTURA DEL DISCURSO PRÁCTICO. LIBERTAD IDEOLÓGICA Y TÉRMINOS AFINES

> Las libertades básicas se limitan mutuamente y se autolimitan. No son libertades absolutas. Se mantienen en un equilibrio sin el cual no sería posible el ejercicio de ninguna de ellas. Y es preciso conservar esa coherencia a fin de que una libertad básica sea limitada o negada sólo para procurarse otra, y no por razones de bien público o por otro tipo de valores.
>
> Victoria Camps,
> «Introducción», en John Rawls, *Sobre las libertades*, Paidós/ICE-UAB

Durante el mes de septiembre de 2022 se celebró en Santiago de Compostela el XXIV Encuentro de la Conferencia Estatal de Defensorías Universitarias. Esta entidad cuenta con órganos institucionales de las universidades estatales, como los Defensores de los Estudiantes o el «Síndic», como se denomina en las universidades catalanas. La figura de los defensores representa una autoridad pública que defiende las causas de los ciudadanos frente a los poderes públicos. Las reuniones de esta entidad se celebran con cierta regularidad y abordan asuntos de diversa índole, aunque relacionados con la protección de los derechos de las gentes que habitúan en las universidades. En esas reuniones es habitual que intervengan ponentes, entre ellos catedráticos de universidad o personalidades públicas de relevancia. Para el encuentro de 2022 la invitación se extendió al Defensor del Pueblo.

En la comparecencia del Defensor del Pueblo, en ese momento la figura estaba personificada en Ángel Gabilondo, se puso de manifiesto que en los campus universitarios de toda España se ejercen derechos fundamentales muy conectados con la esencia de nuestras democracias. Empezó por enumerar la libertad ideológica y la religiosa. De ellas se desprenden una serie de derechos, tales como son la libertad de expresión, el derecho de reunión, asociación y manifestación, la libertad de cátedra o el derecho a la educación.

Así, pues, en las universidades «se despliega de forma especialmente intensa el ejercicio de algunos derechos fundamentales esenciales para el desarrollo de nuestra democracia»[3]. En particular, la libertad ideológica junto con el séquito de libertades y derechos fundamentales que la siguen o que guardan íntima relación con ella.

Qué tipo de relación mantienen esas libertades es una cuestión a la que puede responderse de diversas maneras. Una forma de concebir la relación entre ellas sería a través de lo que podríamos referir como una unidad sistemática. De forma más llana, tomando el todo por la parte. Por sistemática diríamos que se dan todas las libertades al mismo tiempo. De esta manera, apareciendo una de ellas, aparecerían todas las demás. Es decir, que el ejercicio de una de ellas acarrea el de todas las demás en algún grado.

Sin embargo, este argumento plantea dificultades. Por ejemplo, no tiene por qué aparecer siempre la libertad de asociación cuando se invoca la libertad ideológica. No parece que el señor Gabilondo estuviera dando a entender con su referencia a la libertad ideológica que haya que reunirse o asociarse en los campus universitarios para dejar constancia de esa libertad y no de otra cosa. ¿O acaso un solo profesor no puede manifestar sus ideas por sí mismo? Lo mismo diríamos de los estudiantes. ¿Debe afiliarse un joven a un sindicato o a una asociación para dar expresión a sus ideas? Paradójicamente, este argumento nos llevaría a la negación de la libertad, pues una idea propia cabría concebirla como disidencia y, por tanto, como una indisciplinada respecto al ideario colectivo. En definitiva, la sistematicidad nos condenaría a la ausencia de libertad en el caso de abrir paso a la propia ideología. Sin duda, cabe descartar este argumento y plantearse el recurso a la libertad ideológica y los términos afines de otro modo.

Un segundo argumento, más prometedor, explica la relación entre esta serie de libertades en los términos de género a especie. En este caso, una de esas libertades, presumiblemente la libertad ideológica, actuaría como la libertad que englobaría al resto de libertades como manifestaciones genuinas de ese concepto, a modo de un paraguas, dando cobijo al resto bajo su manto. Cada una de esas otras libertades podría darse, o no, en concurrencia con las demás.

Visualmente, las especies distintas de un mismo género dibujarían las ramas de un árbol, donde la libertad ideológica sería el tronco del árbol mientras que las otras libertades las ramas. Así lo serían la libertad de expresión o la de asociación. De igual manera, cada rama puede abrirse en subsiguientes ramales, presentando la concurrencia de un elenco de libertades en un caso concreto. Como en una clase de universidad en la que la libertad de

3 https://www.defensordelpueblo.es/noticias/defensor-del-pueblo-clausura-xxiv-encuentro-estatal-defensorias-universitarias/

cátedra, a menudo, aparece tan estrechamente entretejida con la libertad de expresión que hasta el mejor cirujano dudaría en el lugar donde practicar la escisión entre una y otra.

Estas dos formas de abordar la relación de la libertad ideológica con las libertades afines ilustran dos argumentos contrapuestos para concebir el uso de los términos. Según el primero, el sistemático, la opción por los términos depende solo de una preferencia del interlocutor: tanto da si el participante escoge un término u otro, pues, a fin de cuentas, cualquiera de ellos implica a los otros. Todas las libertades vinculadas con la ideológica operarían como sinónimos. Según el segundo, el recurso del interlocutor a un término no sería una acción incondicionada; si bien la libertad ideológica evocaría un concepto genérico, en función de la situación deberíamos optar por un término más apropiado prestando atención a las circunstancias del caso.

En adelante, propugnaremos por la segunda opción, aunque nuestra misión dista de ser sencilla. Para resolver la cuestión práctica referente a los términos, debemos partir de que la expresión libertad ideológica aparece en las normas jurídicas, que hay otros términos jurídicos afines y que, en virtud de esa afinidad, a menudo se aplican intercambiándose. Y esta cuestión se agudiza cuando en lugar de referirnos a la libertad de expresión o a la de cátedra, pues más o menos nuestra intuición nos lleva a usar cada una de esas expresiones diferenciadamente, vinculamos la libertad ideológica con las libertades de pensamiento, de conciencia o religiosa.

Si estoy en lo cierto, creo que, al resolver la relación conceptual, teórica, que subyace a estos últimos términos estaremos en mejores condiciones de justificar el recurso apropiado a cada uno de estos vocablos, la puesta en práctica. Toca prepararnos para dar un buen rodeo y ver por qué la conexión de la libertad ideológica con estos términos se intensifica gracias al Derecho. Abróchense los cinturones.

Vocablos jurídicos afines

Los textos legales no escatiman en vocablos para referirse a la libertad ideológica. Un vistazo rápido a algunas normas muestra que la terminología derrocha recursos en el léxico a la vez que economiza la redacción de los artículos al conectar libertades entre sí. Ejemplo de ello es la Constitución Española de 1978, un texto que proclama conjuntamente «la libertad ideológica, religiosa y de culto» en la misma frase, en su artículo 16.1.

Nuestro Tribunal Constitucional considera la libertad de conciencia y la libertad de pensamiento expresiones parejas a la de libertad ideológica. A fin de cuentas, el Convenio Europeo de Derechos Humanos (CEDH) en su artículo 9 recoge la «libertad de pensamiento, de conciencia y de religión». A efectos jurídicos, por ahora, podemos considerar los artículos 16.1 de la Constitución Española (CE) y 9.1 del Convenio mencionado como artículos equivalentes sin mayores reservas.

Ahora bien, la libertad ideológica y estos términos jurídicos afines no aparecen siempre enumerando el mismo elenco de libertades, esto es, cada norma lista su propio catálogo de libertades en su tenor literal. Así, encontramos que la Carta Canadiense de Derechos y Libertades separa en diferentes libertades este conjunto de términos, al especificar que «todos tienen las siguientes libertades fundamentales»: de una parte, la libertad que comprende la conciencia y la religión y, de otra, la libertad que refiere al «pensamiento, la creencia, la opinión y la expresión, incluyendo la libertad de prensa y cualquier otro medio de comunicación». A su vez, estas dos últimas libertades se diferenciarían de otras dos libertades más: la de asamblea o reunión pacífica y la de asociación[4].

Obviemos la última parte para centrarnos un momento en las dos primeras libertades. En la Carta Magna canadiense hay una preocupación por separar en distintas libertades la de conciencia y religión, por un lado, y de pensamiento, creencia u opiniones, por otro. ¿Y no será porque en realidad constituyen libertades distintas? De ser así, quién lleva razón, ¿la CE y el CEDH comprimiendo todo en un mismo articulado o la carta canadiense? ¿A qué se debe esta variedad de vocablos y estas diferencias en los textos legales? ¿Quiere eso decir que podemos usar indistintamente los términos en el caso de España y del Consejo de Europa mientras que debemos ir con cuidado en el de Canadá y en tradiciones jurídicas similares?

Las diferencias no terminan ahí. Ciertamente, Canadá presenta contrastes respecto a la formulación normativa empleada en España y en Europa, aunque también sucede que España introduce una distinción terminológica respecto a Canadá y al Consejo de Europa. ¿Por qué la CE introduce el término «libertad ideológica» mientras que los otros textos normativos hacen referencia a la libertad «de pensamiento y de conciencia»? ¿Qué necesidad había de complicar aún más el asunto de los términos?

Lo cierto es que encontramos este batiburrillo de términos vinculados dentro de las libertades fundamentales y ese puede ser un buen punto de partida para ir poniendo orden a este coro inarmónico de voces. Dentro de los denominados derechos fundamentales encontramos un rango más o menos extenso de libertades. Podemos adoptar un punto de vista metodológico prudente y considerar que cada una de esas libertades tiene su propio ámbito de validez. Dicho en otras palabras, que cada una de las libertades mencionadas opera en un contexto particular y que, además, cuenta con garantías propias. Este camino es el más largo, no hay duda, aunque si observamos qué ámbito de validez material implica cada libertad estaremos en mejores condiciones de revisar cuándo procede un uso análogo de los términos y de apelar por uno apropiado llegado el caso.

4 Artículo 2 de la Part I, Canadian Chapter of Rights and Freedoms, Constitution Act, 1982.

Dicho lo anterior, debemos recordar dos cuestiones ya anunciadas antes, un tanto de paso, y que ahora se vuelven vitales.

La primera, que la libertad ideológica, por un lado, y las libertades de pensamiento y de conciencia, por otro, no figuran dentro del mismo catálogo normativo de derechos y libertades. Mientras que la CE contiene la expresión libertad ideológica, el CEDH, entre otros ejemplos, enmarca las otras dos. Nosotros empleamos los términos libertad ideológica, libertad de pensamiento y libertad de conciencia como sinónimos y la razón proviene en gran parte de que la jurisprudencia del Tribunal Constitucional cuando se refiere a los derechos que proclaman la CE y el CEDH[5].

Ahora bien, una cosa es la retórica, el uso de los términos, y otra cosa las garantías específicas que se derivan de un derecho, en este caso, de una libertad fundamental. Importa tener presente esta dicotomía entre lo descriptivo (en los términos empleados) y lo prescriptivo (mandado por las normas jurídicas) porque podemos encontrarnos con connotaciones específicas que pertenezcan a una libertad en concreto y no a las otras. De ser así, el uso indistinto de los términos podría generar confusión sobre las características propias de una u otra libertad y sobre qué elementos componen el concepto al que se refiere esa libertad, por reservados que sean. Por tanto, ante el concepto específico que evoca cada libertad (sea nombrada como ideológica, de conciencia, de pensamiento) en atención a las garantías jurídicas de un derecho, habría razones para rechazar el recurso indiscriminado de los términos.

La segunda, que la libertad religiosa elevaría el problema terminológico porque esta libertad aparece siempre vinculada en los textos con el resto de las libertades. Tanto en el plano descriptivo como en el prescriptivo, ¿quiere eso decir que la libertad religiosa siempre va a ejercer como sinónimo? Creo que pocos argumentarían afirmativamente una respuesta a esa pregunta. Al menos, porque la libertad religiosa, tentativamente, parece conducirnos a un escenario muy concreto en el que operan creencias propiamente religiosas y no de cualquier otra naturaleza. Este ensayo al pronto sobre la libertad religiosa debe hacernos parar y reflexionar sobre un asunto de interés. Pese a la reiteración en aparecer conjuntamente la libertad religiosa junto con el resto de las libertades en los textos normativos, resulta que no nos plantea un serio problema para distinguir el uso apropiado de los términos. Esto es, la libertad religiosa nos indica una cuestión de hecho tan concreta que podemos invocarla sin series dificultades, a pesar de la correlación normativa con la libertad ideológica o la de pensamiento.

Hagamos recuento de lo que acabamos de mencionar y aseguremos nuestros siguientes pasos.

---

5 Sirve de ejemplo la STC 145/2015, de 25 de junio, y la jurisprudencia anterior que aparece recogida en ella.

Las libertades encuentran equivalencia en los diferentes artículos que dan forma a los ordenamientos nacionales e internacionales. De acuerdo. Ahora bien, el interrogante persiste: ¿de ahí se sigue que puedan emplearse como sinónimos? La cuestión dista de ser pacífica. Especialmente, cuando al adentrarnos en el terreno legal cada libertad consiste en un derecho y, en tanto que derecho, tiene garantías más o menos específicas.

Ejemplo de ello es la libertad religiosa, cuando el ordenamiento jurídico español despliega un arsenal de derechos recogidos en una ley orgánica para concretar su protección en diversos ámbitos y de distintas maneras. Cierto es que en tanto que derechos fundamentales, todas estas libertades cuentan con, al menos, un cúmulo de garantías jurídicas compartidas. Es decir, una protección o cobertura legal pareja para todas ellas. Mas si ocurre que una de esas libertades tiene, además, un ámbito de protección específico habría indicios para sospechar que el resto de las libertades también podría tener el suyo. Y de ser esto cierto, la equivalencia que en un inicio nos plantean las normas podría no ser tan certera.

De este modo, tal vez la libertad ideológica en unos casos sea un sinónimo de la libertad de pensamiento, en otros, sinónimo de la libertad de conciencia y, al mismo tiempo, que cada una de estas dos últimas libertades designe cosas distintas. De ser así, tendríamos razones para indagar cuál es la razón de ser de cada una de las libertades y cuál es el momento oportuno para invocarlas. A esta labor destinaremos la primera parte de la obra. Para ello, viajaremos en el tiempo y en el espacio. Las estaciones que nos interesa visitar en nuestra ruta pasan, primero, por atender a unas referencias conceptuales, podríamos decir, clásicas sobre las libertades. Luego, por tomar en consideración cómo estas libertades han sido recibidas por los ordenamientos jurídicos, esto es, prestaremos atención a qué vocablos han sido designados para referirse en otras normas a lo que hayamos entendido por libertad ideológica. Además, no olvidemos el inmiscuirnos en las garantías jurídicas, en la protección que ofrece el Derecho a esas libertades, y a partir de ahí estaremos en condiciones de proponer un uso concreto para cada una de ellas.

Bien, ya tenemos preparados los objetivos del viaje. Tracemos un orden de paradas. A continuación, atenderemos al concepto de libertad ideológica de la mano de la libertad de pensamiento. Seguidamente, nos entretendremos en desgranar por qué el vínculo jurídico que existe entre la libertad ideológica y la libertad religiosa no nos impide que diferenciemos ambos conceptos y que los usemos sin graves reparos. Luego, intentaremos extrapolar esa operación al caso de las libertades de pensamiento y de conciencia. Y, de no ser posible, no nos quedará más remedio que recurrir a un criterio que haga factible la distinción. Para nuestra fortuna, autores egregios ya han traído luz sobre asuntos complejos que involucran a la libertad. Nunca está de más contar con grandes cabezas cuando nos sitian los problemas. Una baza con la que siempre debemos contar y de esta manera pagamos un pequeño tributo a quienes se han entretenido en pelearse con las cuestiones que ahora nos abruman.

El concepto de libertad de ideológica

Alejandro Colomar acudió desnudo al juzgado para plantear un recurso contra la multa que recibió por pasearse sin ropa por las calles del Levante. A las puertas del juzgado Contencioso-Administrativo de Valencia el hombre llegó exclamando «es mi libertad ideológica»[6]. Con ello no pretendía otra cosa que invocar un derecho fundamental que en principio cualquier poder público debe respetar.

No era la primera vez que acudía a los juzgados por algo así. Ya antes había sido sancionado por vía penal. Lo novedoso de esta vez estribó en su falta de atuendo al acudir a la cita judicial, pues en las anteriores ocasiones se cubrió con alguna indumentaria más oportuna para visitar un juzgado.

Para su lamento, no pudo lograr el objetivo de presentarse en pieles nobles ante el juez. En el momento de entrar al edificio tres agentes de la Guardia Civil le cerraron el paso. Un instante después, cinco agentes del Cuerpo Nacional de Policía le obligaron a cubrirse advirtiéndole de que su conducta acarreaba sanción. En ese momento un menor accedía también al juzgado, así que el señor Colomar accedió a regañadientes a vestirse. No quedaba más remedio. El ejercicio de su libertad ideológica tuvo que esperar a encontrar mejores circunstancias.

De haber sucedido en el Reino Unido, el señor Colomar hubiera irrumpido al grito de su *freedom of thought* o de su *freedom of conscience*. En Francia, de la *liberté de pensé et de conscience*. En Italia, de la *libertà di pensiero i di coscienza*. O, por qué no, en Alemania, alegando su *Glaubensfreiheit*, su *Gewissensfreiheit* o su *Gedankenfreiheit*. A fin de cuentas, estos términos los encontramos en las normas jurídicas más básicas de los ordenamientos de estos países. No nos queda otra que adentrarnos en el concepto de libertad de pensamiento y de conciencia para dar con el de libertad ideológica, que es la expresión por la que hemos optado en España para referirnos a este concepto.

Un estudio agudo sobre el concepto al que evocan estas libertades se encuentra en un ensayo de principios del siglo XX titulado *A History of Freedom of Thought* (Una historia de la libertad de pensamiento), del historiador y filólogo irlandés John Bagnell Bury. Al autor se le atribuyen diversos méritos. Entre ellos, el de escribir y divulgar la primera biografía cargada de datos históricos de San Patricio, patrón de la República de Irlanda, el de dar la batalla en los círculos académicos británicos para considerar más seriamente la importancia y la impronta histórica del Imperio Romano de Oriente, que hasta entonces permanecía sospechosamente relegado de los estudios por sus compañeros de la academia anglosajona, o el de redactar artículos para la Enciclopedia Británica.

6 https://www.elespanol.com/alicante/20220927/libertad-ideologica-intenta-acceder-desnudo-exhibicionismo-valencia/706429575_0.html

En el ensayo sobre la libertad de pensamiento, Bury se retrotrajo hasta John Stuart Mill recogiendo hechos de interés acera de esta libertad. El autor a menudo hizo hincapié sobre rasgos que caracterizan antes a la libertad de expresión o de opinión que a la libertad ideológica o de pensamiento. No obstante, a partir de releer al autor utilitarista indicó dos cuestiones a tener presente sobre la libertad de pensamiento. La primera, que la libertad de pensamiento designa la reflexión racional del individuo, como norma general. La segunda, que esta libertad constituye una precondición a la acción del ser humano. Hay unas líneas en la obra que ilustran sintéticamente estas ideas. Vale la pena transcribirlas:

> Si vamos a actuar, debemos asumir que nuestra propia opinión es verdadera. A esto Mill responde con perspicacia: «existe gran diferencia entre asumir que una opinión es verdadera, porque no ha sido refutada en cada una de las ocasiones en que haya sido cuestionada, y asumir la verdad de una opinión a fin de no aceptar que pueda ser refutada. La completa libertad de contradecir y de refutar nuestra opinión es la condición misma que nos habilita para asumir su verdad como propósito de nuestra acción»[7].

De una manera gráfica, Bury ensalza la libertad de pensamiento como una genuina facultad humana que se proyecta sobre nuestros actos. En efecto, ¿qué es la reflexión racional si carecemos de capacidad para formarnos ideas, opinión, convicciones de los asuntos? ¿Qué capacidad sería esa si no la pudiéramos imprimir a nuestros actos? Libertad de pensamiento como capacidad para el raciocinio, lo que acabará transformándose en un acto con sentido.

Del librepensamiento a la libertad de conciencia

Además de la libertad en tanto que capacidad la otra característica evoca la veracidad de las opiniones. En este otro aspecto la libertad de pensamiento ahonda sus raíces en la tradición del librepensamiento. En el camino que traza un pensamiento racional del individuo, preferir un juicio de la propia razón sobre los de cualquier autoridad externa da forma a la independencia intelectual. En palabras de Anthony Collins

> Tenemos derecho a saber o podemos saber legalmente cualquier verdad. Y el derecho a conocer la verdad implica el derecho a pensar libremente[8].

Era cuestión de tiempo que este tipo de independencia intelectual materializara en «un derecho a pensar libremente». Claro que aún no podemos afirmar con claridad a cuál de las libertades jurídicamente reconocidas es a

7 Bury, J. B.; *A History of Freedom of Thought*, Cosimo Classics, Nueva York, 2005: 238-239. Primera edición: 1913.

8 Collins, A.; *A Discourse of Free-Thinking*, Garland, Nueva York, 1978: 6.

la que se refiere. No hay dudas en que estas líneas bien representan a la libertad de pensamiento, sin embargo, ¿un juicio propio no se refiere también a la libertad de conciencia? A fin de cuentas, concebir un juicio como propio nos remite a un juicio ponderado en el tribunal interno de uno mismo.

De hecho, cuando nos referimos a ese hecho a través del discurso de los derechos podríamos emplear indistintamente cualquiera de las dos expresiones, tanto libertad de pensamiento como libertad de conciencia. Recordemos el ejemplo de la Carta de Derechos y Libertades de Canadá, que proclama: «toda persona tiene las siguientes libertades fundamentales: a) libertad de conciencia y de religión; b) la libertad de pensamiento, creencia, opinión y expresión...»[9]. Veamos ahora la naturaleza de estos derechos.

Respecto a la libertad de pensamiento, ésta participa del resto de libertades de la letra «b» del anterior enunciado. Esta libertad se enmarca en los derechos individuales de la Carta canadiense, esto es, se sitúa entre el elenco de derechos que garantizan una esfera de protección del individuo frente a las «injerencias gubernamentales», de ahí que nos refiramos a ella como una libertad fundamental[10].

No debe extrañarnos que para sus vecinos estadunidenses el hecho de ubicar una libertad entre los derechos más protegidos de una constitución opere como una suerte de «triunfo» frente a los poderes públicos. La expresión procede de Ronald Dworkin, uno de los más brillantes filósofos del Derecho del siglo XX y profesor de universidades como Oxford y Nueva York, quien se ha referido a estos derechos como un triunfo frente a las mayorías, o poderes públicos[11]. Si prestamos atención a estudios de Derecho comparado entre los ordenamientos de Canadá y Estados Unidos encontraremos que en la Primera Enmienda a la Constitución de EE. UU. la libertad de pensamiento juega un papel fundamental por dos razones. Por su conexión con otras libertades, especialmente con la libertad de expresión en el caso norteamericano, y por constituir un derecho contra las interferencias sobre una libertad fundamental[12].

Dejemos a un lado la libertad de pensamiento para darnos cuenta de que, por otro lado, alcanzaremos un parecer similar a propósito de la libertad de conciencia.

9 Canadian Charter of Rights and Freedoms, Constitution Act, 1982, Section 2.

10 SEDLER, R. A.; «Constitutional protection of individual rights in Canada: The impact of the New Charter of Rights and Freedoms», 59 *Notre Dame L. Rev.*, 1984: 1202.

11 DOWRKIN, R.; «Rights as Trumps», in *Theories of Rights*, Oxford University Press, Oxford, 1984: 153-167.

12 Sobre este tema, obligada atención merece el trabajo de SCANLON T.; «A Theory of Freedom of Expression», *Philosophy and Public Affairs*, Vol. 1, No. 2, 1972: 204-226. Para el estudio comparado, remito a SEDLER, R. A.; «The Constitutional Protection of Freedom of Religion, Expression, and Association in Canada and the United States: A Comparative Analysis», 20 *Case W. Res. J. Int'l L.* 577, 1988. El trabajo está disponible en: https://scholarlycommons.law.case.edu/jil/vol20/iss2/7

Acerca de la libertad de conciencia conviene destacar un atributo. A saber, la noción de alienabilidad de la conciencia, que parte de la reivindicación de Baruch Spinoza de una esfera de libertad interior. Para el filósofo neerlandés

> La mente de ningún hombre puede estar completamente a disposición de otro, porque nadie puede transferir voluntariamente su derecho natural de libre razón y juicio, o ser obligado a hacerlo[13].

Con la alusión a un derecho natural advertimos que la libertad de conciencia se había convertido en una noción de derecho inalienable, que pertenece al ser humano y del cual una persona no puede renunciar de ninguna manera. La libertad de conciencia corresponde al ser humano independientemente de su voluntad. No se subordina al quiero o no quiero, sino al hecho de ser persona.

Concebida en estos parámetros, la libertad de conciencia bifurca en, al menos, dos implicaciones. De una parte, integra tanto la libertad de pensamiento como la libertad religiosa en una esfera individual que configura la personalidad humana. En otras palabras, imprime contenido a lo que es el sujeto a través de su sano juicio. De otra parte, supone al tiempo «todo lo que concierne a sus relaciones con los demás individuos: libertad de expresar y comunicar su propio pensamiento, seguridad personal contra toda opresión...»[14]. Esto es, la proyección hacia el exterior de esa persona.

Me interesa de este punto que retengamos la siguiente imagen. La libertad de conciencia se bosqueja en el individuo y desde el individuo. O, si se prefiere, hacia dentro y hacia fuera de la persona. Un poco más adelante veremos lo importante de este detalle.

Algunas implicaciones de incorporar el concepto a un ordenamiento jurídico: un breve recorrido por el derecho comparado

Abríamos esta sección con el ejemplo del señor Colomar. Si recordamos, entraba al juzgado clamando por su libertad ideológica. Vimos algunos ejemplos de los términos que hubiera empleado de haber acudido a los juzgados de otro país.

---

13 SPINOZA, B.; *Tractatus Theologico-Politicus*, Hackett, SHIRLEY S. (trad.), Indianapolis, IN, 1998. La reclamación de una esfera interior del individuo tiene un largo recorrido en la historia de las ideas. Desde Spinoza, hay una línea reivindicativa que hilvana la obra de Pufendorf, Thomasius, Kant y Fichte, y ya en los albores del siglo XX aparece esta reivindicación como una idea inmortal. No es este el lugar para el desarrollo completo de un trabajo de historia de las ideas. Por ello, reservo la extensión de este apunte para compartirlo en una mejor ocasión.

14 De RUGGIERO, G.; *The History of European Liberalism*, Beacon Paperback, COLLINGWOOD, R. G. (trad.) Beacon Hill, Boston, 1959: 26. Primera edición: 1927.

El problema al que nos enfrentamos ahora es algo distinto. No vamos a detenernos meramente en la equivalencia lingüística para articular nuestro grito en caso de pretender exhibir nuestros genitales en las principales plazas del globo terráqueo. Para eso ya contamos con ese prodigio tecnológico que llamamos *Google Translate*. De poco serviría entretenernos con ello si la cuestión práctica se resuelve con un simple tecleo en la aplicación. Luego, la pregunta que debe tenernos en vilo va a ir un paso más allá. A saber, si realmente traduciendo esos términos a otros idiomas estamos haciendo referencia al concepto de libertad ideológica, o de pensamiento, que acabamos de traer a escena.

Creo una obviedad que si clamamos por nuestra *ideological freedom* nuestro interlocutor no dará por sentado que pedimos una hamburguesa con doble de queso y patatas fritas, sino más bien que rogamos por algo relacionado con la ideología, o tal vez con nuestra moral. Pero cabe la duda de si realmente estará entendiendo el concepto, la idea a la que nos referimos con esa interpelación. A fin de cuentas, cada ordenamiento jurídico refleja las cosas a su manera, entre ellas los conceptos, que los cristaliza de acuerdo con sus tradiciones.

Gracias a Dios, muchos juristas se han tomado molestias en pasar largos ratos de estudio, a veces agradables, a veces por obligación, centrados en las normas jurídicas de su comunidad. El resultado de esos estudios suele ofrecer aclaraciones. En este momento nos interesan sus apuntes para sacarle brillo al diamante conceptual de la libertad ideológica, pues ya hemos visto que cuenta con muchos kilates. Además, atendiendo el trabajo de otros juristas mostramos cierta cortesía y respeto por nuestros colegas foráneos.

Ciertamente, tras los pasos que hemos ido procurando, este es un buen momento para retomar el discurso jurídico a través de la libertad de pensamiento y dar un paseo por las diferentes tradiciones jurídicas. De este modo, seremos testigos de cómo esta libertad y sus términos vinculados va penetrando en el discurso jurídico. Recordemos que diversas voces han señalado que en la libertad de pensamiento se halla el origen de otras tantas libertades, como la libertad religiosa, la libertad de expresión o la libertad de opinión[15].

A partir de lo dicho hasta aquí, podemos aseverar que al menos hay dos características que definen nuestro concepto: 1) la capacidad para asumir cualquier sistema de pensamiento, ética particular, visión o idea de la vida, así como actuar de acuerdo con ello, lo cual revela la naturaleza de ser humano como un agente moral y racional. Y, 2) un concepto genérico, amplio, que engloba otras libertades específicas, como la religiosa o la de expresión.

---

15 Otro de esos autores es Swaine, L.; «Freedom of Thought as a Basic Liberty», en *Political Theory*, Vol. 46, n. 3, 2018: 407.

Recordemos más cosas. Este concepto habitualmente recibe el nombre, por parte de los distintos ordenamientos jurídicos, de libertad de pensamiento o de libertad de conciencia, mientras que en España hemos optado por llamarlo libertad ideológica.

Finalmente, habíamos anunciado que cabe defender un uso particular para cada uno de estos términos. La tarea que emprendemos ahora consiste en dar un paseo por los distintos ordenamientos a fin de contrastar el uso que se hace de las expresiones con el concepto que hemos elaborado.

Tomemos precauciones y seamos conscientes de que la referencia a las normas jurídicas, tarde o temprano, topará con la noción de libertad religiosa. Las referencias que ahora incluyamos a esta última libertad serán con fines de aclaración, descartando, por ahora, ahondar en este asunto.

Ya tenemos nuestro concepto de libertad ideológica, traído de la mano del de libertad de pensamiento. Esa es la idea que vamos a perseguir en nuestro viaje. ¡Dulcinea del Toboso, partimos en tu búsqueda por los campos de la Mancha!

Querida libertad, tras tu estela vamos dirigidos hacia tierras lejanas. Por escudero tomamos a un valenciano con tendencias nudistas. ¿Ves cómo también nosotros nos identificamos con una triste figura? No falta ingrediente alguno para cosechar aprendizajes.

1. Italia

En primer lugar, pongamos el foco sobre la tradición jurídica italiana y tratemos de averiguar si sus expresiones jurídicas hacen referencia a las características de nuestro concepto.

En Italia, las aclaraciones de la doctrina de los juristas han contribuido a desarrollar y a asentar las características del concepto concepto[16]. Ahora bien, debemos destacar que si bien, por una parte, la libertad de pensamiento *(libertà di pensiero)* sería aquella libertad que avala cada modo y forma de pensamiento, resulta que, por otra parte, deberíamos hacer uso de la libertad de conciencia *(libertà di coscienza)* cuando alguien actúa de acuerdo con cualquier sistema de pensamiento asumido por el individuo, esto es, según sus creencias, convicciones, moral...

16 La distinción que observamos ahora corresponde a la interpretación de los tribunales italianos del artículo 9 del CEDH. Véase Bifulco, R., Caratabia, M., y Celotto, A.; *L'Europa dei diritti*, Il Mulino, Bolonia, 2001: C. XIII, y, asimismo, Martín De Agar, J. T.; «Diritto e obiezione di coscienza», en *I diritti fondamentali nell'Unione Europea*, Zanichelli Editore Bologna – Il Foro Italiano Roma, Bolonia, 2013: 974-1010. De manera similar, podemos encontrar esta distinción en el ordenamiento jurídico griego, aunque en el artículo 13.1 de la Constitución de Grecia incluya la expresión «libertad de conciencia religiosa» para lo que en adelante se diga sobre la libertad de conciencia.

De acuerdo con los dos puntos que hemos destacado sobre este concepto, vemos que en realidad se está protegiendo acciones distintas: pensar y actuar. La libertad de pensamiento operaría de concepto que opera hacia dentro, en el individuo, mientras que de la libertad de conciencia interesa proteger la acción que pueda llevar a cabo un individuo, operando hacia fuera, desde el individuo.

La libertad de conciencia gira en torno a las creencias y las convicciones que definen la personalidad humana y que pasan a ser imprescindibles en las relaciones sociales. Esas creencias y convicciones definen la acción de la persona, de ahí que las libertades de conciencia y religiosa protejan aquellos actos, comportamientos, conductas, que pertenecen a la conciencia del individuo. Es decir, en realidad, se protege el hecho de que la persona abra paso a sus creencias y sus convicciones actuando acorde con ellas[17].

El concepto de libertad ideológica como paraguas, como genérico, de las otras libertades, no se corresponde exactamente con ninguna de estas dos libertades. Si bien el concepto aúna pensar y actuar, lo primero se corresponde con la *libertà di pensiero* y lo segundo con la *libertà di coscienza*.

2. Francia

En segundo lugar, veamos qué particularidades ocurren en el caso francés.

En Francia, nuestro concepto encuentra su equivalente en la *liberté de pensée*. Según este ordenamiento jurídico, mediante esta libertad se establece el derecho a determinar el contenido de un pensamiento, ya sea de naturaleza intelectual, moral, política o religiosa. Un derecho tiene consecuencias en dos niveles: internas y externas. Por un lado, observamos que el derecho protege las creencias y las convicciones que dotan de contenido al pensamiento, a modo de consecuencias internas. Por otro lado, el respeto a otros derechos determina la dimensión externa y restringe cómo una persona puede manifestar, o exteriorizar, esas convicciones o creencias[18]. No es otra cosa que la reformulación jurídica del sencillo esquema: una cosa es lo que pensemos y otra cómo lo expongamos.

Ahora bien, en Francia también encontramos referencias a la libertad de conciencia. La libertad de conciencia *(liberté de conscience)* apareció expresamente en las normas y principios añadidos al preámbulo de la Constitución de 1946 primero y posteriormente en una histórica decisión del Consejo Constitucional (71-44 DC). Sin embargo, el punto de inflexión se sitúa en la ratificación del CEDH. Por dos razones. Por una parte, al ampliar el

17 *Cfr*. Ruffini, F.; *La libertà religiosa come diritto pubblico subiettivo*, Il Mulino, Bolonia, 1992: 279 y Guarino, A.; *Obiezione di coscienza e valori costituzionali,* Jovene, Univ. NA Federico II, Nápoles, 1992: 15-16.

18 Velu, J. y Ergec R., *La Convention Européenne des Droits de l'Homme*, Bruylant, Bruxelles, 1990: 584.

rango de derechos constitucionales. Desde su adopción, hay que incluir el paquete compuesto por la libertad de pensamiento, la libertad de conciencia y la libertad religiosa *(liberté religieuse)*. Por otra parte, porque a partir de entonces estas libertades han aparecido regularmente en el discurso jurídico francés[19].

De este modo, nos hemos introducido ya en los términos habituales que aparecen en el discurso jurídico francés. Intentemos dar un paso más allá de esta presentación. Si nos centramos en el discurso práctico, el ordenamiento jurídico francés establece dos formas para emplear estas expresiones.

La primera procede de la Constitución de Francia (CF) y deriva del principio de laicidad, el cual garantiza la igualdad ante la ley y la no discriminación por motivo de religión o creencias (artículo 1 CF). Ambos rasgos, la garantía de la igualdad y la no discriminación junto con el principio de laicidad, llevarían a utilizar todas esas expresiones en torno a la libertad como la capacidad para adoptar ideas, creencias o convicciones.

La segunda forma deriva de la Declaración de los Derechos del Hombre y del Ciudadano, aprobada por la Asamblea Nacional de Francia el 26 de agosto de 1789, y anexa a la CF. El artículo 10 de esta Declaración proclama que nadie «debe ser incomodado» al manifestar sus opiniones, «aun religiosas», cuando no perturbe el orden público. Fijémonos en que el texto proclama el incomodo, que se traduce por no padecer coerción o censura injustificada a la hora de expresar esas opiniones. Por injustificada me refiero, provisionalmente, al orden público, la otra parte importante de este artículo, sobre la que nos centramos.

Bien, armonicemos todas estas ideas. Hemos visto que el ordenamiento jurídico francés incluye los términos relacionados con nuestro concepto para referirse, primero, a la capacidad para asumir un ideario como propio y, segundo, a su manifestación sin coerción, sin impedimentos.

Ahora empieza a esclarecerse por qué el Derecho trae implicaciones internas y externas. Si estas ideas las transformamos en un texto jurídico, encontramos que el mencionado artículo 10 de la Declaración junto con el artículo 11 ofrecen los derechos relativos a la manifestación de ideas sin coerción o impedimentos. El artículo 10 garantiza este derecho *in genere*, y el artículo 11 protegiendo los principales medios para hacer viable la participación de las opiniones del individuo en el foro público. Por su solemnidad, merece la pena transcribir las palabras de este último artículo:

> La libre comunicación de pensamientos y opiniones es uno de los derechos más valiosos del Hombre; por consiguiente, cualquier Ciudadano puede hablar, escribir e imprimir libremente, siempre y cuando responda de esta libertad en los casos determinados por la Ley

---

19 Pinon, S.; «Sistema constitucional de Francia», *Revista de Derecho Constitucional Europeo,* no. 14, 2010: 17-74.

En este texto aparecen responsabilidad y libertad juntas, de la mano, entrando con honores en la filosofía política y jurídica y marcando el sino de la posteridad. En esta reducción encontramos la médula del ejercicio de esta libertad. Preguntémonos, pues: ¿ante quién responderá el ciudadano del ejercicio de su libertad? Desde la otra cara de la moneda, ¿el ciudadano es libre frente a quién?

Los derechos en los cuales se concreta esta libertad usualmente crean vínculos y límites para las autoridades gubernamentales, para los poderes públicos. Por ello la Constitución de la Quinta República introduce algunas referencias a las «libertades públicas», las cuales se encuentran en los tres textos incluidos en el bloque constitucional: la Declaración de los Derechos del Hombre y del Ciudadano, el preámbulo de la Constitución de 1946 y la Carta del Medio Ambiente aprobada en 2004. Los debates e interpretaciones de estas libertades nos permiten encontrar expresiones derivadas como la libertad de creencias *(liberté de croyance)*, incluso el pluralismo ideológico *(pluralisme idéologique)*[20]. El concepto de libertades públicas entronca con la libertad como derecho contra las injerencias gubernamentales. Ahora bien, cabe dejar constancia de que en la jurisprudencia y en la doctrina constitucionales francesas este derecho conecta con el principio de laicidad que habíamos dejado aparcado. Ello nos obliga a aportar algo más de información a propósito de esta mención.

El principio de laicidad transmite los principios de democracia y de pluralismo, tanto religioso como ideológico. Históricamente, la apertura hacia lo plural transita de lo religioso hasta lo ideológico. Así, hablamos de un principio que dio comienzo como un reclamo para profesar diferentes creencias, y por tanto vinculado particularmente a las religiosas, que pronto derivó en el respeto que el Estado debe mostrar ante cualquier enfoque intelectual.

En definitiva, el anhelo por la libertad terminó dando lugar a un principio de laicidad sin apenas limitaciones axiológicas. En cualquier caso, esta apertura, o tolerancia, no supone que el Estado eluda la protección de la conciencia ni de la libertad religiosa ni que se limite simplemente a aceptarlo todo. Al contrario, aparece cuando cualquier creencia, convicción o, como ocurre también en España, una *ideologie* debe ser garantizada públicamente[21].

---

20 DJORDJEVIĆ, K. y YASRI-LABRIQUE, E.; *Médias et pluralisme: la diversité à l'épreuve*, Éd. des Archives Contemporaines, Paris, 2014. Para quien esté interesado en la noción de «pluralisme idéologique» en Bélgica, remito a la obra de DUMONT, H.; *Le pluralisme idéologique et l'autonomie culturelle en droit public belge*, vol. 2, Bruylant-Publications des Facultés Universitaires Saint-Louis, Bruxelles, 1996: 265-267.

21 Para un enfoque histórico del principio de laicidad remito a POULAT, E.; «Les quatre étapes de la laïcité», in *Nouveaux enjeux de la laïcité. Actes des Colloques, Centurion*, Paris, 1990: 32. En cuanto al enfoque sobre las implicaciones religiosas, conviene atender la obra de GARAY, A., «La France en face des sectes», *ADEE*, XVII, 2001:161-178. Y respecto a la ideología el trabajo de RIVERO, J.; «De l'idéologie à la règle de droit: la notion de laïcité», in *La Laïcité. Centre de Sciences Politiques de l'Institut d'Études Juridiques de Nice*, PUF (Presses Universitaires de France), Paris, 1960.

3. Alemania

En tercer lugar, antes de dar paso a las diferencias legales de otros ordenamientos jurídicos, este es un buen momento para recordar las dos características que configuran nuestro concepto de libertad ideológica, o de pensamiento. De una parte, la capacidad para adoptar cualquier pensamiento, creencia, ideología, convicción. De otra, un término genérico, paraguas, de otras libertades al cubrir las posibles manifestaciones de esta.

Mientras que el reconocimiento de esta libertad cuajó en el Derecho francés con una perfecta separación de los poderes del Estado y de la Iglesia (asimismo, en otros territorios europeos como en los Países Bajos), sin salir de Europa topamos con Estados que priorizaron diferentes funciones de garantía de la libertad, según el ámbito sobre el que se proyecte[22]. Para considerar estos otros modelos podemos recurrir al caso de Alemania.

La doctrina jurídica germana ha considerado la libertad religiosa *(Religionsfreiheit)* como un término general que abarca la libertad de creencias *(Glaubensfreiheit)*, la libertad de conciencia *(Gewissensfreiheit)* y la libertad de pensamiento *(Gedankenfreiheit)*[23]. Este caso se explica por la preocupación en enmarcar cada libertad específica dentro de un único concepto que las comprendiese a todas dentro del ordenamiento jurídico. Desde la postura que nace con esa preocupación decidieron que la libertad religiosa, y no otra libertad, es la que faculta al individuo para vivir, solo o colectivamente, de acuerdo con el sistema ideológico o religioso asumido «sin otra limitación que el orden público»[24].

Dejemos a un lado la doctrina y prestemos atención a la literalidad del ordenamiento jurídico alemán. A fin de cuentas, si el señor Colomar emprende una gira internacional para exhibir sus genitales y el recorrido pasa por la Plaza de la República de Berlín, lo más seguro es que haga uso de los términos que aparecen en la Constitución Alemana (CA). De nuevo, la duda que nos asalta consiste en si el uso que haga de las expresiones constitucionales equivaldrá a nuestro concepto de libertad ideológica.

---

22 Para un estudio completo sobre estos diferentes modelos, puede consultarse Robbers, G. (ed.); *Staat und Kirche in der Europäischen Union*, Nomos Verlagsgesellschaft, Baden-Baden, 1996.

23 González del Valle, J. M., «La libertad religiosa y el objetivo del Derecho Eclesiástico», *Persona y Derecho*, No. 18, 1988: 89.

24 Véase el manual de Listl, J. y Pirson, D.; *Handbuch des Staatskirchenrechts der Bundesrepublik Deutschland* (2.ª ed.), vol. 1, Duncker & Humblot, Berlin, 1994: 651. Una monografía completa, *cfr.* Jurina, J.; *Der Rechtsstatus der Kirchen und Religionsgemeinschaften im Bereich ihrer eigenen Angelegenheiten*, Schriften zum Öffentlichen Recht (SÖR), 1972. Un artículo introductorio para los lectores españoles es el de Iban, I. C.; «Concreciones y protección de la libertad religiosa», *Cuadernos de la Facultad de Derecho*, Mallorca, 1986: 235

Si nos fijamos en la CA, la redacción de su artículo 4 nos presenta a la libertad de fe *(Glaubens)* y de conciencia *(Gewissens)*, así como a la libertad de profesar creencias ideológicas y religiosas *(religiösen und weltanschaulichen Bekenntnisses)*. En efecto, la fe, la conciencia, la creencia, en definitiva, el elemento religioso, entrelaza el conjunto de libertades. Como peculiaridad, el tenor literal de este artículo incluye la referencia a las creencias ideológicas junto a la religiosa, de un modo parejo al que lo hace la Constitución Española. Un hecho que debería aumentar nuestro interés por las opiniones de la doctrina germana sobre los preceptos constitucionales. Así que ahondemos algo más en esta suerte de paralelismo.

Para reconocer la libertad religiosa como un derecho genérico debemos recuperar el principio de laicismo que encontramos en nuestra excursión por Francia. En síntesis, la razón de ser de este principio yace en garantizar la libertad religiosa frente al Estado. Claro que, si reformulamos esta noción, al exponerla en otros términos tendremos que destacar que la neutralidad, laicidad o respeto del Estado por cualquier creencia adoptada por el individuo son tan solo diferentes maneras de decir la misma cosa. A partir de ahí, nos preguntamos: ¿neutralidad respecto a qué?, o ¿respeto por qué acto o hecho? Es evidente que acerca de las creencias.

Ahora bien, llegados a este punto, nos vemos sorprendidos por la necesidad de que las creencias o la ideología sean demostradas, exhibidas, expresadas. Y de ser así, el acto del individuo, la acción del ser humano, da imagen a la otra cara de la moneda. De una parte, el Estado siendo neutral; de otra, el individuo compartiendo su ideario. Luego la garantía se centra en la demostración, la exhibición, la expresión, de la personalidad humana en la sociedad[25].

Situémonos en la mentalidad jurídica alemana. Hemos advertido que la libertad religiosa quedaría protegida tanto por la libertad de expresión como por el respeto a las creencias o convicciones. A fin de cuentas, es el concepto genérico vinculado a ellas. En virtud de esa garantía quedarían limitadas, al tiempo, algunas otras libertades o derechos. El principio de laicidad o neutralidad obliga a dar preferencia a una libertad, a la religión manifestada de algún modo, en detrimento de otras libertades y derechos que en ese momento puedan concurrir en el espacio público.

La idea que enraíza esta mentalidad es más amplia de lo que parece. Y cuanto más amplia, más números obtenemos para complicarnos. Aquí se protege la libertad religiosa, no sólo la religión. Nadie, lo que incluye los

25 Para a garantía de las creencias adoptadas por el individuo, hay que acudir a BÖCKENFÖRDE, E.-W.; «Einleitung: Erklärung über die Religionsfreiheit», en *Zur Geschichte der Toleranz und Religionsfreiheit*, Wissenschaftliche Buchgesellschaft, Darmstadt, 1977: 61. Sobre el principio de laicidad y el respeto por el individuo en el seno social, *víd*. HOCHHUTH, M., *Die Meinungsfreiheit im System des Grundgesetzes* (2.ª ed.), Mohr Siebeck, Tübingen, 2008: 4-5 y 50.

poderes públicos, puede pretender que ninguna concepción religiosa quede exenta de ejercerse mediante otras libertades.

El asunto adquiere una nueva dimensión. Si hay que proteger la exhibición, la manifestación de creencias, habrá que coordinar de algún modo el tráfico en el foro público cuando concurra más de una al mismo tiempo. Sobre esto, el principio de laicidad queda reformulado como la obligación del Estado para garantizar la «paz pública», un espacio o foro público, en la medida en que pueden colisionar distintas libertades[26].

Con ello podemos suponer que la policía alemana probablemente placaría al señor Colomar si pasa un menor en la parada germana de la gira al igual que las fuerzas de seguridad españolas se abalanzaron sobre él cuando coincidía con un niño en la entrada al juzgado de Valencia. Pues ese niño también goza de derechos, entre ellos los de libertad, al igual que el resto de los alemanes tienen sus libertades constitucionalmente garantizadas.

Insistamos. El problema queda reformulado por esta amalgama y es que el asunto entremezcla facultades del individuo y funciones del Estado. Para poner un poco de orden, para aclarar el asunto, ahora podemos hacer uso de nociones y categorías que ya hemos ido recogiendo a lo largo de nuestro camino. Por una parte, lo anterior prueba que disponemos de un concepto genérico con una protección jurídica absoluta que identificamos en la dimensión interna del pensamiento, mientras que en nombre de la paz o el orden público cabe levantar ciertas restricciones a su dimensión externa. Dimensión interna y dimensión externa, por una parte, y un concepto genérico que se manifiesta en otras libertades, por otra. Ya hemos dibujado los dos ejes de coordenadas conceptuales de la mano del Derecho alemán. Lo único es que ellos utilizan la expresión libertad religiosa para referirse a ese concepto paraguas y luego la constitución asegura el derecho a la libertad de conciencia, de fe y de confesión religiosa o ideológica.

4. Japón

Finalmente, para terminar nuestras andanzas por el terreno de los vocablos jurídicos me parece interesante viajar más allá de nuestras fronteras comunitarias, así que sacaremos un billete intercontinental y viajaremos al lejano Oriente. La gira de exhibición se ha convertido en un tour internacional.

Ahora bien, no nos vengamos arriba en exceso y tratemos de agudizar nuestros sentidos aderezándolos hacia un ordenamiento jurídico que emplee

26 Para lecturas sobre este asunto, remito a HILLGRUBER, C.; «Die Religion und die Grenzen der Kunst», en *Essener Gespräche zun Thema Staat und Kirche*, no. 36, 2002: 53 y a BAMBERGER, C.; «Vorbehaltlose Grundrechte unter Staatlichem Vorbehalt? Zur Auflösung eines grundrechtsdogmatischen Paradoxons», in *Der Staat*, no. 3, vol. 39: 375-365. En cuanto a la doctrina judicial, *vid.* BVerfGE 93, 1, 16.

términos parejos o similares a las normas españolas. En el fondo, siendo sinceros, no se trata de una tarea harto difícil. La razón estriba en que la Declaración Universal de los Derechos Humanos (DUDH) introdujo una noción similar de derechos y libertades por doquier.

Nuestro criterio de selección radica en que atender otros ordenamientos jurídicos despierta el interés para reforzar la idea de que con la libertad ideológica erguimos un concepto que usamos vinculado con las libertades de pensamiento y de conciencia. Y un buen candidato que cumple estas exigencias no puede ser otro que el ordenamiento jurídico japonés, que comparte con el español tanto ese concepto genérico como el esquema género-especie de la libertad. De nuevo, en este trayecto avanzaremos asidos a las expresiones que ya hemos visto.

Retomemos el concepto de libertad ideológica y los términos afines. La CJ incorpora, en el artículo 19, los términos «conciencia» (ryôshin 良心) y «pensamiento» (shisô 思想). Para los constitucionalistas nipones la cuestión se situaba en la naturaleza del artículo, esto es, acerca de cuál era el objeto amparado por la norma. El debate fue encauzándose, principalmente, hacia dos opciones: 1) podría tratarse de la protección de una única libertad, con una fisionomía caracterizada por la estructura conceptual bicéfala, separando lo referente a la conciencia y lo referente al pensamiento; o 2) la norma podría estar protegiendo dos libertades distintas, y por tanto cada concepto estaría denotando un ámbito propio de protección. Necesitamos, entonces, esclarecer en qué cuaja todo esto.

Si seguimos a Kôji Satô, los constitucionalistas se refieren a la conciencia como un sentimiento moral, a menudo la definen como «la capacidad de distinguir entre el bien y el mal», y al pensamiento como la racionalidad que caracteriza a la actividad intelectual del ser humano. Si bien esta escisión puede ayudar a esclarecer los conceptos como dos entidades independientes, y por tanto perfectamente concebibles la una separada de la otra, en el momento de centrarse en la protección legal sobre el bien jurídico, entonces encontramos las similitudes con nuestros hallazgos. El artículo 19 se proyecta en dos direcciones: *ad intra* y *ad extra*, hacia adentro y hacia afuera, de la persona. Este derecho asegura un ámbito de inmunidad para el individuo, el interno, a la vez que asegura abrir paso a lo que se fragua en el interior del ser humano en la sociedad a través de otras libertades constitucionales, como la libertad religiosa y académica o la libertad de expresión o de reunión[27], ya en el siguiente artículo.

Nada más adentrarnos en el siguiente artículo de la Constitución Japonesa (CJ) detectamos la referencia a la «religión». Según Kôji Satô, la referencia se da de dos formas. La primera sería la extensiva, y la libertad religiosa representaría esa libertad genérica que hemos expuesto (artículo 20 CJ), y la segunda

---

27 Satô K., *Kenpô (daisanban)* 憲法（第3版） (Derecho Constitucional, 3.ª ed.), Seirinshôin, Tokio, 1995: 484.

sería la restrictiva, en tanto que la libertad religiosa implica de algún modo u otro que entre en escena el principio de laicidad, es decir, la separación de los poderes del Estado respecto al de las iglesias y los credos religiosos[28].

A propósito de la primera forma, la extensiva, Makoto Ôishi explicó que la libertad religiosa preconiza un «sentimiento de confrontación hacia un ser absoluto de naturaleza trascendente»[29]. Esta explicación tan aparentemente vaga no debe hacernos titubear. En Japón la religión no se reduce a una ulterior referencia al tipo de entidad que nosotros podríamos denominar Dios. Esto es, la jurisprudencia y la doctrina jurídica japonesa se preocupan por explicar la libertad religiosa sin incluir noción alguna de deidad, a fin de no limitar las posibles experiencias religiosas a una necesaria alusión a un Dios.

Así que nuestro concepto de libertad ideológica lo encontramos en la suma de los artículos 19 y 20 de la CJ. El concepto figura en la conjunción de ambos artículos, como término general a través del primero, y como su variación trascendental y sus manifestaciones a través del segundo. Esta aclaración cae en el marco genérico-específico[30].

Momento de hacer balance, o qué va antes, ¿el huevo o la gallina?

Después de toda jornada de andanzas hay que deshacer las maletas y ordenar los recuerdos. Creo que todo viaje aporta cosas buenas y prácticamente nunca malas. En nuestro caso, las malas son muy pocas. Tan solo que por poco no nos placa un policía en Berlín cuando intentábamos mostrar las intimidades de un valenciano[31], una simple anécdota que forma parte de la historia que dejamos atrás.

Ahora toca hacer balance de lo bueno, de lo que ha arrojado luz a nuestro concepto antes de seguir con nuestra travesía terminológica. Hagamos una síntesis a través de los siguientes puntos.

En primer lugar, hemos visto el concepto de libertad ideológica en diferentes tradiciones jurídicas y podemos afirmar que, en efecto, a grandes trazos, hemos topado con una equivalencia conceptual: la capacidad racional de for-

28 Satô K., *Kenpô (daisanban)...*, *op. cit.*: 500.

29 Ôishi, M. *Kenpô to shûkyô seido* 憲法と宗教制度 (Constitución y Sistema Religioso), Yûhikaku, Tokyo, 1997: 236.

30 Pedriza, L.; «La libertad de creencias en la Constitución Japonesa», *Revista de Derecho Político*, no. 89, 2014: 279.

31 En nuestro recorrido hemos prescindido de la relevancia penal de los actos motivados por convicciones ideológicas. Nos hemos limitado a señalar, en rasgos genéricos, la facultad de formarnos una idea o convicción del mundo que nos circunda y de poder actuar conforme a ella. Si al lector le interesa la cuestión penal, remito a la obra de Joan Baucells i Lladós; *La delincuencia por convicción*, Servei de Publicacions de la Universitat Autònoma de Barcelona y Tirant lo Blanch monografías: Barcelona y Valencia, 2000, en particular, el segundo capítulo, referente al alcance del reconocimiento de las libertades fundamentales como derecho objetivo y subjetivo y, asimismo, su encaje dentro de la Teoría del Delito.

mar cualquier pensamiento, o de adoptar cualquier creencia o convicción, se empareja con la capacidad para manifestarla. Además, que la primera capacidad goza de inmunidad, mientras que el orden público limita la segunda, la de exponerla.

En segundo lugar, que la recepción de este concepto en los ordenamientos jurídicos no es uniforme, sino que en cada lugar ocurre incardinándose en una libertad distinta, cuando no con la suma de distintos artículos. En este último caso, cada uno de los artículos garantizaría distintos caracteres del concepto.

En tercer lugar, encontramos que la libertad religiosa circunscribe nuestro concepto a su variante trascendental. Veremos qué alcance tiene esto, que ahora no es más que una nota.

Finalmente, hay que admitir que no todo es tan bueno. A pesar de ese reflejo conceptual, el verdadero problema está en que no pudimos identificar un uso adecuado para las expresiones «libertad de pensamiento» y «libertad de conciencia». Unas veces el primero opera como término paraguas, otras veces el segundo. Y también hemos visto que ambos configuran el contenido de un derecho que enlaza lo *ad intra* y lo *ad extra*...

En definitiva, no hemos despejado la incógnita que nos empujaba a buscar el uso apropiado para nuestro concepto cuando hay expresiones aparentemente equivalentes. A veces uno, otras veces otro, pero nos falta un criterio claro y conciso para optar por el uso más adecuado.

Si estoy en lo cierto, en realidad hemos avanzado mucho más de lo que nos pensamos. A menudo importa tanto lo que se consigue como lo que se descarta. Siguiendo esta lógica optimista, reparemos en otro hecho. La anterior falta de especificación procede del campo legal, cuando las diferentes normas se entretienen en trasladar un concepto al ordenamiento recurriendo a un término o a otro, a una u otra libertad. Cuando nos enzarzamos en buscar el concepto dimos con una serie de garantías jurídicas que comparten todas estas libertades: inmunidad *ad intra*, o en la dimensión interna de esta libertad, y protección con algunas reservas *ad extra*, o en la dimensión externa de la libertad.

Lo curioso de todo esto es que el problema del uso apropiado desaparece cuando la libertad religiosa está presente, porque tenemos clara, aunque sea intuitivamente, que hay una distinción conceptual entre la libertad ideológica y la libertad religiosa. Por el contrario, en cuanto a las libertades de pensamiento y de conciencia, lo que constituyen unas garantías comunes, jurídicamente hablando, para todas estas libertades, no hace más que transformar el terreno en una ciénaga pantanosa y aumenta la confusión al evitar una estipulación concisa sobre cómo usar cada expresión.

El interrogante ahora lo sentimos como una herida sangrante. Para referirnos a lo que en España entendemos como libertad ideológica, ¿mejor optar por libertad de pensamiento o por libertad de conciencia? En lugar de caer en el vicio podemos acogernos a las virtudes para desempeñar nuestra labor. A continuación, buscaremos el por qué a esa poca dificultad para emplear la libertad religiosa en lugar de usarla como sinónimo de la ideológica pese a que ambas libertades compartan idénticas garantías jurídicas. Cuando aclaremos este asunto estaremos en mejores condiciones de responder al interrogante que nos ha traído hasta aquí.

3.

ACOGER AL HUÉSPED INESPERADO: LA CONEXIÓN ENTRE LA LIBERTAD IDEOLÓGICA Y LA LIBERTAD RELIGIOSA

Un acuerdo sobre el uso de los términos, como todo lo que se refiere a la concepción de lo real y a la visión del mundo, incluso si es indiscutido, no es indiscutible: está ligado a una situación social e histórica, la cual condiciona fundamentalmente toda distinción que se quiera establecer entre juicios de realidad y juicios de valor.

Luis Recaséns Siches,
La nueva retórica, 1974.

La tensión de nuestro concepto de libertad ideológica ha quedado concentrada en tres expresiones jurídicas, a saber, libertad ideológica, libertad de pensamiento y libertad de conciencia. cuando tenemos que optar por una de ellas para evocar nuestro concepto se miran la una a las otras sospechosamente en un juego a tres bandas. Como en *El bueno, el feo y el malo* en el momento final de la película mirándose entre ellos angustiosamente mientras suena *The Ecstasy of Gold* de Ennio Morricone.

En principio a la fiesta de nuestro viaje no está invitada la libertad religiosa. Sin embargo, antes o después llega el momento en que ésta entra en escena dejando fuego tras sus pasos y con más tablas que John Travolta en la pista de baile. La libertad religiosa es ese no-invitado que aun así hace acto de presencia y siempre tiene algo interesante que dar a conocer sobre el asunto que nos traigamos entre manos.

Ahora bien, hablamos de un invitado cualificado, no de cualquier tipo al que simplemente habíamos decidido excluir de nuestra lista de amiguetes. La libertad religiosa ha ido asomando la cabeza en nuestro viaje por los ordenamientos jurídicos de una manera un tanto peculiar. No como ese visitante que mientras todos bailamos *Dancing Queen* de ABBA en el comedor de casa nos mira a través de la ventana de la calle, sino como el asistente que se lo monta de tal manera que acude a la fiesta acompañando a la chica que nos gusta o a nuestro mejor amigo.

Por alguna razón, sin que nadie le haya hecho llegar un WhatsApp o el enlace con la información del evento, se hace en cuerpo presente y congrega a todos como el espíritu de la quedada. Nosotros, en cambio, sólo pensábamos en ser los ideólogos o pensadores del acontecimiento. Qué le vamos a hacer. En toda fiesta hay un alma, un organizador y quien se lo toma más o menos en serio, en conciencia. Rara vez coincide en la misma figura tal elenco de atributos, aunque lo que está claro es que sin esos roles no habría fiesta, sino una cosa sosa, ceniza y aburrida, como una reunión burocrática por TEAMS.

Así que, en efecto, la libertad ideológica y la libertad religiosa tienen amigos en común e incluso van a la misma clase en la Facultad de Derecho. Tanto es así que en el plano normativo comparten el artículo 16.1 de la Constitución Española y las garantías que se derivan de este derecho fundamental. Una mirada rápida a los estándares normativos en el panorama internacional revela una relación pareja en los artículos 9 del CEDH, el artículo 18 del Pacto Internacional de Derechos Civiles y Políticos (PIDCP), el artículo 18 de la DUDH o el 10 de la Carta de Derechos Fundamentales de la Unión Europea (CDFUE).

Cuando nos referíamos a que, intuitivamente, libertad ideológica y libertad religiosa evocan conceptos diferentes, podríamos estar dando a entender dos cosas. Una, que «tener derecho a la libertad ideológica» se refiere a un derecho diferente a «tener derecho a la libertad religiosa» porque cada uno protege bienes distintos. Y, dos, aunque esos bienes pudieran parecernos símiles y aun difíciles de diseccionar (ideología, creencias, ideas, convicciones, pensamientos...), no hay dificultad, en principio, a la hora de optar entre una y otra expresión.

Ciertamente, existe una serie de elementos comunes entre estas dos libertades que cristalizan en el ámbito jurídico y aun así no tropezamos con excesivas dificultades a la hora de emplear cada una. Debemos debatir a continuación sobre el hecho de que garantías jurídicas idénticas no generen confusión acerca de si la protección está recayendo sobre una u otra libertad. Como nuestra próxima empresa va encaminada a describir el marco general de esas garantías, prestaremos menos atención a las investigaciones profundas y a los acalorados debates doctrinales sobre este tema. El espíritu aventurero y práctico que inspiró nuestra excursión por los términos justificará zambullirnos en lo primero y pasar de puntillas por lo segundo.

Con este ánimo bohemio marcamos los puntos sobre nuestro mapa. En la primera parada, intentaremos explicar qué denota esta conexión normativa. En la segunda estación tendrá lugar una exposición sobre cómo las mismas garantías pueden proteger distintos derechos. Finalmente, subiremos hasta el puerto que evidencia cómo es posible diferenciar ambos conceptos, desde donde la vista aérea panorámica nos dejará en las condiciones óptimas para enderezar el rumbo hasta nuestro destino.

Una conexión normativa

En las cartas de derechos que hemos listado hace un momento la redacción de las normas opera de manera similar para unir nuestro concepto de libertad ideológica con el de libertad religiosa. A través de la estructura de estos artículos es posible enumerar una serie de derechos que comparten un origen común. En otras palabras, ese origen compartido se traduce como un contenido normativo para todas estas libertades.

Vayamos, entonces, a indagar sobre ese contenido normativo, sobre qué nos permiten hacer las normas, qué protegen esas normas, qué obligan a respetar tales normas. Para ello, prestaremos atención a una de esas redacciones.

Para Jim Murdoch, entre aquellos artículos mencionados más arriba, el artículo 18 del PIDCP ofrece la mejor redacción posible sobre cuál sea el contenido normativo de estas libertades. Curiosamente, este autor se plantea la cuestión del contenido normativo a propósito de comentar el artículo 9 CEDH[32]. Es decir, este artículo le resulta de utilidad para identificar cuáles son los derechos vinculados con la esfera íntima del individuo.

Reparemos en la glosa: los *derechos* vinculados con esa esfera. Hasta ahora nos referíamos a libertades vinculadas, conectadas, con esa esfera íntima. Sin embargo, nos hemos desplazado hacia los derechos, pues nos hallamos sitos en pleno discurso jurídico. Habiendo reparado en ello, podemos continuar.

Prestemos atención a la redacción del artículo 18 PIDCP a fin de identificar una tripartición.

> 1. Toda persona tiene derecho a la libertad de pensamiento, de conciencia y de religión; este derecho incluye la libertad de tener o de adoptar la religión o las creencias de su elección, así como la libertad de manifestar su religión o sus creencias, individual o colectivamente, tanto en público como en privado, mediante el culto, la celebración de los ritos, las prácticas y la enseñanza.
>
> 2. Nadie será objeto de medidas coercitivas que puedan menoscabar su libertad de tener o de adoptar la religión o las creencias de su elección.
>
> 3. La libertad de manifestar la propia religión o las propias creencias estará sujeta únicamente a las limitaciones prescritas por la ley que sean necesarias para proteger la seguridad, el orden, la salud o la moral públicos, o los derechos y libertades fundamentales de los demás. (...)

32 MURDOCH, J.; «Freedom of thought, conscience, and religion. A guide to implementation of Article 9 of the European Convention on Human Rights», *Human Rights Handbook*, n. 9, Estrasburgo, 2007: 6.

La primera sección del artículo proclama las libertades. Además, menciona la posibilidad jurídicamente garantizada de manifestar la propia religión o creencia y de realizarlo individual o colectivamente, en público o en privado.

La segunda sección se entretiene en la esfera íntima del individuo; declara el derecho, frente a los demás, de garantizar el fuero interno. Lo podemos interpretar sin mayores reticencias como un espacio protegido frente a las injerencias o coacciones de los demás. Ahora ni nos imaginamos lo que va a dar de sí esta parte a lo largo de la obra.

Y en la tercera sección se recogen las limitaciones posibles y necesarias para garantizar las libertades y derechos fundamentales del resto de ciudadanos. Lo podemos abreviar como la «cláusula de orden público». Ya hemos visto que no hablamos de libertades ilimitadas, sino de libertades que deben coordinarse en el foro público. A esa idea nos referiremos como orden público y cuando la encontremos anunciada en las normas jurídicas nos referiremos a ella como la mencionada cláusula.

En la Constitución Española no es que las cosas sean muy diferentes. En el artículo 16 CE encontramos estas tres secciones en una redacción bastante parecida. La libertad ideológica (recordemos que en el artículo 18 PIDCP se menciona la libertad de pensamiento) y la libertad religiosa aparecen juntas. Ambas libertades van de la mano a todos los acontecimientos normativos, como una parejita, tal que el pensamiento, las creencias o la religión del individuo ostentan protección jurídica contra la coacción. Igualmente, la CE incluye la limitación del orden público[33]. La razón, como venimos insistiendo, es que estos artículos insinúan el origen común de todas estas libertades: la esfera personal, íntima, moral del individuo.

Esta edificación por secciones acontece porque las normas ponen el foco sobre lo que sucede en la «esfera íntima» de la persona, fuente de estas libertades y, a partir de ahí, van escalando hasta un margen interno garantizado para el sujeto y una esfera externa coordinada con las libertades del resto de gentes. Digamos algo más sobre este origen.

La relevancia de esta esfera radica en la base o fundamentación axiológica que se deriva de la dignidad humana y del libre desarrollo de la personalidad. Como explica el profesor Pérez Luño, la dignidad humana es el punto central de todas las facultades, todas ellas constituidas para reconocer, afirmar y

33 Véanse algunas referencias en la doctrina española en Castro y Bravo, F.; «Notas sobre las limitaciones intrínsecas de la autonomía de la voluntad. La defensa de la competencia. El orden público. La protección del consumidor», en *Anuario de Derecho* Civil, vol. IV, 1982: 1025.; Fernando Pablo, M. M., «Sobre la cláusula de orden público en materia de nacionalidad», *Revista de Administración Pública*, n. 121, 1990: 270.; Méndez Baiges, V.; «Sobre derechos humanos y democracia», *En el límite de los derechos*, EUB, Barcelona, 1996; y Martínez-Torrón, J.; «La protección internacional de la libertad religiosa y de conciencia, cincuenta años después», *Revista de la Facultad de Derecho de la Universidad de Granada*, n. 2, Granada, 1999: 63-66.

sostener la dimensión moral del individuo. Lo que, es más, el reconocimiento normativo de esta esfera permite justificar una libertad de carácter público y exponer que algunos derechos relacionados con la intimidad individual podrían limitar la intervención de los poderes públicos[34]. En otras palabras, que esa esfera quede protegida, que cuente con garantías.

La limitación para los poderes públicos va más allá de una explicación teórica o un anhelo filosófico de ofrecerle al sujeto un margen sin coacciones. Estamos hablando de derechos y como tal los tribunales se han encargado de poner en práctica estas garantías. Así, la jurisprudencia constitucional española ha reflejado este coto vedado para los poderes públicos. Para el Tribunal Constitucional, en efecto, el legislador tiene un margen de actuación acotado. Un margen de actuación predefinido por aquellos derechos «que pertenecen a la persona en cuanto tal y no como ciudadano, o, si se rehúye esta terminología, ciertamente equívoca, de aquellos que son imprescindibles para la garantía de la dignidad humana que, conforme al art. 10.1 de nuestra Constitución, constituye fundamento del orden político español»[35].

Ya tenemos la respuesta a nuestra primera cuestión. Resulta que las libertades ideológica y religiosa se conectan íntimamente y comparten garantías normativas porque ambas brotan de la esfera íntima del individuo fundamentada a partir de la dignidad humana y el libre desarrollo de la personalidad. Lo que protege el Derecho es el ejercicio de unas libertades públicas que nos presuponen la condición de agentes morales, capaces de tener ideas o estar sobre creencias. Bien, abordada la necesaria e inescindible conexión normativa entre estas libertades, aún debemos profundizar más en las garantías. A fin de cuentas, todavía no estamos en condiciones para responder al interrogante que nos trajo hasta aquí acerca del uso adecuado de los términos.

Dos tipos de garantías

El pasado mes de septiembre de 2022 tuvo lugar una petición en la Comisión Constitucional del Congreso de los Diputados por parte de los grupos PSOE y Unidas Podemos (UP). La petición resulta ahora interesante para nosotros por el contenido de la postulación en sí misma, aunque también es interesante dejar constancia de que se tramitara a partir de una transaccional a una Proposición No de Ley (PNL), aprovechando el momento de paso para cambiar cosas relevantes.

Si nos fijamos en el Reglamento del Congreso, a partir de este tipo de proposiciones la Cámara legislativa se posiciona sobre un asunto concreto. Por tanto, mediante una PNL se insta al Gobierno a seguir una línea política definida o a que lleve a cabo una actuación determinada, como tomar medidas para ejecutar leyes o proponer un decreto.

---

34 Pérez Luño, A. E.; *Derechos Humanos, Estado de Derecho y Constitución*, Madrid, 2010: 49.

35 STC 107/1984, de 23 de noviembre (FJ 3).

En este caso, inicialmente la PNL fue elaborada por el grupo UP y pedía al Gobierno que denunciara y derogara los Acuerdos con la Santa Sede de 1976 y 1979. A esta PNL la siguió un texto alternativo con la transaccional conjunta de los grupos que no pedía ir tan lejos en la acción del ejecutivo, sino a promover el diálogo con la Iglesia Católica, por una parte, y a impulsar una nueva ley para garantizar la libertad de culto, por otra.

Respecto a lo primero, la diputada del grupo parlamentario de UP Marina Velarde defendió en esta comisión la «democratización» y la actualización del país a través de modificar la Ley Orgánica de Libertad Religiosa y los Acuerdos con la Santa Sede. Entre las acciones reclamadas al ejecutivo insistió en clarificar la «situación jurídica de los bienes inmatriculados» en posesión de la Iglesia. Esta iniciativa despertó la desaprobación de otros grupos parlamentarios y derivó en un debate acerca de la labor social desempeñada por la institución eclesiástica[36].

Respecto a lo segundo, lo curioso es que la petición no recibió la misma atención por parte de la oposición ni por parte del Gobierno. La postulación versaba sobre una nueva ley de libertad de conciencia, religiosa y de convicciones. La garantía de la libertad de culto se acompañaría de la neutralidad del Estado y del respeto al pluralismo religioso. Si nos detenemos sobre este punto no sumaríamos excesivas complicaciones al panorama legal que hemos ido contemplando hasta aquí.

Sin embargo, entre otras disposiciones, dicha ley introduciría medidas para desarrollar la «ética privada, religiosa, moral o filosófica» mediante la neutralidad o para separar la «ética pública» de la «ética privada». No sabemos cómo se hubiera articulado y hecho casar en un mismo texto la neutralidad del Estado con el desarrollo, y por tanto promoción, de lo que afectaría a la esfera íntima del individuo y a la preconfiguración del espacio privado a partir de definir, antes de saber qué conflictos pueden darse en este ámbito, es decir, dónde puede abrirse paso la idea particular en lo público.

Un escenario como ese hubiera requerido la precisión de un cirujano en filosofía, un filólogo cervantino y un jurista de mente porosa para dar forma a la ley que en su planteamiento ya renquea por incoherencias. Ahora bien, a dicha ley nadie le ha dado forma y más bien ha pasado como una propuesta inadvertida. Cosa que en este momento debemos agradecer porque nos simplifica sobremanera el trabajo que estamos realizando. A fin de cuentas, vamos a desgranar las garantías jurídicas de unos derechos y si esta ley hubiera estado aprobada en este momento nos hubiera obligado a parar y a dibujar el escenario en el que se despliegan estos derechos. Lo que no es ni bueno ni malo, pues no podemos juzgar el contenido de lo que todavía no existe, pero sí nos acorta el trayecto.

36 https://www.ultimahora.es/noticias/nacional/2022/09/27/1799733/psoe-unidas-podemos-piden-ley-libertad-conciencia-religiosa.html

Ahora bien, era menester lanzar este comentario, pues tal vez este sea uno de los puntos que más bien pronto que tarde habrá que actualizar. Las coordenadas quedan fijadas: nosotros cogemos el atajo hacia las garantías de las libertades ideológica y religiosa y no nos enzarzamos con el contexto que podrían dibujar las leyes. Por así decir, nos centraremos en las prestaciones de nuestro coche y no atenderemos a si circulamos por una autopista o por un lodazal. Nos tendremos que conformar con lo dado, esto es, con las leyes actualmente vigentes. Para el caso, con la mencionada Ley Orgánica 8/1980, de Libertad Religiosa (LOLR).

Proteger lo interno y coordinar lo externo

Concentrémonos ahora en los dos tipos de garantías que han ido apareciendo a lo largo de nuestros pasos. Las primeras consisten en la proyección interna de la libertad y las segundas en su proyección externa, en su manifestación. Cada tipo constituye una fuente de garantías específicas, o particulares.

En el aspecto normativo, esta doble dimensión queda expresamente incluida en los cuatro epígrafes que componen el artículo 2 de la LOLR. Una ley, por cierto, que tiene por objeto únicamente regular el contenido de la libertad religiosa.

La protección de la «dimensión interna» se fundamenta en la inmunidad de las creencias del individuo. El artículo filia una serie de presupuestos particulares, aquellos en donde esta protección, esta inmunidad, puede actuar. Por ejemplo, profesar o no profesar las creencias religiosas libremente asumidas o la práctica de los actos de culto, lo que incluye tener derecho a no declarar sobre lo anterior. Dice el tenor literal:

> a) Profesar las creencias religiosas que libremente elija o no profesar ninguna; cambiar de confesión o abandonar la que tenía, manifestar libremente sus propias creencias religiosas o la ausencia de las mismas, o abstenerse de declarar sobre ellas.

Este artículo reformula con más pomposidad para la libertad religiosa el ámbito de inmunidad de la esfera íntima del individuo que habíamos detectado en el artículo 16.2 de la Constitución. Claro es que la CE proclama al tiempo la libertad ideológica y la religiosa.

A propósito de las garantías de la «dimensión externa» de la libertad religiosa, debemos pensar en la expresión, en la manifestación, de pensamientos, creencias o convicciones religiosas. En la LOLR, las garantías atienden a tres tipos de conductas transformadas en derecho: 1) practicar los actos que exige o que permite la religión que se profesa; 2) recibir e impartir la doctrina religiosa o moral, tanto para sí como para el núcleo familiar; y 3) ejercer públicamente la práctica religiosa de acuerdo con la cláusula de orden público:

> b) Practicar los actos de culto y recibir asistencia religiosa de su propia confesión; conmemorar sus festividades; celebrar sus ritos matrimoniales; recibir sepultura

digna, sin discriminación por motivos religiosos, y no ser obligado a practicar actos de culto o a recibir asistencia religiosa contraria a sus convicciones personales.

c) Recibir e impartir enseñanza e información religiosa de toda índole, ya sea oralmente, por escrito o por cualquier otro procedimiento; elegir para sí, y para los menores no emancipados e incapacitados, bajo su dependencia, dentro y fuera del ámbito escolar, la educación religiosa y moral que esté de acuerdo con sus propias convicciones.

d) Reunirse o manifestarse públicamente con fines religiosos y asociarse para desarrollar comunitariamente sus actividades religiosas de conformidad con el ordenamiento jurídico general y lo establecido en la presente Ley Orgánica.

Vemos que la mención al orden público nos recuerda que el ejercicio de la libertad coexiste con el ejercicio de otros derechos y libertades fundamentales. Sobre estas bases, las garantías externas de la libertad religiosa presuponen que el ejercicio de la libertad va a tener que ponderarse con otros derechos. Me interesa ahora hacer un apunte sobre asociarse, sobre «desarrollar comunitariamente» la libertad.

Asegurar el ejercicio colectivo en un espacio neutro

De la LOLR también es interesante destacar que la libertad religiosa admite el ejercicio colectivo, que incluye una variante colectiva de la libertad. ¿Cómo que ejercicio colectivo? ¿Acaso las creencias o un derecho fundamental pueden ejercerse por un colectivo de gentes? Bueno, hay derechos fundamentales que por su naturaleza necesariamente deben realizarse por grupos de gentes. Ejemplo de ello sería el derecho de reunión. Carecería de sentido que una persona invocara el derecho de reunión para informar que se encuentra reunida consigo misma. Y siguiendo la lógica de lo absurdo, hay quien pensará que el ejercicio colectivo de un derecho fundamental como la libertad religiosa o la ideológica no tiene razón de ser, sino que pertenece exclusivamente a la esfera íntima del individuo.

El problema de ello reside en que la práctica de determinados actos religiosos o ideológicos necesariamente pasan por aglutinar la conducta de un grupo de gentes. La comunión o el matrimonio, respecto al acto religioso, implica que hay participantes y autoridades religiosas aprobando los ritos. Respecto al acto ideológico, pensemos en la afiliación sindical o en la pertenencia a un partido político, actos que presuponen la pertenencia del individuo a un colectivo marcado por un eje de ideas, o ideología en sentido amplio.

Lo que garantiza la LOLR es que las iglesias, confesiones y comunidades religiosas tengan potestad para ejercer este derecho fundamental y por tanto para establecer su propia estructura organizativa y de este modo dar validez a los actos de acuerdo con las creencias religiosas compartidas por esa comunidad. De ello se preocupan los artículos 2 a 6 de la ley.

Ahora bien, si por una parte la variante colectiva de esta libertad faculta a las entidades para dotar de efectos jurídicos a determinados actos y liturgias, cabe tener presente que estos derechos se circunscriben dentro del denominado «principio de aconfesionalidad del Estado», que no dista demasiado del principio de laicidad que ya vimos a lo largo de nuestro paseo por países vecinos, adaptado, en este caso, a nuestro ordenamiento jurídico. Detengámonos sobre ello para destacar algunas cuestiones.

Al principio de aconfesionalidad también se le ha llamado principio de neutralidad, hecho que remarca más aún, si cabe, el paralelismo con las anécdotas avistadas durante nuestras peripecias. También denota la tendencia de nuestro legislador por cambiar de nombre a las cosas y bautizarlas con un alias para la ocasión. Esto es, igual que sucede con la libertad ideológica respecto a la libertad de pensamiento y de conciencia, ocurre con el principio de aconfesionalidad respecto al de laicidad y neutralidad. No fuera a ser que a alguien le diera un patatús. No debemos olvidar que los términos jurídicos están envueltos de una fuerte carga simbólica. Especialmente aquellos incorporados a los cuerpos constitucionales o desarrollados por su doctrina judicial. En este caso, la opción por principio de aconfesionalidad en lugar de otros términos afines también debe interpretarse en clave del momento histórico y del contexto predeterminado por las fuerzas políticas imperantes en el momento. En este sentido, en la elección de un término por otro iba algo más que el léxico, incluso la inclusión o el descarte del concepto dentro del ordenamiento jurídico.

Del principio de aconfesionalidad o neutralidad se derivan ciertas garantías para los colectivos. Ahora bien, no estoy del todo seguro del alcance generalizado que puedan tener debido a su intrincado desarrollo doctrinal. No me lanzaré a la piscina alocadamente sobre este asunto, sino que en adelante me limitaré a exponer esta duda.

Más que una actitud pasiva y de no interferencia, este principio exige un cierto margen de cooperación por parte del Estado con la Iglesia y con otras confesiones religiosas, sin que se confunda el rol de cada una de las partes. De esta manera, reclamando «una actitud positiva respecto al ejercicio colectivo de la libertad religiosa (...), el principio de neutralidad del artículo 16.3 CE veda cualquier tipo de confusión entre funciones religiosas y estatales (...), antes bien sirve, precisamente, a la garantía de su separación, introduciendo de este modo una idea de aconfesionalidad o laicidad positiva. El credo religioso objeto de enseñanza ha de ser, por tanto, el definido por cada Iglesia, comunidad o confesión, no cumpliéndole al Estado otro cometido que el que se corresponda con las obligaciones asumidas en el marco de las relaciones de cooperación a las que se refiere el art. 16.3 CE»[37].

37 STC 38/2007, de 15 de febrero (FJ5).

Este ejercicio colectivo ha llevado a algunos constitucionalistas a afirmar que la libertad religiosa, y no la ideológica, da razón de ser a la estructura del artículo 16 CE[38]. Esta afirmación se deriva del hecho de que la Iglesia Católica ostenta amplios poderes a pesar de la separación normativa entre las facultades estatales y las religiosas. Lo curioso del asunto es que estas facultades proceden de los Acuerdos entre la Santa Sede y el Estado español, de 3 de enero de 1979, mientras que otras entidades religiosas no ostentan tales facultades al no haber ratificado unos acuerdos tan exhaustivos. Así, hay quien sostiene que el ejercicio colectivo de este derecho fundamental en realidad se limita a un trato preferencial hacia la Iglesia Católica, si bien el principio de neutralidad ordena una actitud positiva del Estado hacia cualquier entidad[39].

En síntesis, el ejercicio colectivo de la libertad está permitido por la normativa española, aunque no podemos afirmar cuáles son los márgenes genéricos definidos por sus garantías. La razón estriba en que el panorama legal prioriza los acuerdos con una entidad religiosa para esa misma entidad. En consecuencia, carece de sentido hablar de un modelo genérico de garantías para el ejercicio colectivo de la libertad si ello depende de cómo coopere cada entidad con el Estado y del resultado que hayan alcanzado en un acuerdo, sin entrar aquí a valorar si estamos ante algún agravio comparativo entre entidades. Ello convertiría a la libertad religiosa en carne de negocio, a no ser que se haga explícito en la misma ley cuáles son las razones para priorizar el acuerdo con una entidad.

¿Quiere eso decir que el ejercicio colectivo de las libertades recogidas en el artículo 16 CE depende de acuerdos entre las organizaciones y el Estado? Bueno, hay que ser más cautos. Realmente las garantías a las que nos hemos referido valen únicamente para el caso de las entidades religiosas. En tanto que entidad religiosa debe formalizar un acuerdo de cooperación. Dicho en otras palabras, las entidades religiosas deben hacer público su acuerdo con el Estado en tanto que entidad religiosa legalmente reconocida como tal, lo que da lugar, en realidad, a dos requisitos. A partir de ahí, el artículo 16 CE empieza a brindar garantías legales.

Contrariamente, cuando un grupo de personas se organiza de acuerdo con una determinada ideología o convicción, y no se trata de entidades religiosas, el requisito va a ser menor. Esto es, no va a precisarse un acuerdo entre esa organización y el Estado. Este sería el caso, por ejemplo, de las empresas

38 Gimeno Sendra, V.; *Los Derechos Fundamentales y su Protección Jurisdiccional*, Madrid, 2017: 160-162.

39 Cañamares Arribas, S.; «Libertad religiosa e igualdad. Algunos supuestos discutidos», *Revista General de Derecho Canónico y Derecho Eclesiástico del Estado*, n. 25, Madrid, 2011, p. 19-20.

de tendencia o de los partidos políticos. Mientras tengamos constancia del ideario asumido por este tipo de organizaciones empezaremos a tener en cuenta garantías para la protección de la libertad ideológica en su variante colectiva. Claro es que, para estos casos, ya no podremos referirnos a las garantías concretas, en la protección específica observable en un acuerdo hecho público, sino que tendremos que remitirnos a los márgenes generales que hemos ido atendiendo hasta el momento. Tendremos que preparar el terreno para articular la coordinación entre un ideario asumido por una entidad, como una empresa, y la capacidad para proyectarlo en tanto que entidad, por ejemplo, exigiendo determinadas labores con contenido ideológico a las personas que dependen de esta entidad, en el caso del ejemplo, a los trabajadores.

Pero no adelantemos acontecimientos. Veremos en otro capítulo qué sucede en este tipo de casos. Ahora lo importante es retener la idea de que las garantías de las libertades ideológica y religiosa se proyectan colectivamente, aunque de distinto modo. Mientras que para la libertad religiosa hace falta remitirse a un acuerdo de cooperación, cuando hablamos de organizaciones que ejercen la libertad ideológica conjugaremos las garantías genéricas de esta libertad con los derechos y obligaciones propios del ámbito en el que se desenvuelven, en el que llevan a cabo su actividad, de un modo similar a cómo estas garantías operan sobre el ejercicio individual de la libertad: interna y externamente.

De todo ello sacamos en claro que las garantías de las libertades ideológica y religiosa surgen de las dos esferas señaladas reiteradamente: la interna, donde tiene lugar la actividad racional del individuo; y la externa, donde acontece la exposición del pensamiento, las ideas o las creencias. Y a propósito del ejercicio colectivo, las garantías de la libertad religiosa se especifican según la cooperación entre la entidad religiosa y el Estado en virtud del principio de laicidad, para delimitar las funciones de cada una de estas partes.

Probablemente, la reforma legislativa con la que dimos comienzo nuestra andanza en este epígrafe hubiera supuesto la supresión de estas garantías específicas. Ello no supondría suprimir el ejercicio colectivo de la libertad religiosa, si no, presumiblemente, circunscribir el ejercicio de esta libertad a la esfera individual del individuo, con la posibilidad de manifestarlo colectivamente. No estamos en condiciones de valorar lo que supondría este escenario legislativo, no sólo porque no hay texto legislativo que aprehender, sino porque cada confesión religiosa tiene sus propios ritos y prácticas comunes, que difieren una de otra, y de algún modo habría que coordinar el uso del espacio público con la garantía de poder practicar el culto comunitariamente. Sobre esta cuestión topamos con el silencio o con meras hipótesis, que no deben hacernos perder el rumbo. Al menos, mientras las cosas sigan así, lo cierto es que un acuerdo pone algo de orden a este tipo de cuestiones.

La diferencia conceptual

Ya tenemos certeza en muchas cosas. A nuestra fiesta terminológica se sumó un huésped inesperado, la libertad religiosa. Nos encontramos con su carabina presencia en la retaguardia de dos doncellas, las libertades de pensamiento y de conciencia. Así que, en camaradería, fuimos todos a bailar a la discoteca jurídica de las garantías.

En la entrada del local los porteros del Derecho las interrogaron para saber si las libertades se encontraban esa noche entre los invitados. Como pertenecen todas a ellas a un mismo artículo, pudieron entrar a la disco de las garantías. La entrada general incluye acceso a la pista de baile pública, al foro público abarrotado de libertades moviendo las caderas y propiciando codazos llegado el caso, las unas con las otras.

Para nuestra sorpresa, la libertad religiosa se fue hacia una zona reservada para sus colectivos y disfrutó de una botella de champagne de la marca «garantías específicas», un espumoso cuya cepa pertenece a una cosecha que se remonta a los acuerdos entre las confesiones religiosas y el Estado. Resultó que la libertad religiosa, para ciertas cosas, es un cliente VIP del ordenamiento jurídico.

El resto de las libertades deben conformarse con las garantías genéricas. Bueno, al menos computan en el local del Derecho, bien protegidas y gozando del ambiente selecto de la zona alta de la ciudad, la de los derechos fundamentales, lejos de los polígonos industriales donde se cuecen fiestas ilegales hasta altas horas de la madrugada.

Así hemos adquirido conciencia de que la libertad religiosa siempre está ahí, que comparte garantías jurídicas con nuestra libertad, pero que también su protección alcanza garantías propias porque, dada su capacidad de negociación con las instituciones, ostenta pedigrí. En el fondo, no debe extrañarnos. Ya cuando delimitábamos los vocablos jurídicos afines a la libertad ideológica en el discurso práctico las dudas de si optar por un término u otro no salpicaron a la libertad religiosa. Nuestra intuición nos prevenía de recurrir a la libertad religiosa como si se tratase de un sinónimo. En el barrio de la libertad ideológica y de sus amigas encontramos a un infiltrado cuyas pintas no encajaban del todo con ese ambiente, demasiado bien vestido, y luego confirmamos nuestras intuiciones al ver a la libertad religiosa descorchar la botella en su zona reservada de la disco.

El lugar donde se origina todo este panorama se encuentra en las casas apareadas en las que vive la libertad ideológica. En el distrito de los derechos fundamentales ya sabemos que la libertad religiosa cuenta con chalé propio. Esas casas apareadas comparten el jardín. Normal que si alguien pasa por allí espontáneamente y observa el jolgorio de una barbacoa no sepa a ciencia cierta qué libertad ha organizado la comilona. Podría ser un vecino de cualquiera de esas casas anexas. De ahí que en el discurso práctico a menudo intercambiemos estos términos. No es de extrañar que haya autores que hayan explicado que la libertad ideológica es un derecho «complejo» que se compone de los derechos a la libertad de pensamiento, a la libertad de conciencia y a la religiosa[40].

De todo ello podemos asumir que la religión es un subtipo o una categoría que se deslinda de la ideología y que se identifica ante nosotros con entidad propia. Tengamos en mente nuestro concepto paraguas que engloba bajo su manto otros tantos conceptos más concretos. En este caso, debemos referirnos a uno de esos subtipos como la libertad religiosa, aquella que dentro de las libertades que emanan del fuero interno del individuo se refiere a la dimensión trascendental de esa esfera.

La libertad religiosa representa una libertad que estructura la fe como un contenido sustancial para el individuo. Por eso su manifestación externa también exhibe variedad, es decir, individual, colectiva, pública y personal, a través de la predicación, el culto, la enseñanza o la observancia[41]. La libertad religiosa establece una consonancia: el individuo actúa de acuerdo con una fe y sus postulados, y es la norma de referencia para quienes deciden vivir adoptando una teoría o moral religiosa.

Fijémonos en un aspecto interesante de estas notas sobre libertad religiosa. Estamos dando vueltas a este concepto y nos estamos refiriendo a nociones como fe, trascendencia o adoptar una convicción religiosa del mundo. Para ello, incluso podemos dejar a un lado el término «Dios». Damos tumbos alrededor del concepto y escogemos cautelosamente los términos para evitar pronunciar esa palabra. No porque nos moleste o porque no guarde relación íntima y directa con la libertad religiosa. Evidentemente esa convicción religiosa del mundo puede incluir a Dios. Ahora bien, atentos, puede incluir su figura. Con ello, decir que Dios no es una condición necesaria para hablar de religión, sino contingente. Si bien es cierto que la gran mayoría de religiones se articulan en torno a Dios y algún tipo de experiencia divina, no todas las religiones incluyen deidad alguna. De ahí la preferencia en nuestros pasos por recurrir a una suerte de trascendencia individual para referirnos al hecho religioso, lo que puede incluir o no el concepto de deidad. Con ello me limito a seguir la observación de José Ortega y Gasset cuando sugirió que una referencia implícita a algún tipo de deidad en la palabra «religión» excluiría religiones como el budismo en tanto que creencia que no se basa en la fe profesada a la existencia de un Dios[42].

---

40 Cavas Martínez, F.; «Libertad ideológica y contrato de trabajo», en *Libertad de empresa y poder de dirección del empresario en las relaciones laborales. Estudios ofrecidos al profesor Alfred Montoya Melgar*, Aranzadi, Cizur Menor, 2011: 58.

41 *Vid.* Viladrich, P. J.; *Los principios informadores del Derecho eclesiástico español*, Pamplona, 1996: 127-129 y Calvo Álvarez, J.; «Los principios informadores del Derecho Eclesiástico Español en la Doctrina», *Anuario de Derecho Eclesiástico del Estado*, n. 14, Madrid, 1998: 187-234.

42 Ortega y Gasset, J. *Ideas y creencias y otros ensayos de filosofía*, Alianza, Madrid, 1986: 56

El hecho de considerar que ambas libertades, la ideológica y la religiosa, proceden de la esfera interna del individuo no nos ha impedido asumir que esa dimensión trascendental encarna un escenario particular de una libertad genérica que engloba toda actividad racional. En otras palabras, si bien cada libertad tendría su propio objeto específico, es posible calificar la ideológica como el genérico y la religiosa como la especie, la que identificamos como el área trascendental de la esfera íntima.

Por ideología nos referimos al conjunto de ideas que definen a una persona en el sentido más amplio posible. Y nada más que a eso, porque la ideología también es una rama del conocimiento filosófico, dentro de la lógica, que estudia el proceso que va desde la primera aprehensión de la mente hasta la formación de la idea[43]. Como digo, no nos interesa esta disciplina sino su otra voz.

En este punto, debemos diferenciar el objeto de cada una de estas dos libertades con mayor precisión. Aquí necesitamos hacer referencia a las nociones de «idea» y de «creencia religiosa» que son de utilidad para nuestro trabajo.

Conceptualmente, Ortega nos aclaró la diferencia entre ambas. O lo que es lo mismo, entre pensar y creer. Mientras que las «ideas» las tenemos, las producimos, las mantenemos, las difundimos y con ellas fundamentamos la realidad, pero sin que podamos vivir de ellas porque no extienden todo el suelo firme sobre el que vivir y pensar, sobre las «creencias» estamos, esto es, caminamos sobre ellas al presuponerlas, al heredarlas de nuestros antepasados y por su carácter radical se confunden con la realidad y pierden el carácter ideal[44]. En otras palabras, contamos con las creencias sin que las pensemos constantemente o sin tener que adherirnos en todo momento, de ahí que supongan el suelo sobre el que reposa nuestra vida.

Veamos qué dice la jurisprudencia.

El Tribunal Constitucional, al referirse a una creencia *lato sensu*, esto es, sea o no religiosa, tiene presente cualquier concepción del mundo que el individuo asuma y siempre que esté enraizada en el pensamiento de tal manera que el actuar esté condicionado por ella. Y acerca de la noción de ideología, configurada por un conjunto de ideas, se refiere a la imagen mental del mundo que elabora el propio sujeto[45]. No supone un gran esfuerzo identificar lo primero con creer y lo segundo con pensar.

---

43 A propósito del término ideología como disciplina del conocimiento es de lectura obligada el estudio histórico llevado a cabo por Ramis, R. «Los orígenes de la noción de "ideología" en el siglo XVII», en *Gregorianum*, n. 103, vol. 1: 83-102.

44 Ortega y Gasset, J. *Ideas y creencias y otros ensayos de filosofía*, Alianza, Madrid, 1986.

45 *Cfr.* STC 292/1993, de 18 de octubre.

De ahí podemos sacar, al menos, dos cosas. Una, la clara distinción conceptual por la que aquellas ideas y creencias que van más allá de un dogma religioso caben dentro del pensamiento autónomo, de la capacidad del individuo para hacerse una imagen de las cosas, distinguiéndose de aquellas otras creencias inspiradas por un dogma de fe, que constituyen particularmente el objeto de la libertad religiosa. Dos, que el sujeto puede actuar de acuerdo con lo anterior, sean creencias religiosas o no.

Respecto a lo segundo, no debe plantearnos mayores problemas en el terreno jurídico. Es un asunto sobre el que hemos insistido en distintas ocasiones, también desde el punto de vista del Derecho. Con ello no estamos refiriéndonos a una visión particular del Tribunal Constitucional, sino a lo que ampliamente entienden los tribunales a propósito de estas libertades. Por ejemplo, un estudio previo de la jurisprudencia del TEDH nos revela la conexión directa entre los actos u omisiones con las creencias, con las convicciones o con un precepto de fe que obligue al individuo, o creyente, a comportarse en conformidad con ellas[46].

En conclusión, los individuos elaboran ideas para formar sus pensamientos u opiniones relacionadas con cualquier tema, y también pueden tener convicciones o creencias, basadas o no en un precepto de fe, que los lleven a comportarse de acuerdo con ese sistema de principios asumidos como propios. Si bien todo esto puede ser objeto de la libertad ideológica, sólo con ocasión de que las creencias incluyan un dogma de fe pertenecen a la libertad religiosa.

Ese dogma de fe nos previene de confundir ambas libertades. El objeto de la libertad religiosa es tan característico como sus garantías específicas. Concepto y protección jurídica van de la mano. Ambos son refinados y nos evitan cualquier confusión conceptual y recurso indiscriminado de la expresión.

Ya hemos echado el cerco sobre la libertad religiosa y tenemos explicación a por qué no nos confundíamos cuando aparecía en nuestros asuntos. Vamos a aplicar esta operación al resto de términos, los que sí generan confusión. La operación debe servirnos para proponer, ulteriormente, el uso apropiado para cada expresión jurídica.

---

46 *Vid*. STEDH de 27 de junio del 2000, asunto *Cha'are Shalom Ve Tsedek vs. Francia*, y la Decisión de Inadmisión del TEDH de 3 de diciembre de 2009, asunto *Tamara SKugar contra Rusia*.

4.

LA VUELTA A CASA. UNA PROPUESTA PARA EL USO APROPIADO DE LOS TÉRMINOS AFINES A LA LIBERTAD IDEOLÓGICA

De hecho, más allá de las Ciencias y de sus verdades categoriales, solo es posible la Filosofía, como una relación racional de Ideas —trascendentes a los conceptos científicos o categoriales—, o la Ideología, como conjunto de creencias, opiniones y discursos acríticos *(doxa)*, constituyentes de un tercer mundo semántico. En consecuencia, hay que definir muy bien en qué terrenos queremos movernos.

Jesús G. Maestro,
Crítica de la razón literaria, 2017

Al igual que nuestra peregrinación a través de los vocablos jurídicos, la trama de la película *Fresas Salvajes (Smultronstället)* de Ingmar Bergman, el fabuloso genio sueco de la dirección y la elaboración de guiones para cine y teatro, ocurre a lo largo de un viaje. Una cinta sobre la que destaquemos unos hechos que nos ayudarán a resolver nuestros propios problemas. Situemos la trama antes de abalanzarnos sobre las cuestiones.

El protagonista de la historia es el profesor Isak Borg, un médico jubilado que a sus 78 años va a ser nombrado doctor honoris causa por la Universidad de Lund. En un primer momento el profesor Borg había pensado tomar un avión desde Estocolmo para acudir al homenaje. Sin embargo, su plan se tuerce repentinamente justo la noche antes de subirse al avión a consecuencia de un mal sueño, que tomó como premonitorio.

En la trama onírica, el profesor deambula por una calle y un coche fúnebre remolcado por caballos, tras girar en una intersección, accidenta contra una de las farolas de la calle. Una de las ruedas sale desprendida rodando hasta sus pies, el coche pierde el equilibro dejando caer el féretro que transportaba en el arcén y los caballos asustados emprenden el paso, con el coche vacío y destartalado, huyendo de la escena y dejando solo al protagonista con el ataúd entreabierto. Al acercarse, el cuerpo sin vida lo toma por el brazo y al asomar la cabeza, el profesor Borg se encuentra frente a sí mismo.

El sueño lo interpreta como un aviso para evitar el avión y emprender el viaje por carretera. Trayecto que no realizará solo, sino acompañado por su nuera, Marianne, quien llevaba viviendo con él unas pocas semanas y esposa de su primogénito Evald. A fin de cuentas, la pareja reside en Lund y la ocasión se presenta como una buena excusa para volver a casa contando con compañía.

Al iniciar el viaje a Lund, pronto Marianne pasa a reprochar la actitud que el viejo doctor ha tenido con su hijo a lo largo de los años, siempre tan egoísta y preocupado por sus cosas sin apenas haber destinado algo de tiempo a estar con él o a preocuparse por su bienestar. La reprimenda desazona sensiblemente al viejo Isak Borg, por lo que decide alterar la ruta del trayecto y parar a visitar la casa de su infancia.

El trayecto lo inician dos, aunque pronto se suman tres jóvenes, dos chicos, Anders y Viktor, y una chica, Sara, no sin antes presenciar una nueva visión. En lo que fuera la casa de su infancia, el profesor fantasea con los recuerdos y acaba sumergido en otro sueño. En esa ilusión se traslada a la infancia. Sara, su prima y por entonces también su prometida, está recogiendo fresas en las inmediaciones de la casa mientras que Sigfrid, el hermano de Isak, nuestro protagonista, se acerca a la muchacha con ánimo de flirtear y cortejarla. Ese sueño lo interrumpe Sara, la chica que hasta entonces acompañaba a los dos jóvenes que se acaban de unir al viaje y que es idéntica a Sara, su prometida de la infancia (en la película la actriz que encarna a Sara en el sueño y a Sara, la amiga de los chicos, es la misma, la célebre Bibi Andersson).

En la película hay dos escenas más, fabulosas, que van a interesarnos temprano.

En la primera, Isak aprovecha para hacer una visita de cortesía a su madre junto a Marianne. La vieja señora Borg la toma con Marianne y la acusa de no haber tenido aún descendencia y de desatender a su nieto. Lo que la señora desconoce es que no es por culpa suya, pues está encinta y viaja a Lund tras una disputa con su marido, que la ha forzado a escoger entre él y la criatura cuando ella realmente quisiera traerla al mundo. Un dilema que la atraganta y que carga en silencio y soledad, compartiéndolo con el profesor sólo hacia el final de la película. Vemos aquí un dilema de conciencia que se arrastra en vida.

En la segunda, sobreviene un tercer sueño al profesor en cuanto prosiguen con el viaje a Lund. Allí encontramos a la joven Sara, antigua prometida de Isak, echándole en cara que sea tan viejo, motivo por el cual va a tener que casarse con su hermano Sigfrid. Sara vuelve con brío a la casa, donde sabe que la espera Sigfrid. Isak se apresura en ir hasta la entrada de la cosa, golpeando la puerta. El señor Alman, personaje al que ha conocido en una de las paradas del viaje, abre la puerta en lugar de Sara y lo lleva a poner en práctica su pericia como doctor. Sucede entonces que Isak no logra observar a través de un microscopio, que desconoce el primer deber de un médico (según el filme, rogar el perdón) y que diagnostica como muerta a una paciente viva. Por todo ello, primero Alman lo tilda de incompetente y después termina condenándolo a la soledad.

Ahora bien, la cinta no termina mal, sino con nuestro protagonista soñando dulcemente con Sara, como no podía ser de otra manera.

Vayamos al paralelismo entre el viaje que hemos hecho y el del profesor Isak Borg. Ahora, nos toca defender al anciano vocablo libertad de conciencia. Al contrario que Isak, no queremos condenar con la pena de la soledad a uno de los términos más ancianos de nuestra serie. A continuación, trataremos de defender un uso particular para él.

La vieja libertad y un viejo profesor

Cuando expusimos el concepto de libertad ideológica que después fuimos contrastando en los distintos ordenamientos jurídicos nos desplazamos hasta Bury. Hablábamos entonces de la libertad de pensamiento, aunque perfectamente podríamos haber recabado en el uso de los términos yendo aún más lejos en el tiempo, por ejemplo, hasta Voltaire, y zambullirnos en su magnífica defensa de la libertad de conciencia. Simplemente, recurrimos a un concepto que se adaptaba bien a nuestras exigencias metodológicas.

Cuando Isak ve a su doble en el primer sueño despierta de la pesadilla angustiado. Nosotros, al poner a un término, la libertad ideológica, frente a sus dobles aparentes, la libertad de pensamiento y de conciencia, nos despertamos sobrecogidos con un nudo de interrogantes. ¿Son equivalentes todos ellos? ¿Esos términos nos remiten al mismo concepto que manejamos? ¿No será alguno de ellos ficticio? ¿No pasará como con la libertad religiosa y alguno tiene su propio ámbito de garantías jurídicas?

En otro sueño, el profesor contempla a Sara y a su hermano Sigfrid, que quiere ligársela. Al despertar ve a una joven idéntica a Sara, que también se llama así, solo que él ya es anciano y ella no más que una joven. Más adelante vuelve a soñar con Sara, su antigua prometida, reprochándole estar tan viejo, no como ella, toda una mozuela. Salvando las distancias, algo similar sucede con nuestros conceptos. Nuestro discurso práctico actual rebosa juventud y hemos pasado a usar la jovencita libertad ideológica y a incorporarla en ordenamientos jurídicos como el español en detrimento de las viejas libertades de pensamiento y de conciencia. El adjetivo «ideológica» cuenta con pocos años y con acentuada vigorosidad en las bocas de nuestras gentes, mientras que el recurso al término libertad de conciencia suena algo castizo, pasado de moda, anquilosado en las barbas de gente centenaria.

Tal vez esta percepción distorsione la realidad y estemos equivocados, que no sea más que una falsa ensoñación nuestra y que, en realidad, no haya modas y decoros en el recurso a los vocablos, sino que los términos anden a nuestra disposición y no sea más que una cuestión de criterio al llevar a cabo actos locucionarios. Pero... aunque el sueño no sea la realidad, ¿y si no es cuestión de modas y renovación de términos? ¿Y si cada vocablo presupone una cosa distinta? Al igual que Sara, la prometida con el joven Isak, y Sara, la que conoce el viejo Isak en el viaje son personas distintas, aunque se entremezclen en ensoñaciones, ¿no es posible que en la realidad cada término denote su propio ámbito particular? ¿Y si esto es así? ¿Y si nosotros estamos erre que erre con la libertad ideológica y cada cosa es diferente?

La nuera de Isak, Marianne, le recrimina al protagonista que sea un egoísta, motivo por el que su hijo le guarda poco afecto. Nosotros nos hemos empecinado con el concepto de libertad ideológica y sin embargo tropezamos con la cuestión del uso apropiado debido a la infinidad de términos afines para referirnos a ese concepto. Nos hemos quedado en lo conceptual y nos hemos olvidado de las posibles derivas de la libertad, con lo que sucede no ya en el discurso práctico, sino en el momento de hacer valer la libertad, que se manifiesta a través de otras tantas. Esas otras tantas manifestaciones posibles, esas otras libertades, las hijas de un mismo concepto de libertad ideológica, han sido descuidadas a lo largo de nuestro recorrido. Al igual que el hijo del protagonista, cabe el reproche de estas hijas porque las hayamos desatendido en exceso. Ha llegado el momento de rendir cuentas ante las hijas de la libertad.

Intentemos salvar nuestra alma. Aunque sea tarde, fijemos nuestra atención un poco sobre el hijo de Isak y en sus andanzas. Ocurre que Marianne está embarazada y que su marido, el hijo, la obliga a escoger entre la criatura y él. Ella decide tener el hijo y por ello vuelve a su Lund natal, a cuidar a su hijo en su casa sin ceder a las exigencias de su marido. En esta película se plantea de refilón el tema del aborto, aunque presenta con toda majestuosidad una decisión, tener o no tener la criatura, que Marianne sopesa detenidamente mudándose a casa de su suegro. Es decir, ha ponderado un dilema en conciencia y ha tomado una decisión, lo que comparte finalmente con Isak. He aquí ante nosotros la libertad de conciencia.

Ideología, pensamiento, conciencia

Que suenen las trompetas del dramatismo, pues ha llegado el momento álgido de la operación. Estamos en el quirófano, nuestro paciente yace en la camilla y sujetamos el bisturí con la mano a punto de practicar la decisiva incisión. Vamos a trazar la hendidura que separa los conceptos que dan forma a nuestra libertad.

A través de la conexión entre libertad ideológica y religiosa hemos visto que el Derecho protege los elementos que se destilan del pensamiento, todo lo cual constituye la actividad racional del individuo. Entre estos elementos hemos podido diferenciar cualquier idea que asume el individuo en su particular concepción de la vida de aquellas otras que asume como dogma y que pivotan sobre el eje de la fe, sobre lo trascendental. Alcanzamos este puerto subiendo por el estudio de las garantías jurídicas, considerado las dos dimensiones del pensamiento, la interna y la externa, para evidenciar que la libertad religiosa cuenta con su propio elenco de garantías, además de compartir las garantías genéricas de todas estas libertades.

En estas líneas defenderemos que no podemos llegar a la misma conclusión, al menos no podemos llegar tan lejos, o ser tan tajantes, estudiando las garantías de las libertades ideológicas, de pensamiento y de conciencia. Ahora bien, que no cunda el pánico a bordo, va a ser posible establecer una distinción conceptual entre los términos. A fin de cuentas, estamos aquí para eso. Tendremos que optar por un uso particular de cada expresión echando mano a nuestra propia cosecha. Tenemos que proponer el uso apropiado a través de aportar razones, aunque para ello, insisto, tenemos que seguir con el mismo método.

Seguiremos el camino metodológico anterior para mostrar los siguientes aspectos: 1) que hay una relación normativa diferente a la que hay con la libertad religiosa, ya que estamos ante derechos equivalentes, aunque proclamados en diferentes artículos y no en la misma norma, como sí sucede con la libertad religiosa, y cómo el TC asume este vínculo entre artículos; 2) la imposibilidad de distinguir conceptos jurídicamente a pesar de estar establecidas garantías específicas como la objeción de conciencia; y 3) finalmente, aclarado ese embrollo, propondremos el uso conveniente de cada término a través de la invocación de dos conceptos de libertad, el de Isaiah Berlin y el de Norberto Bobbio.

Un vínculo normativo y la palabra del TC

El vínculo normativo entre todas estas expresiones proviene de otra conexión, la de los derechos humanos con los derechos fundamentales. La libertad ideológica forma parte de este vínculo porque es el derecho proclamado en el artículo 16 CE. Como sabemos, la Constitución Española recoge el derecho fundamental a la «libertad ideológica, religiosa y de culto», mientras que, en el ámbito internacional, su correlato es el derecho a la «libertad de pensamiento, de conciencia y de religión», ya que los tratados y normas internacionales ratificados por España recogen esta redacción, tal y como proclama el artículo 9.1 CEDH (e idénticamente recogido, como vimos, en los artículos 10.1 de la CDFUE, 18 de la DUDH y 18.1 PIDCP).

Dada esta relación, podemos afirmar *prima facie* que la «libertad ideológica» encuentra su equivalencia en el ámbito jurídico internacional en la «libertad de pensamiento» y la «libertad de conciencia». De ahí que, en el discurso jurídico, los tribunales utilicen cualquiera de ellos indistintamente. Para muestra, un botón. Por ejemplo, el Tribunal Supremo se pronuncia de esta manera:

> una ideología y su práctica, en cuanto manifestación externa del derecho a la libertad ideológica, de pensamiento y de creencias que contempla el artículo 16 de la Constitución...[47]

---

47 STS 1013/2016, de 9 de mayo. De modo similar se pronuncia el Tribunal Constitucional, *cfr*. STC 74/2018, de 5 de junio. Ocurre también al referirse a la conciencia en lugar de la

Ya sabemos que ese no es el tenor literal de la CE, sino que, al referirse a esas libertades, los tribunales dan por hecho que estamos hablando de las mismas libertades con total naturalidad, como si en realidad el artículo 16 CE estuviera proclamando *de facto* todas esas libertades y no la ideológica, la religiosa y de culto. Este hecho podría indicar la intención del constituyente español de identificar la libertad ideológica con cualquier tipo de pensamiento individual al que se refieren los textos internacionales. Afirmo esa intención del constituyente tras leer la redacción inicial del artículo 16.1 en el Anteproyecto de CE, que se situaba dentro del apartado «libertades públicas» en el Capítulo II. En ese borrador, el redactado figuraba del siguiente modo:

> Se garantiza la libertad religiosa y de cultos de los individuos y de las comunidades, así como la de profesión filosófica, con la única limitación del orden público protegido por las leyes[48].

Teniendo en cuenta que la intención del constituyente español podría ser la de proteger cualquier forma de pensamiento, la expresión «de profesión filosófica» contenida en dicho borrador parece más adecuada para lograr ese fin. En cualquier caso, la redacción actual, con la fórmula «libertad ideológica», también ha permitido aceptar una concepción abierta y genérica del pensamiento sin encontrar mayores objeciones, según las expresiones y las equivalencias normativas que emplean los tribunales.

Más allá de nuestra valoración de estilo, ya vimos que tanto la conexión terminológica en las normas que estamos considerando ahora como su uso abren la discusión en el Derecho comparado acerca de cuál sería el concepto paraguas en cada ordenamiento jurídico. Esta discusión se traslada a los estudiosos del Derecho, a la Dogmática Jurídica, concentrando el asunto en estas tres libertades, la ideológica, la de pensamiento y la de conciencia. En ese sentido, podemos identificar dos corrientes diferenciadas del uso de los términos:

Por una parte, la doctrina de la «ideología-conciencia». Desde esta corriente se aboga por un uso indiferente entre las expresiones «libertad ideológica» y «libertad de conciencia». Ambas libertades equivaldrían a una y la misma libertad. Al tiempo, incorporarían la libertad de pensamiento como una instancia particular de esa libertad genérica. Göran Rollnert, quien estudió la jurisprudencia de TC sobre este derecho fundamental, hizo notar la distinción. Y es que el TC se refirió en sus inicios a la libertad de pensamiento como esa libertad que acontece sólo en el ámbito interno. Y esa libertad cabía diferenciarla de la libertad de conciencia como aquella otra facultad «garantizada por el ordenamiento jurídico de obrar conforme

---

ideología. Al respecto, sirvan de ejemplo: STS 4404/2008, de 11 de mayo y STC 151/2014, de 25 de septiembre.

48 Boletín Oficial de las Cortes núm. 44, de 5 de enero de 1978.

a la propia conciencia [y que se utiliza] indistintamente como sinónimo de «libertad ideológica» incluyendo tanto las dimensiones internas como externas de ese derecho»[49].

Por otra parte, la doctrina de la «ideología-pensamiento». Esta sería la doctrina asumida por Luis Prieto Sanchís, entre otros, y por la cual la libertad de pensamiento, de manera extensiva, emparejaría con la libertad ideológica en tanto que expresión alternativa, o equivalente. Este último autor considera que la libertad de pensamiento es la «facultad práctica y plenamente social que protege al individuo contra las coacciones o injerencias externas que pueda sufrir para comportarse de acuerdo con sus creencias o convicciones»[50]. Esta libertad genérica, ideológica o de pensamiento, englobaría la libertad de conciencia y su ejercicio. Esta doctrina también se basa en la jurisprudencia, tal como se observa en sentencias como la STC 15/1982, de 23 de abril y la STC 53/1985, de 11 de abril[51].

Hagamos referencia a cómo ha interpretado el TC esta conexión. Para el TC, la libertad de pensamiento no plantea serias complicaciones, ya que es la expresión contenida en el artículo 9.1 CEDH, equivalente al artículo 16 CE, y que opera en el foro del Tribunal Europeo de Derechos Humanos. La propia jurisprudencia del TC admite el término libertad ideológica como sinónimo de libertad de pensamiento[52]. Por tanto, un estudio previo de ambos artículos nos lleva a concluir que, en realidad, se trata de derechos equivalentes. Desde que el TC, máximo intérprete de la CE, ha determinado el uso de libertad ideológica y libertad de pensamiento como sinónimos, podemos concluir a favor de esta segunda postura y del vínculo entre ambos términos, ideológica y de pensamiento. Hagamos valer este argumento de autoridad.

Claro que, de este modo, la conexión entre la libertad ideológica y la libertad de conciencia ha quedado como un niño desamparado. Parece que al obedecer a papá TC le estamos dando la espalda al otro término, como si fuera otro concepto «abstracto, genérico e independiente de la libertad ideológica»[53].

---

49 Rollnert, G.; «Ideología y libertad ideológica en la jurisprudencia del Tribunal Constitucional (1980-1990)», *Revista de Estudios Políticos (Nueva* Época), n. 99, Madrid, 1998: 234.

50 Prieto Sanchís, L.; «El derecho fundamental de la libertad religiosa», en *Manual de derecho eclesiástico*, Trotta, Madrid, 2016: 57.

51 Prieto Sanchís, L.; «Libertad y objeción de conciencia. STC 15/1982, de 23 de abril», *Persona y derecho, Revista de fundamentación de las Instituciones Jurídicas y de Derechos Humanos*, núm. 54, 2006: 266.

52 A partir de la STC 19/1985, de 13 de febrero, se vienen empleando como sinónimos las expresiones libertad de pensamiento y libertad ideológica.

53 En estos términos hacía la explicación Rollnert, G.; *La libertad ideológica en la jurisprudencia del Tribunal Constitucional (1980-2001)*, CEPC, Madrid, 2002: 71.

En cuanto a la afirmación «la libertad de conciencia es un concepto abstracto, genérico e independiente de la libertad ideológica», podemos observar lo que sigue. En la STC 15/1982, de 23 de abril (que trata sobre la objeción de conciencia al servicio militar prevista en el artículo 30.2 CE), el TC identificó la relación entre libertad ideológica, libertad de conciencia y objeción de conciencia en una línea descendente de género a especie. En otras palabras, la objeción de conciencia es una manifestación específica de la libertad de conciencia y esta libertad, a su vez, constituye una manifestación posible de la libertad ideológica. Con la libertad de conciencia se hace latente un juicio moral sobre creencias o convicciones, de la naturaleza que sean. Junto con esas creencias arraigadas en la conciencia, la jurisprudencia del TC también afirma la coherencia entre la forma de actuar de los individuos y sus propias convicciones. Algo que ya sucedía con la libertad religiosa respecto a las creencias religiosas. Ahora nos referimos a las creencias en sentido lato y nos encontramos con una forma muy similar de concebir la libertad en términos jurídicos. De hecho, más próxima de lo que nos habíamos imaginado.

Siguiendo el razonamiento, esta segunda postura es interesante, además, por otro motivo. Desde ella se defiende también que la libertad de conciencia no se manifestaría únicamente en el derecho a la objeción de conciencia en determinados casos. ¿Qué quiere decir esto? En realidad, nos dice dos cosas: una, que la objeción de conciencia cuando está regulada manifiesta la garantía de la libertad de conciencia para un caso concreto; y, dos, que, si la libertad de conciencia deriva de un derecho fundamental, el derecho a la libertad ideológica, la regulación de la objeción de conciencia para un caso particular sería una instancia particular, y por tanto no exhaustiva, esto es, una genuina garantía de un derecho fundamental.

Introduzcámonos un poco más esta cuestión para que vaya sonándonos el tema. Le dedicaremos el siguiente epígrafe y la última parte de la obra. Es mejor no empacharse y tomar contacto con los temas espinosos paulatinamente.

De un lado, una referencia a la objeción de conciencia se da en nuestro ordenamiento jurídico en la objeción al servicio militar, contemplada en el artículo 30.2 CE (la otra referencia expresa de la Carta Magna se localiza en el artículo 20.1.d CE, aunque ahora no es necesario que compliquemos las cosas). De acuerdo con la lógica de género a especie, este supuesto regulado es una garantía de la libertad de conciencia. Sobre esto hay poco que decir. La libertad de conciencia se concreta en instancias, en ejemplos, particulares.

De otro lado, sin embargo, si es cierto que la objeción de conciencia deriva de un derecho fundamental, de una libertad más amplia, el derecho a la libertad ideológica o de pensamiento, carecería de sentido que antes de manifestar o ejercer ese derecho fundamental hayamos cercado los supuestos en los que puede materializarse. En lugar de limitar un derecho fundamental antes de que pueda ejercerse, la idea de que sea fundamental consiste en que deberíamos ver si en caso de conflicto cabe alguna posibilidad para hacerlo prevalecer. De lo contrario, no estaríamos hablando de un derecho fundamental, sino de un derecho específico y con un supuesto bien delimitado, como el derecho al desempleo cuando se cumplen determinadas condiciones. Entonces, o hablamos de un derecho fundamental o hablamos de un derecho específico en ese otro sentido. En esta tesitura, la balanza tiene que torcerse del lado de los derechos fundamentales.

Bien, hasta aquí hemos visto dos posturas que podemos resumir de la siguiente manera. En un primer momento, la libertad ideológica aparece como sinónimo de libertad de conciencia y, de este modo, la libertad de pensamiento sería un subtipo de ellas. En segundo lugar, la libertad ideológica opera como sinónimo de la libertad de pensamiento y en este caso la libertad de conciencia sería un tipo o subtipo de esta. Hemos asumido este segundo caso para mantener la coherencia con la posición del TC al respecto. En tanto que subtipo, la libertad de conciencia nos abre la puerta a plantear un derecho genérico, llamémosle así, a la objeción de conciencia, sin circunscribirse a una situación concreta.

Llegados a este punto, este punto, estamos en condiciones para lanzar las dos siguientes observaciones: que, en efecto, la libertad de conciencia tiene un significado específico, particular, diferente del genérico que da origen a la libertad ideológica; y que, en este sentido, la objeción de conciencia es una de las posibles manifestaciones del derecho a la libertad ideológica, a través del ejercicio de la libertad de conciencia.

Reparemos sobre la primera observación, podríamos preguntarnos si una creencia enraizada en la conciencia y manifestada a través de un juicio moral difiere sustancialmente de ese objeto genérico, abierto, de la libertad ideológica, es decir, de una postura similar respecto a cualquier idea, pensamiento o concepción de la vida. Porque, ¿un juicio moral sustentado en cualquier creencia, religiosa o no, no designa una concepción de la vida y un concepto igual de genérico? Es difícil establecer un criterio para decidir qué creencias están suficientemente arraigadas en un individuo y no en otro. En mi opinión, este es el origen de la confusión terminológica.

De estar en lo cierto, ya tenemos al culpable del caso. Hemos encontrado una fuente de confusión conceptual: al brotar del mismo punto, es difícil sostener que una creencia está más arraigada en mí que en usted, de ahí que al referirnos a las libertades que hacen referencia a ello las intercambiemos asiduamente. Con la libertad religiosa contamos con un dogma de fe, con lo trascendente; en cambio, esa certeza se difumina con la libertad de conciencia y acaba todo entremezclado. Fallamos condenar públicamente esa confusión.

Ahora bien, nuestra sentencia revela sólo la mitad de nuestra faena. Tenemos la condena al culpable, nos falta la compensación a la víctima. No vamos a rehuir de nuestra tarea y volveremos de nuestro viaje a casa habiendo propuesto un uso apropiado para cada vocablo.

Nuestra propuesta pasará por buscar una solución a través del campo de acción del individuo. En otras palabras, asumamos que lo importante al diferenciar los conceptos de libertad ideológica o de pensamiento con el de conciencia no estribará en que cada libertad dibuje un ámbito más o menos específico, que tenga su propio objeto y concepto, ya vemos que eso es muy problemático, difícil de trasladar al terreno práctico y excesivamente teórico. Ahora lo importante ya no es adentrarnos más en la nebulosa conceptual, sino preguntarnos cómo es posible manifestar cada libertad.

Para ello, tenemos que centrarnos en ese cómo: cómo deja constancia esta libertad. En nuestras andanzas topamos con la objeción de conciencia para garantizar ese ejercicio. Sumerjámonos en ella y veamos qué nos aporta.

La objeción de conciencia como garantía de la libertad

De cómo el TC ha venido usando esas expresiones hemos concluido que la libertad de pensamiento y la libertad ideológica son expresiones que debemos considerar sinónimas cuando enervamos nuestro discurso. Además, que su conexión con la libertad de conciencia es la de género a especie, de tal manera que la objeción de conciencia garantiza la libertad de conciencia y esta última manifiesta la ideológica. Veamos qué han dicho los tribunales y la doctrina sobre la objeción de conciencia.

Una definición de lo que debemos entender por objeción de conciencia fue la que ofreció Guillermo Escobar Roca, quien la explicó de la siguiente manera:

> La objeción de conciencia consiste en una oposición, sustentada en razones morales, de un individuo al cumplimiento de una orden o mandato de autoridad o, lo que es lo mismo, de un deber jurídico, entendido en sentido amplio (...).
>
> Independientemente de los matices acerca de tal deber, parece haber acuerdo entre los partidarios de este concepto estricto en el que la objeción no se dirige contra nada, sino únicamente contra una norma de tipo coercitivo respaldada por el ordenamiento jurídico estatal[54].

A partir de estas premisas podemos observar dos normas con contenido contradictorio y en conflicto. Por un lado, la obligación establecida en una norma jurídica, la que entra en conflicto con la conciencia y, por otro, el derecho a oponerse a esa norma haciendo valer las propias creencias, esto es, el derecho a la objeción de conciencia que en tanto que derecho es también una norma. Dentro de estas coordenadas podemos reformular el conflicto de normas en que el derecho a valerse de las propias creencias, el derecho a la objeción de conciencia surge al oponerse a una obligación jurídica contraria a la libertad de adherirse a una creencia arraigada en la conciencia.

54 Escobar Roca, G.; *La objeción de conciencia en la Constitución Española*, Madrid, 1993: 42.

Este derecho encuentra su razón de ser tanto en la libertad de conciencia como en la libertad ideológica, según nos refiramos a una decisión tomada en conciencia, en sentido amplio, o directamente a la libertad de conciencia. Intentemos aclarar esta doble referencia a las libertades mediante cómo la libertad ideológica incluye la objeción de conciencia como una de sus posibles manifestaciones.

Si bien ya hemos hecho mención de que el TC establecía la conexión entre la objeción de conciencia y la libertad ideológica por medio de la libertad de conciencia, esta vinculación no siempre ha respondido a esta línea lógica tan evidente, pues en el plano normativo el artículo 16.1 CE no introduce expresamente la referencia a la conciencia. Eso era un problema. Los inicios de la correlación terminológica entre libertad ideológica y libertad de conciencia no fueron pacíficos en el ordenamiento jurídico español, ya que distintos artículos de la constitución sí que incluían supuestos específicos de objeción de conciencia. Y, lo que, es más, en la fisonomía de la Carta Magna, uno de estos preceptos se encuentra formalmente fuera del elenco de artículos titulados «De los derechos fundamentales y de las libertades públicas» (Sección 1.ª del Capítulo Segundo del Título I de la CE, artículos 15 a 29): el artículo 30.2 CE[55].

Si tenemos presente todo lo mencionado hasta aquí, en realidad, en la CE existen tres supuestos de objeción de conciencia, dos explícitos y uno implícito. Los dos supuestos explícitos son los del artículo 30.2 CE y el del 20.1.d CE, relativos al servicio militar y a la denominada «cláusula de conciencia» de los profesionales de la comunicación, respectivamente. El tercer supuesto, el implícito, deriva de la interpretación del TC sobre el artículo 16.1 CE acerca de un derecho a la objeción de conciencia con alcance general, es decir, como instancia, o manifestación particular, de la libertad ideológica.

A propósito de esta clasificación normativa, explícita e implícita, debemos advertir que cada modalidad cuenta con su propia coyuntura. Pienso que las palabras de Escobar Roca son claras, escuchémosle:

> 1) Sólo se dan los supuestos necesarios para el ejercicio del derecho a objetar cuando estamos en presencia de un conflicto de conciencia objetivo (esto es,

55 La opinión de GIMENO SENDRA (*Los Derechos Fundamentales y su Protección Jurisdiccional*, Edisofer, Madrid, 2017:163-164) es que «aquí hay un problema que ya no lo es más» tras la abolición del servicio militar obligatorio y la profesionalización del ejército. La objeción de conciencia, tal como estaba regulada en la Ley de Objeción de Conciencia del 26 de diciembre de 1984, ya derogada, no contemplaba el no incorporarse a filas, sino obtener la condición de objetor para defender militarmente al Estado. Entre las razones para objetar «se incluyeron las motivaciones religiosas e ideológicas, pero no las razones políticas que pudieran ser utilizadas como religiosas o ideológicas (...). Por otro lado, otras objeciones de conciencia emergentes toman como paradigma la anterior, por ejemplo, la de los médicos y otros profesionales de la salud a practicar abortos o a intervenirlos, los fieles de ciertas religiones a recibir ciertos tratamientos médicos, los ciudadanos a ser parte de un jurado o de una mesa electoral (...), la objeción de conciencia fiscal (...). Ha surgido una eventual objeción de conciencia para impartir una materia en determinados colegios, etc.».

> cuando existen características propias del juicio moral), que también (salvo en los casos especiales de los artículos 30.2 y 20.1.d) debe tener su fundamento en los postulados propios de una ideología o religión conocida.
>
> 2) El derecho general a la objeción de conciencia no es un derecho absoluto, sino una posición *prima facie* que puede ceder ante la presencia de varios límites, cuya única característica común es su sede constitucional. Evidentemente, el juego de tales límites no puede ser de tal naturaleza que reduzca el contenido del derecho a su práctica desaparición.

Los problemas para vincular la libertad ideológica con la de conciencia comenzaban con un conjunto de artículos desparramados por el salón de los derechos en la casa de la CE. Aquí tenemos la libertad ideológica, allí la objeción de conciencia de unos, allá la de otros y, en definitiva, poca armonía y más bien una disposición caótica de las cosas. Los bártulos yacían esturreados.

Luego cabía pensar que cada uno de esos artículos hacía referencia a situaciones distintas, digamos, presuponiendo que el legislador constituyente quería decir cosas distintas. En otras palabras, si el legislador hubiese querido dar a entender que la libertad ideológica y la objeción de conciencia son cosas similares suena lógico que lo hubiese integrado todo más cerca, aun en un mismo artículo.

Ahora bien, a esta tentativa de interpretación económica, ante tal suposición, el TC empezó a elaborar una jurisprudencia que concluye en la objeción de conciencia que deriva del ejercicio de la libertad ideológica. Así que, en definitiva, de nuevo por la intervención del TC, asunto zanjado.

Entonces, debemos comprender el vínculo entre la objeción de conciencia, la libertad de conciencia y la libertad ideológica señalado por el TC de acuerdo con las siguientes premisas: 1) la libertad ideológica puede expresarse específicamente como una «posibilidad legalmente garantizada de acomodar la conducta y el modo de vida del sujeto a sus propias convicciones»[56]; 2) y, también, como «garantía legal de abstención a realizar una determinada conducta» exigida por los poderes del Estado, siempre que constituya una afrenta a tales convicciones[57].

Insertos en la lógica en la que advertimos la secuencia de lo genérico a lo específico que va de la libertad ideológica a la objeción de conciencia, pasando por la libertad de conciencia, ya hemos asumido que la objeción de conciencia es una manifestación específica de esas libertades. Hasta ahí, todo en orden. Ahora bien, reparemos en que esta línea consanguínea no opera únicamente para ayudarnos a unir la parte con el todo, o la especie

56 Esta definición de libertad de conciencia, como concreción de la libertad ideológica, aparece en el ATC 617/1984, 31 de octubre.

57 STC 15/1982, de 23 de abril.

con el género. También la sangre funciona en sentido contrario. Los genes legales se heredan. Y como la objeción de conciencia es una descendiente hermosa de un egregio linaje, su ADN arrastrará caracteres propios de su estirpe. ¿A qué secuencia de carácter nos referimos? Por supuesto, a que, si en la libertad ideológica computan unos límites, éstos serán aplicables al ejercicio del derecho a la objeción de conciencia.

Según lo dispuesto en el artículo 16.1 CE, en principio el único límite reprochable a la libertad ideológica, y por extensión a la de conciencia, sólo puede ser el necesario para el mantenimiento del orden público definido por la ley. Ya tenemos identificado al cromosoma. El orden público configurado por los derechos y las obligaciones en juego va a condicionar el disfrute de la objeción de conciencia. A esto es a lo que Escobar Roca se refería como una posición prima facie que podía ceder ante límites. Esos límites son el orden público.

Dicho esto, el límite de estas libertades no complica excesivamente la referencia al alcance genérico que pueda tener el derecho a la objeción de conciencia. Más bien el problema lo encontramos en que nos hallamos frente a una cuestión circular en el campo de los derechos: si el único límite aplicable a las libertades fundamentales consiste en el orden público definido por la ley, tiene que ser posible objetar a obligaciones legales más allá de los supuestos explícitos que hemos mencionado en la propia constitución, puesto que no podemos prever de antemano en qué supuestos operan las libertades, de lo contrario no hablaríamos de libertades fundamentales sino de mandatos, lo que nos remite nuevamente a ponderar cómo está configurada cualquier relación jurídica a tenor de esos mandatos, es decir, a definir el orden público, que por definición no cabe definirlo de antemano si hay que ver en qué relación jurídica nos encontramos.

Vale, ¡quietos! ¡Que no cunda el pánico! No clamemos al cielo aún. Todavía no hemos dicho todo lo necesario sobre el orden público. Vamos a tener asideros para volver a casa de una pieza.

En un primer momento, el orden público «definido por la ley» parecía indicar la necesidad de regular el ejercicio de la objeción de conciencia. Es decir, una primera respuesta a este asunto radicaría en que, si todo orden público depende de la configuración legal, dentro del todo se incluiría la parte, esto es, la objeción de conciencia. También este derecho debería estar regulado, definido, en el orden público. De ahí, pasamos a un cambio de paradigma en la interpretación judicial sobre el orden público y la libertad de conciencia. Veámoslo.

Esta forma de razonar era la esgrimida primeramente por el TC. Para el tribunal, el derecho genérico a la objeción de conciencia sólo sería posible cuando el constituyente o el legislador común así lo previera expresamente[58]. A esto se le llama la *interpositio legislatoris*, o la necesidad de

58 Arlettaz, F.; «Objeción de conciencia: consideraciones sobre España a la luz de la jurisprudencia europea», *Revista Internacional de Derechos Humanos*, n. 3, 2013: 193-194.

interceder legislativamente. Según la interpretación primeriza del TC, la libertad de conciencia designa una «especificación de la libertad ideológica» en cuyo contenido prevalece la «garantía legal de abstenerse de una determinada conducta»[59], pero era preceptivo un desarrollo legal para hacer efectivo el derecho a la objeción de conciencia con alcance genérico, es decir, como manifestación del derecho fundamental a la libertad ideológica. Esa manifestación concreta debía ser parte de las leyes que desarrollen la libertad.

Digamos que en sus inicios la interpretación del tribunal era la credencialista. La interpretación jurídica era la del portero de discoteca: o presenta sus credenciales para entrar al garito o váyase a su casa y no moleste. ¿Cuáles serían las implicaciones del desarrollo legal de un derecho genérico a la objeción de conciencia? Pues que estaríamos hablando de un derecho que, para ejercerlo, el ordenamiento jurídico establecería de antemano las condiciones para ese ejercicio y, por tanto, definiría los supuestos en los que operaría ese derecho. Sin no lo dice una norma, usted no estaría objetando, sino haciendo cualquier otra cosa. Enseñe el carné y veremos si puede pasar a este local o si su carné pertenece al local de al lado.

Un seguido de sentencias del TC sobre el asunto muestra un tira y afloja entre la *interpositio legislatoris* y el ejercicio amplio de un derecho fundamental que se extiende hasta bien entrado el siglo XXI. El debate concluye definitivamente con la STC 145/2015, de 25 de junio, punto de inflexión que simboliza el cambio de paradigma.

En esta sentencia el TC admitió el amparo, es decir, la protección en el foro constitucional, de la objeción de conciencia como manifestación del derecho fundamental a la libertad ideológica. De nuevo, debate zanjado porque lo dice el jefe, el máximo intérprete de la constitución, la autoridad en la materia. Entonces, no es necesario que una norma, que una ley, habilite el ejercicio de este derecho. En otras palabras, cabe el amparo a la objeción de conciencia como garantía del artículo 16.1 CE.

Hemos dejado atrás la llamada *interpositio legislatoris*, aunque en todo caso se hace evidente que necesitamos una referencia externa, es decir, la del orden público definido por ley. ¿Qué quiero decir con eso? Pues que la objeción de conciencia opera en un contexto y que objetar significa oponerse contra un mandato. En este sentido, más que regular o delimitar su ejercicio, la ley individualiza, fija, ancla la objeción al contorno con el que debe ponderarse. El orden público es el dibujo de ese contorno jurídico, ese ámbito de derechos y obligaciones en el que sucede la trama que termina planteando una objeción contra el mandato. Todo ello es relevante para el momento en que se ejerce la objeción, para el caso en el que se despliega el derecho. No es de extrañar que, en ausencia de ese marco jurídico circundante, externo, estemos ante lo

59 *Vid.* STC 15/1982, de 23 de abril.

que algunos autores han denominado «lagunas de derecho natural»[60]. En este sentido, objetar en genérico sería como lanzar un brindis al sol.

Por ello podemos concluir que la objeción de conciencia en sentido genérico no precisa un desarrollo ulterior legislativo en tanto en cuanto intervenga en calidad de derecho fundamental, en otras palabras, como genuina manifestación de la libertad ideológica, o de conciencia en un caso particular, contra el mandato que se da en una relación jurídica. Ello no significa que la objeción de conciencia no brota espontáneamente y en abstracto, sino que siempre se opone a un mandato conciso y opera en un ámbito, un contexto, determinado. Un contexto con derechos y obligaciones propias que constituyen todo aquello que debe tenerse en cuenta para ponderar un derecho fundamental con un mandato legal.

Dejemos por ahora el asunto de la objeción de conciencia. Quedémonos con que, a lo largo de este camino, hemos sacado en claro cómo opera la objeción de conciencia en tanto que manifestación de la libertad ideológica. En un principio, parecía posible sostener una distinción en lo normativo, en un origen particular para cada cosa: la objeción de conciencia aparecía regulado en una parte y la libertad ideológica por otra. Sin embargo, actualmente esos preceptos no son más que supuestos concretos, instancias particulares, del derecho a la objeción de conciencia, porque existe un derecho general a la objeción de conciencia en virtud del derecho fundamental a la libertad ideológica. Por tanto, este derecho denota una objeción basada en creencias o convicciones morales arraigadas en conciencia, lo que entronca con la libertad de conciencia, y que todo ello se da en el ejercicio del derecho fundamental a la libertad ideológica.

Las creencias, religiosas o no, que enraízan en la conciencia son objeto de protección. Una protección que implica que un mandato no puede ser exigido porque la conciencia pesa demasiado. La conciencia clama, grita, porque no se la coaccione haciéndola rechazar la moral que en ella ha echado ya raíces. La objeción de conciencia escenifica un grito desesperado convertido en derecho para que no se nos coaccione al actuar conforme a esas creencias, para que no se afrente a nuestra moral, para que el mandato de los terceros cese ante el peso de la conciencia.

Aquí reside la quintaesencia práctica que nos permite distinguir el uso apropiado de la libertad de conciencia y el de la libertad ideológica. Una genuina puesta en práctica de la libertad, dos conceptos de libertad.

Los dos conceptos de libertad

Hemos comprobado que tanto la CE como el CEDH, entre otras normas, anuncian una serie de libertades vinculadas a la actividad racional del individuo de una manera similar. También hemos visto que la libertad de pen-

60 González Pérez, J.; *La dignidad de la persona*, Pamplona, 2017: 201-208.

samiento actúa como sinónima de la ideológica según la jurisprudencia del TC sin mayor dificultad, representando ese concepto genérico o paraguas. Además, que la libertade de conciencia refleja una instancia particular respecto del ámbito genérico designado por la primera. Lo que vamos a hacer es delimitar los márgenes de esa instancia particular.

De este modo, la actividad racional del individuo y en particular toda idea, creencia, opinión, pensamiento, etc., que se forma sobre la vida, corresponde al objeto de la libertad ideológica, o de pensamiento. La libertad religiosa restringe las creencias a un trasfondo específico, circunscribiéndolas a un dogma de fe, pero la libertad de conciencia nos sitúa ante creencias, no necesariamente religiosas, fuertemente arraigadas en el fuero interno del individuo, lo que llamamos, en rigor, conciencia. Mientras hablemos de cualquier tipo de creencia, el objeto de la libertad de conciencia eleva su nivel de abstracción al genérico que designa la libertad ideológica. Y, claro, con ella damos con un concepto vago que ciertamente se presta a la confusión con el genérico.

Aquí, podríamos justificar que, mientras que la libertad religiosa y la libertad de conciencia pertenecen *prima facie* al ámbito de la acción del individuo, es decir, al actuar de acuerdo con cualquier creencia arraigada, la libertad ideológica se alinea con la capacidad de asumir cualquier ideal, convicción o creencia[61]. Para Norberto Bobbio, uno de los más brillantes juristas y filósofos del siglo XX, si hacemos esta distinción conceptual la diferencia es clara: estaremos refiriéndonos a la libertad de obrar, en un caso, y a la libertad de querer, en el otro. Cedo el timón a su voz:

> Cuando digo que soy libre en el primer sentido, quiero decir que una acción mía no se ve obstaculizada, y que por tanto puedo llevarla a cabo; cuando digo que soy libre en el segundo sentido, quiero decir que mi querer es libre, es decir, que no está determinado por el querer de otros o, más en general, por fuerzas extrañas a mí mismo querer[62].

Para el preclaro iusfilósofo italiano merece la pena distinguir la obra de la voluntad. Hay ocasión para que separemos cada momento. Ahora bien, el propio autor es consciente que una exposición rigurosa de los mismos obliga a no priorizar el ámbito de acción sobre el ideal o viceversa. Ciertamente, al prescindir de uno de los dos planos, acción o ideal, estaríamos mutilando estas libertades. Lo importante es centrarnos, priorizar, focalizar uno de esos planos sabiendo que enlaza inevitablemente con el otro.

---

61 Esta distinción ya es habitual en la literatura académica; son muchos los estudiosos que han defendido esta postura. Pienso, por ejemplo, en las obras de González Pérez, *La dignidad de la persona*, *op. cit.*, y Díez-Picazo Giménez, *Sistema de derechos fundamentales*, Aranzadi, Cizur Menor, 2013.

62 Bobbio, N.; *Igualdad y libertad*, Paidós, Barcelona, 1993: 103.

Destaquemos que, tras ahondar en una acción específica de la libertad de conciencia, como es la objeción de conciencia, esta libertad ha ido a parar al ámbito de la acción. Contrariamente, la libertad ideológica, en tanto que concepto genérico que representa esa facultad tan humana para formarse una imagen interior del mundo al derredor, si nos centramos en esa imagen, la vinculamos al del ideal. De este modo, las libertades se han puesto a bailar con las categorías sincronizadamente, en un dueto a pares. Suena música celestial para nuestros oídos. Los conceptos de libertad de conciencia e ideológica danzan con las categorías de acción e ideal, respectivamente, con buena sincronía.

Dos categorías, dos modos de aproximarse a esos conceptos, que instituyen la libertad. Ya podemos ver con toda claridad que, si reparamos sobre la acción o sobre la idea, podemos diferenciar una instancia particular, una obra, de la fuente del acto. Una epistemología fructífera, sin lugar a duda. Y ya que hemos llegado hasta aquí, tratemos ahora de encajar estas categorías para cada libertad con un uso más apropiado, que tanto hemos anunciado, con la justificación de nuestra propuesta.

A partir de la observación anterior, podemos ayudarnos del trabajo de Isaiah Berlin, porque al hablar de distintos «conceptos libertad», se quiera o no, invitamos con toda seguridad a que los lectores más atentos piensen en el filósofo, intelectual, teórico, escritor nacido en Riga y nacionalizado británico. El 31 de octubre de 1958, para el discurso inaugural en la cátedra Chichele de Teoría Política y social en Oxford, Berlin preparó una de las sesionas más célebres de la historia reciente acerca de las ideas. Allí pronunció la conferencia que llevaba por título *Dos conceptos de libertad*.

Berlin propuso los conceptos de libertad negativa y positiva[63]. Evidentemente, hablamos de conceptos que otros autores habían tratado con carácter previo a él. Ahora bien, para su ensayo, el autor toma en consideración la noción de libertad negativa de la obra de Schopenhauer. Dicho lo cual, no quita pizca alguna de valor a la obra de Berlin por su claridad expositiva y de análisis, que encajan a la perfección con nuestro propósito.

En su obra, «positiva» y «negativa» no son atributos valorativos, sino descriptivos. Es decir, que su propuesta carece de cualquier atisbo estimativo calificando una libertad como buena y la otra como mala. No es en ese sentido que escribe el autor. Antes que valorar, el autor somete a escrutinio ambas nociones.

Ahondemos en los dos conceptos de libertad de Berlin.

63 Berlin, I.; *Four essays on liberty*, Oxford University Press, 1986: 121-131.

La libertad negativa y el colofón a un viaje

De los dos conceptos, centrémonos, en primer lugar, en el de libertad negativa.

La libertad negativa nos situaría ante la ausencia de obstáculos, creados por el hombre, a la acción de los individuos. La ausencia de estos obstáculos contribuye a la libertad en la medida en que las dificultades o impedimentos para actuar desaparecen. A lo largo de la Sección I de su ensayo, podemos observar el concepto de libertad negativa en ejemplos como las instituciones liberales relacionadas con la protección de los derechos individuales, en la limitación del poder político y en la defensa del pluralismo. Ejemplos que nos servirán para aclarar ideas y adelantar otras.

Dentro de estos márgenes podemos referirnos al concepto de libertad de conciencia sin ningún dolor de cabeza. En efecto, estos rasgos caracterizan la libertad de conciencia porque i) se protege, a través de una serie de garantías, las creencias individuales; ii) estas garantías son una limitación de los poderes públicos; y iii) nos permite dar encaje al pluralismo.

Reparemos en ello detenidamente.

En primer lugar, como decíamos, la libertad de conciencia ofrece una serie de garantías para proteger las creencias o convicciones de los individuos. Entre ellas hemos puesto especial énfasis en el epígrafe anterior sobre el derecho a la objeción de conciencia, por lo que no insistiremos sobre ello.

En segundo lugar, las garantías de la libertad de conciencia suponen que los poderes públicos tienen un ámbito de actuación limitada respecto a las creencias individuales. En particular, para enlazar con las estaciones realizadas a lo largo de nuestro viaje, debemos mencionar que se proyectan con especial fuerza sobre el legislador, aquel que, incapaz de conocer todas las convicciones y las creencias de sus ciudadanos, aun así, tiene que regular la conducta humana en un ámbito, en un contexto social, en un escenario. Con su regulación, dispone una serie de medios, esto es, derechos y obligaciones, para alcanzar los fines perseguidos con la intervención.

Esos fines constituyen el mínimo ético contenido en estos medios, en las normas jurídicas. Un mínimo ético normativo, podemos decir, que perfectamente potencialmente riñe con el mínimo ético que cualquier individuo, en lo profundo de su conciencia, está convencido de que el Derecho debería respetar para alcanzar los fines propuestos. Ante esa colisión a propósito de cómo deberían ser las cosas, sobre la forma de alcanzar los fines humanos de acuerdo con unos estándares morales, nace este derecho a que los poderes públicos respeten la moralidad del individuo, un derecho como franja que los poderes públicos no pueden traspasar.

Una disputa titánica entre el modo de estimar lo que debe hacerse, lo que es debido, de alcanzar el propósito normativo, que se traduce en una colisión de derechos. A través de esta garantía la objeción de conciencia surge del sentido contradictorio de dos normas jurídicas, la que, por un lado, crea al legislador para establecer una conducta como obligatoria y la que, por otro, prohíbe fundamentalmente rebasar el margen establecido por la libertad de conciencia, esto es, la que impide atropellar un derecho fundamental. En este sentido, la libertad de conciencia, a través del derecho a la objeción de conciencia, decíamos que clama por la protección del ámbito interno de la conciencia individual contra la actividad de los poderes públicos.

Y, en tercer lugar, la noción de libertad negativa permite acomodar el pluralismo. Las convicciones propias que los individuos manifiestan incluyen sus visiones particulares sobre la dimensión moral de mínimos incrustada en el Derecho. Ahora bien, con la libertad, esta manifestación de las diversas concepciones sucede de un modo diferente a las normas que imponen los poderes públicos, a saber, a través de poner de manifiesto las creencias individuales.

Es necesario insistir aquí en que, para el ejercicio de sus funciones, es materialmente inverosímil que las autoridades públicas conozcan las convicciones morales de cada ciudadano cada vez que legislan sobre un asunto. Es una utopía que el Estado conozca y al mismo tiempo tenga en cuenta todas las creencias de sus ciudadanos. Como eso es llanamente imposible, cabe presumir que, al disponer de unos medios normativos para lograr determinados fines estimados oportunos, el legislador no pretende dañar la moralidad de nadie en particular. Más bien, que el legislador pretende causar la mínima lesión a la moral de cada cual cada vez que interviene con una nueva ley. De lo contrario, hablaríamos de una discriminación o de un derecho de autor, dirigido hacia una persona o hacia un colectivo particular, quebrantando la universalidad del Derecho. A la regulación general, proyectada sobre todos, y que en principio intenta afectar en la menor medida posible a las creencias particulares podemos referirnos como el principio de proporcionalidad.

Es en este contexto que las garantías de la libertad de conciencia promulgan el pluralismo. No podemos incardinar el principio de proporcionalidad en una especie de operación aritmética que sopesa el punto de vista moral de cada individuo. Por el contrario, la proporcionalidad exige otra escala, no aritmética ni cuantitativa, sino cualitativa, en este caso observando y respetando los elementos constitucionales[64] más básicos que delimitan y legitiman el margen de intervención de los poderes públicos. Por supuesto, entre los elementos constitucionales se encuentran los derechos fundamentales, entre ellos la libertad de conciencia, dentro del derecho fundamental a la libertad ideológica, de la que pueden derivarse las garantías del ciudadano a que se respete su conciencia porque en éste arraiga una convicción moral para actuar de un determinado modo, en un determinado sentido. A través

64 Al lector más atento no se le escapará que he tomado la expresión «elementos constitucionales» de la obra de Rawls, J.; *Political Liberalism*, Columbia University Press, Nueva York, 1993.

de estas garantías, que visto de este otro modo equivalen al respeto de los elementos constitucionales esenciales o básicos, los ciudadanos tienen la capacidad para evaluar el ordenamiento jurídico o el conjunto de las convicciones que la sociedad imprime a sus normas. A través de ello, es posible el pluralismo.

Con lo anterior, asumo que he dado rienda suelta a una buena batería de conceptos para razonar este punto. Por ejemplo, invocando el principio de proporcionalidad. En realidad, he medido las palabras y prefiero dejar esta motivación intacta para invitar a que se realicen ulteriores reflexiones. Para ilustrar el ejemplo del principio de proporcionalidad puede ser útil hacer uso de nociones aristotélicas, como la de equidad. De la generalidad de las leyes nacen las injusticias al traerlas hasta los casos particulares. No tiene por qué ser que las leyes sean injustas en sí mismas, sino por el hecho de ser generales, universales. La justicia necesaria para regular la generalidad de los casos puede conducirnos a injusticias en lo particular, al aplicarlas inexorablemente en el caso específico.

La equidad, por tanto, implica justicia e imparcialidad: la observamos si al aplicar la ley general tenemos en cuenta la naturaleza de las cosas. La equidad consiste en buscar la justicia para un caso concreto cuando la ley en general o su aplicación no pueden lograrla[65]. Al buscar la justicia en un caso concreto, debemos incidir en la naturaleza de las cosas, en los fines, en los propósitos de las prácticas sociales, de lo que hay en juego en los conflictos, del modo certero de apreciar la coordinación de la conducta humana. Pero no adelantemos más acontecimientos. Sobre la naturaleza de las cosas aterrizaremos en breve.

En cuanto a la libertad de conciencia, esa equidad yace en la diversidad de juicios morales que cada individuo se forma, en sus creencias, en sus convicciones, es decir, en su cosmovisión o interpretación individualizada de la vida. ¿No es respetar esa visión individual el mejor ejemplo de la pluralidad ideológica? Si esto es así, las garantías que permiten cercar el paso a las trabas que surgen del poder público cuando afrenta a la libertad de conciencia no son más que las garantías del pluralismo.

La libertad positiva

Centrémonos ahora en la noción de libertad positiva.

Por su parte, la libertad positiva se refiere al ejercicio de una potestad de tipo político, es decir, de la libertad positiva nace un margen de actuación que se corresponde con la voluntad de uno mismo sin tener que obedecer a

65 Para un fantástico ensayo sobre lo estimable de este razonamiento, *vid.* GARCÍA MANRIQUE, R.; *El valor de la seguridad jurídica*, Iustel, Madrid, 2012.

otro[66]. Además, por supuesto, esa voluntad se refiere a la propia del individuo y no a cualquier otra. En palabras de Berlin

> Porque es esto la concepción positiva de la libertad: no la libertad *de*, sino la libertad *para* llevar a cabo una forma de vida prescrita por uno mismo y que los partidarios de la noción negativa (de libertad) representan como siendo, a veces, no menos que un disfraz que esconde la tiranía más brutal[67].

Cuando Berlin se refiere en estos términos a la libertad positiva está pensando en el rendimiento histórico que políticamente ha dado esta noción de libertad. Él mismo huyó de Estonia con su familia en tiempos de la URSS.

Debemos ser conscientes de que esta noción de libertad no dista en absoluto de la libertad negativa, al menos en el aspecto teórico (no discuto en absoluto la premisa fáctica sobre la que basa su razonamiento). Lo que quiero decir es que en el sentido «negativo» de la libertad se evidencia la necesidad de no encontrar obstáculos para actuar según la propia voluntad, mientras que la libertad «positiva» exige el ejercicio del poder y la acción según la propia voluntad sin el obstáculo de otra voluntad.

Pues claro, en efecto, ambas nociones de libertad enfatizan dos caracteres de una misma libertad. De ahí que el autor explicara por activa y por pasiva que defender uno u otro carácter (que no la libertad en general, sobre lo cual el autor es plena y absolutamente consciente, cuestión que no siempre se destaca como se merece) trae consecuencias muy diferentes. Berlin valora positivamente la ausencia de limitaciones, la libertad negativa, destacando su rendimiento histórico en contraste con el de la libertad positiva, lo que nos lleva a pensar en el autor como un liberal de corte clásico. Este balance lo compara con ejercer el poder sin limitación alguna, y en este caso nos invita a pensar en las teorías emancipatorias. Reveló dos significados irreconciliables de la libertad, las consecuencias derivadas desde enfoques distintos, ya que obedecen a exigencias difícilmente compatibles, aunque relacionadas con la capacidad de satisfacer los fines o propósitos de la vida: limitar los obstáculos para ostentar el poder frente a ostentar todo el poder. En esta tesitura nadie reprochará a Berlin su defensa final de esa primera opción.

Lo que debemos sacar en claro de todo esto es que las dos nociones propuestas por el autor demuestran la misma libertad genérica que, ajustada al ámbito racional del individuo, identificamos jurídicamente como libertad ideológica, o libertad de pensamiento. Si de esa libertad genérica reparamos en su carácter negativo, en el sentido de actuar libre de coacción, en la reivindicación de una esfera propia de acción sin cortadas, ese carácter de la libertad lo podemos identificar con la libertad de conciencia.

66 *Four essays on liberty*, *op. cit.*: 131-134.

67 *Four essays on liberty*, *op. cit.*: 131.

Si esto es así, y espero haberlo argumentado suficientemente a lo largo de estos tres capítulos, los dos conceptos de libertad de Berlin nos permiten justificar un uso diferente para la libertad ideológica respecto de la libertad de conciencia. Si bien la libertad ideológica abarcaría ambos conceptos de libertad, la positiva y la negativa, la libertad de conciencia se corresponde genuinamente con los atributos sobresalientes de la libertad negativa.

Como en los sueños del profesor Isak Borg, nuestra defensa de un uso apropiado de los términos ha traído a colación personajes nuevos. Entre ellos, la naturaleza de las cosas. ¿Quién es ese protagonista? ¿Por qué es importante y por qué ha aparecido cuando habíamos diferenciado un margen de acción de un margen de voluntad, o querer? Ya se abalanzan sobre nosotros estas incógnitas y todavía no hemos puesto un pie en el contexto del ejercicio de las libertades, que es cuando opera ese tipo de razonamiento según la naturaleza de las cosas.

Ventilado el asunto del uso apropiado de los vocablos toca lanzarse a discutir cuestiones relativas al ejercicio de estos derechos. Toca ver en detalle la relevancia de este razonamiento.

SEGUNDA PARTE

La libertad ideológica abriéndose paso en un abarrotado foro público

5.

LA IDEOLOGÍA EN LAS RELACIONES SOCIALES

> La pluralidad humana, básica condición tanto de la acción como del discurso, tiene el doble carácter de igualdad y distinción. Si los hombres no fueran iguales, no podrían entenderse ni planear y prever para el futuro las necesidades de los que llegan después. Si los hombres no fueran distintos, es decir, cada ser humano diferenciado de cualquier otro que exista, haya existido o existirá, no necesitarían el discurso ni la acción para entenderse. (...) El discurso y la acción revelan esta única cualidad de ser distinto.
>
> Hannah Arendt,
> *La condición Humana*, 1958.

En nuestro trato con los demás, ¿podemos hacer valer nuestra visión de las cosas, nuestras ideas, nuestras creencias? ¿Eso no se asemeja a una imposición? ¿Los demás también tienen derecho a hacerlo? ¿Cómo se coordina eso? Es decir, si podemos actuar conforme a nuestro ideario, ¿cómo lo conjugamos con las acciones del resto? Cuando los demás actúan acorde a su cosmovisión, ¿automáticamente debemos omitir una acción contraria a nuestros ideales?

Esta familia de preguntas tiene que ver con el ejercicio de la libertad ideológica. En consecuencia, la respuesta a tales interrogantes pasa inexorablemente por formularla a través del lenguaje de los derechos. Ya no nos enfrentamos al uso de los vocablos, que es un tipo de acción, característica de la práctica discursiva. Ahora nos centraremos en el ejercicio de los derechos en que se enmarca esta libertad para ver cómo va cogiendo forma otro tipo de acción, la canalizada a través de lo permitido, lo prohibido o lo obligado por las leyes. Un recorrido que nos exige no descuidar que cuando bajamos hasta el ejercicio de los derechos entramos en el terreno de lo justo y de lo injusto, es decir, de lo que es debido en cada caso para solventar un problema práctico.

Veamos, pues, cómo aparece la libertad ideológica en el foro público a través de la interacción humana, de la conducta que se lleva a cabo al ejercer un derecho. Por tanto, veamos qué trato se ofrece a los demás al actuar conforme al propio ideario y qué trato recibe un sujeto que ha abrazado determinadas creencias.

Tú sí, tú no: diferencias de trato por razón del ideario

Charlie Craig y David Mullins son una pareja homosexual estadounidense que decidieron casarse en 2012. Por entonces, los matrimonios entre personas del mismo sexo todavía estaban prohibidos por la Constitución del Estado de Colorado, lugar en el que ambos residían. La prohibición llegó hasta 2014, cuando se modificaron las normas civiles. Poco después, en 2015, el Tribunal Supremo de los Estados Unidos sentó la doctrina definitiva del «derecho fundamental a contraer matrimonio» entre personas homosexuales en el célebre y glosado caso *Obergedell v. Hodgers* 576 U.S. 644.

Claro que, hasta entonces, los planes de esta pareja tenían que amoldarse a la legalidad vigente. Por ello decidieron primero viajar hasta el estado de Massachussets, casarse allí, y luego volver a Colorado para celebrarlo con sus familiares y allegados. Se desplazaron hasta Lakewood, un pueblo de Colorado, para encargar un pastel nupcial con el que celebrar el convite en su retorno como feliz matrimonio. Sin embargo, se encontraron con la negativa del dueño del establecimiento a prepararles el pastel. El señor Jack Phillips, convencido cristiano, declinó llevar a cabo la elaboración del encargo, puesto que él simplemente no hace «pasteles para bodas entre personas del mismo sexo», dadas sus creencias religiosas, así que lo mejor, en ese caso, era que la pareja comprase cualquier otro producto horneado en la tienda «como tartas de cumpleaños, galletitas o brownies»[68].

Tras el rechazo, la pareja salió del establecimiento sin discutir nada más, incluso sin llegar a ofrecer detalle alguno de cómo querían confeccionar la tarta. Al día siguiente, la madre de Charlie, Deborah Munn, sorprendida por el suceso llamó al señor Phillips para hacerle cambiar de opinión, pero recibió una respuesta similar. En su tienda no se preparan pasteles nupciales para bodas gay. Lo amparaban sus creencias religiosas y las leyes de Colorado.

Aunque Charlie y David encontraron otra pastelería que les facilitó una tarta, el asunto no quedó ahí. Acudieron a la Comisión de Derechos Civiles de Colorado apelando a que las leyes impiden discriminar por razones, entre otras, de orientación sexual. La Comisión falló a favor de la pareja. No obstante, el pastelero, el señor Phillips, reclamó la tutela de su libertad de creencias en los tribunales. La vía judicial ordinaria de Colorado finalizó fallando sistemáticamente a favor de la pareja y en contra de la negación a vender una tarta a parejas homosexuales. En efecto, eso conculca la igualdad de trato. Hay que atender igual a los clientes, con independencia de su orientación sexual. Asunto zanjado por los jueces: se discriminó a los novios.

Vale añadir que, tras este periplo judicial, la pastelería llevó una parte del asunto ante el Tribunal Supremo de los Estados Unidos. Ahora bien, aquí la pretensión tuvo que modificarse, puesto que ya no se discutió sobre el trato

---

68 https://harvardcrcl.org/why-you-cant-sell-your-cake-and-control-it-too-distinguishing-use-from-design-in-masterpiece-cakeshop-v-colorado/

discriminatorio entre particulares, sino a propósito de si la Comisión de Derechos Civiles de Colorado había sobrepasado la exigencia de neutralidad de los poderes públicos respecto a las libertades de los ciudadanos. Habitualmente, ante el alto tribunal se reclama a propósito del papel de los poderes públicos, sobre si su intervención respeta los derechos individuales y hay que justificar el interés social del pronunciamiento del tribunal. En el caso, la estrategia pivotaba sobre el respeto del libre ejercicio de la profesión. En una sentencia un tanto peculiar, el Tribunal Supremo falló, por siete votos a dos, que la Comisión no actuó con neutralidad respecto a las creencias religiosas, no porque hubiera un interesante caso de tensión entre la libertad de creencias y las leyes antidiscriminatorias, sino porque la composición de la Comisión era dudosamente neutral[69]. Una cuestión no siempre clara, la de la neutralidad.

Los hechos del caso guardan un parecido más que razonable con el célebre «caso de la tarta gay» norirlandés.

Ashers Baking es una conocida franquicia de pasteles, bollería y panes en Irlanda del Norte. En 2014, Gareth Lee visitó una de sus panaderías en Belfast y solicitó que le elaboraran un pastel decorado con una inscripción en apoyo al matrimonio entre personas del mismo sexo. La petición del señor Lee consistía en incluir el mensaje en una tarta con la imagen de Epi y Blas, los famosos muñecos de Barrio Sésamo (una serie de programas infantiles de gran éxito en los años ochenta y noventa) portando el emblema de su iniciativa en el movimiento denominado *QueerSpace*.

Lee pagó 36.50 libras por el pastel encargado. Al cabo de unos pocos días recibió una llamada de la pastelería. El personal de la tienda le informaba de que lamentablemente no podían elaborar el pedido a consecuencia del emblema, así que procederían a devolverle el dinero. Ante esa respuesta, el señor Lee mostró su enojo y afirmó sentirse «indigno» y «menos persona» que el resto, por lo que acudió a la Comisión de Igualdad de Irlanda del Norte a fin de elevar una queja[70]. La Comisión se tomó el caso en serio y denunció a los propietarios de la cadena, la familia McArthur, por discriminación.

Desde que el litigio diera comienzo, los tribunales sistemáticamente dieron la razón al señor Lee y a la Comisión en detrimento de los alegatos de la familia McArthur, quienes no dejaron de apelar porque, según ellos, sus creencias cristianas les impedían escribir un mensaje contrario a su idea de la familia. Durante el tiempo que transcurrió entre denuncias, pronunciamientos y recursos fue cuando la contienda judicial recibió el apodo del «caso de la tarta gay». En 2018, el Tribunal Supremo del Reino Unido se pronunció en última instancia y cambió el criterio de los tribunales inferiores. Este tribunal tuvo a bien considerar dos asuntos que ahora nos interesan.

69 *Masterpiece Cakeshop v. Colorado Civil Rights Comission*, 584 U.S. (2018).

70 https://www.bbc.com/news/uk-northern-ireland-59882444

Uno, que había una diferencia entre negarse a hacer la tarta por la orientación sexual de una persona o por incluir un determinado mensaje. En este caso, la familia McArthur no había incurrido en discriminación por razón de la orientación sexual de su cliente, pues en ningún momento se negaron a atenderle. De hecho, una vez recibido su pedido surge la controversia sobre el mensaje de la inscripción, cuestión distinta al trato en la atención a propósito de alguna característica personal del señor Lee.

Y, dos, que rechazar el inscribir o promover un determinado mensaje entra dentro del derecho fundamental a la libertad de expresión, según el Derecho del lugar, porque mediante el pastel se obligaba a pronunciar un mensaje con trasfondo político sobre el que los propietarios de la cadena «están en profundo desacuerdo»[71]. Este derecho coincide con las garantías del artículo 16.2 CE, acerca de declarar sobre las propias creencias, lo que incluye no asumir un ideario contrario al propio.

La principal diferencia entre el caso de Colorado y el de la tarta gay estriba en que los irlandeses se negaron a escribir un determinado mensaje mientras que al matrimonio norteamericano se le negó la atención a consecuencia de la orientación sexual, y por tanto una condición personal de los novios. En el primer caso no se negó el servicio, sino elaborar un determinado producto, digamos, pidiendo algo más de lo que tocaría al realizar un pedido. En ese algo más entra en juego la libertad ideológica, religiosa o de conciencia: no cabe añadir una conducta que afrente las creencias asumidas.

Hagamos recuento de tres asuntos que aparecen tarde o temprano al referirnos al ejercicio de la libertad ideológica. Tres asuntos porque son tres cuestiones que están siempre al acecho y resulta difícil, aun incómodo, eludirlas, cuando reparamos sobre su ejercicio. Sobre ellas vamos a detenernos en las tres paradas de esta segunda parte de la obra. Me refiero al trato discriminatorio, a la reticencia para realizar ese algo más y a la neutralidad.

Centrémonos a continuación en el trato discriminatorio y reservemos las otras dos cuestiones para los siguientes capítulos.

El trato discriminatorio surge también con ocasión del ejercicio de la libertad ideológica entre particulares. En tanto que uno tiene ideas y está en determinadas creencias el trato hacia los demás y el de los demás hacia uno queda condicionado, sujeto, contextualizado. Hablamos de ideas, de creencias, de convicciones, de cómo uno ve el mundo y cómo actúa en consecuencia. No es de extrañar que en ese modo de actuar acorde al ideario salten chispas cuando las ideas o las creencias no son asumidas por todos o cuestionan el modo de vida de los demás.

71 Sentencia del Tribunal Supremo Británico [2018] UKSC 49, de 10 de octubre de 2018, asunto *Lee vs. Ashers Baking Ltd and others (North Ireland)*.

Qué igualdad, qué discriminación

En el ejercicio de la libertad ideológica se patentiza la concepción del mundo que nos envuelve, nuestras convicciones sobre las cosas. Así, nuestras creencias e imagen del mundo condicionan la forma en que actuamos. Cuando un sujeto se relaciona con otro, al tratar con los demás, se manifiestan esas creencias, ideas o convicciones.

Los casos de los pasteles encargados sujetos pertenecientes al colectivo homosexual nos remiten a diferentes formas de dispensar el trato. Cuando la pareja norteamericana se dirigió al establecimiento se le negó la atención debido a la orientación sexual de los novios. En el caso norirlandés descartamos la orientación sexual como motivo para negación del servició y contemplamos un mandato supererogatorio, es decir, que requería realizar algo más de lo necesario para ofrecer ese servicio. Debido a ello, y entiendo que ahora a muchos les pueda parecer una sutileza, vimos que judicialmente los asuntos se resolvieron contemplando de distinto modo las creencias, garantizándolas en un caso y no en el otro. Luego, se trató distintamente cada caso en sede judicial.

Con lo anterior, damos con tres tipos distintos de trato: 1) entre particulares, por razón de orientación sexual; 2) entre particulares, por razón del encargo; 3) judicialmente a los casos, dentro del litigio entre particulares, contemplando de diversa manera el peso de las creencias.

Al aludir al concepto de discriminación damos a entender que se ha producido una diferencia de trato injustificada porque se ha atendido a razones que no deberían ser relevantes a la hora de dispensar ese trato. De ahí que únicamente el primero de los tres tipos de trato mencionados incurra en discriminación. Veámoslo con algo más de detenimiento.

El caso de la pareja estadounidense es paradigmático porque ofrece un claro ejemplo de que, debido a una condición personal, a un rasgo propio de estos sujetos, en este caso su homosexualidad, se les privó del mismo trato que al resto de clientes. Dicho en otras palabras, el caso ejemplifica que se trató diferente lo que debería haber sido tratado igual que el resto. En tanto que clientes, ¿acaso la homosexualidad establece una diferencia relevante que debe ser tenida en cuenta? En tanto que clientes de la pastelería, ¿no es igual todo el que entre con deseo de adquirir uno de esos elaborados?

Para la condición de cliente no hay ocasión para que las condiciones personales introduzcan una diferencia que justifique un trato distinto entre los sujetos. Orientación sexual, sexo, color de piel, raza, ideología... todo ello son atributos de la persona que, en tanto que cliente, carecen de relevancia. Si estamos de acuerdo en que en un establecimiento que presta servicios de repostería lo característico es vender panes, bollos o pasteles a sus clientes, todo lo anterior no da lugar a razones para dispensar un trato diferenciado por tales razones, como sí podría dar lugar a ello la falta de educación o la capacidad económica, en el sentido de poderse permitir la compra de uno de esos productos o no. En la capacidad económica vemos una diferencia, se lo puede permitir o no, igual que en la falta de respeto a quien atiende, a diferencia del resto de clientes, una ofensa o una calumnia contra la persona del vendedor hace que el sujeto que solicita el servicio se distancie del resto de clientes por no contemplar un mínimo de decoro en el trato social.

De este modo, en el caso de la pareja de novios de Colorado observamos que se ha tratado diferente, como homosexual, lo que debería haberse tratado como igual, como clientes. Además, que esa distinción deriva de considerar un rasgo personal, la homosexualidad de los sujetos, cuando ello no es razón suficiente, en sí misma, para establecer una distinción entre clientes. Y ello es porque la condición de ser cliente se da con independencia de cualquier característica personal de los sujetos. El propio concepto de cliente incluye una variedad de lo más amplia acerca de los tipos de personas y de características personales, tan amplia como que en potencia cliente puede serlo cualquiera. La noción de cliente exige poder acceder al intercambio de bienes, en este caso dinero por productos, o al servicio.

Y sin darnos cuenta nos encontramos discutiendo sobre la médula de la justicia. Al tratar diferente lo que debería tratarse como igual cometemos una injusticia, puesto que, como Aristóteles escribió con letras de oro en el reino de la filosofía inmortal,

> Parece que la justicia es igualdad, y lo es, pero no para todos, sino para los iguales. Y la desigualdad parece ser justa, y lo es en efecto, pero no para todos, sino para los desiguales[72].

La justicia consiste en tratar igual a los iguales, al tiempo que en tratar diferente a los diferentes. Luego injusto es tanto tratar igual a los diferentes como tratar diferente a los iguales. O, como dice el estagirita, tratando igual a los desiguales o desigual a los iguales.

¿Cuándo decimos entonces que nos hallamos ante una discriminación? A fin de cuentas, esos son los parámetros de la justicia. En efecto, la discriminación tiene que ver con todo esto. Decíamos que en una discriminación se dispensaba un trato teniendo en consideración algún rasgo personal que no debería haber sido tenido en cuenta. Por tanto, parafraseando la noción de justicia, la discriminación sucede cuando entra en consideración sin motivo una característica con la que diferenciamos lo que se presenta como igual, o para igualar lo que se presenta como diferente, o desigual. Es decir, tan discriminatorio es tratar igual lo diferente sin razón justificada como tratar diferente lo igual sin motivo relevante.

Ahora estamos en mejores condiciones para explicar por qué únicamente el primero de los tres supuestos incurría en discriminación. En el trato entre

72 Aristóteles, *Política*, ed. Marías, J. y García Valdés, M.; Gredos, Madrid, 1988: 1280a.

particulares, en una relación social de negocio para vender pasteles, se tuvo en cuenta la orientación sexual de los clientes para tratarles de un modo distinto al resto de clientes. Con la orientación sexual se introdujo un rasgo personal para vender un pastel que no podía justificar que se alterase la condición de cliente. En otras palabras, rompíamos la igualdad de todo cliente para ser atendido en el negocio haciendo valer un rasgo personal que en principio nada implicaba para ese negocio. No pudo hacerse valer las creencias acerca de la familia y del matrimonio cristiano para negarse a prestar ese servicio. En tanto que negocio abierto al público, descartamos un público tallado por un patrón ideal, lo que nos situaría en una asociación de feligreses o en un colectivo inspirado por un dogma o una idea social, y por tanto no hablaríamos de un establecimiento abierto al público, sino reservado para un sector del público. Como ese no era el caso, al tratarles diferente que al resto por una razón injustificada se produjo una discriminación. Por así decir, se dispensó un trato inferior al de un cliente por esa razón.

Contrariamente, no podemos decir que se discriminara en el segundo y en el tercer supuesto, respectivamente, en negarse a inscribir una frase en el encargo y en fallar los tribunales de manera diferente en cada caso.

Respecto a lo primero, porque al solicitar que se inscriba un mensaje con contenido marcadamente ideológico se pide un trato diferente respecto a los demás clientes. Se pide tratar diferente, con especial deferencia o favor especial, lo que debería tratarse igual. Una diferencia producida por introducir un requisito superior al trato dispensado para el resto, privilegiando, en este caso, un trato con motivos ideológicos que querían ver reflejados en el mensaje del pastel. Esos motivos chocaban con las creencias del pastelero que debía inscribirlos en la tarta, por lo que la negativa a dispensar un trato perfilado por exigencias ideológicas chocaba con las creencias de los dueños del negocio y encontraba amparo en un derecho fundamental. Un derecho en su variante de negarse a actuar de acuerdo con un ideario contrario al propio.

Ya no se diferencia el trato porque quien solicita la tarta es homosexual, mujer, negro o caballero Jedi. Esa no es la razón que justificaba negarse a incluir una frase en la tarta, no se negaba el servicio por eso, sino actuar conforme a una idea contraria a las propias creencias que por sí no justifican un trato privilegiado. El problema aquí no estribaba en negarse simplemente a hacer algo más, un mandato añadido, lo supererogatorio, sino en que ese cometido planteó un conflicto con las creencias de la otra parte. Ante llevar a cabo ese algo más, ese requerimiento añadido en privilegio de ese cliente en particular, y por tanto en detrimento del igual trato que se ofrece al resto de clientes, y negarse a realizarlo acogiéndose a las propias creencias, el Derecho manda que prevalezca la libertad ideológica y establece que tratar igual a lo que sin motivo suficiente pretende ser tratado como diferente no es discriminación. Está justificado dar el mismo, o igual, trato. Cuando se solicita algo más que lo igual, si afrenta a las propias creencias, cabe acogerse a no actuar contra ellas. Y eso es lo que justificaron los tribunales, a su manera de motivar cada sentencia, con su decisión.

Respecto a lo segundo, dado que ambos casos presentan evidentes similitudes, podemos pensar que los tribunales han tratado diferente lo que se presenta como igual. Lo que es lo mismo que decir que los tribunales han cometido una injusticia.

A estas alturas ya nos habremos dado cuenta de que, en efecto, parecen casos iguales. No es para menos: clientes que son homosexuales piden una tarta y se les niega el dulce. Si nos quedamos en esa simplificación de los hechos evidentemente cualquiera pensaría que los tribunales deciden lo que les da la santa gana y que por eso se llega a menudo a decisiones contradictorias. Y nada más lejos de la realidad. Resulta que los casos presentan una diferencia muy notoria, precisamente, en el trato que se dispensa. Mientras que en un caso por motivo de la orientación sexual se deniega el servicio, en el otro, porque se pide algo más reivindicando los motivos de orientación sexual se rehúye tratar con distinción a un cliente respecto al resto de gentes.

En sede de la justicia no puede haber mayor diferencia. En un caso, en el nombre de las creencias se pretendía discriminar tratando diferente al igual. En el otro, en el nombre de la igualdad se pretendía disfrutar de un trato desigual cuando no había motivo suficiente para imponerlo sobre las creencias de otra persona. En los dos casos saluda la desigualdad: al tratar desigual al igual y al pretender ser distinguido como desigual entre los iguales.

El ejercicio de la libertad ideológica ha derivado en una cuestión crucial sobre la discriminación. En cuanto aparecen las creencias o la ideología del individuo el trato debido en una relación puede verse condicionado por ellas. Y cuando no hay razón suficiente para condicionar el trato respecto al propio ideario, intentando imponer la visión particular de las cosas desde una parte, damos con una injusticia que llamamos discriminación. El tuétano del hueso de la discriminación no es otra cosa que la desigualdad injustificada: respecto al quién o al qué en los asuntos de trascendencia jurídica. Entonces, con toda legitimidad nos preguntamos, ¿toda desigualdad resulta incompatible con el Derecho? A fin de cuentas, en ambos casos la justificación para actuar conforme a las creencias pivotaba sobre la idea de desigualdad, bien se producía una desigualdad respecto al quién, por ejemplo, entre los clientes, bien se daba en el qué, como al incluir un requisito adicional incompatible con las creencias. Sin ese matiz carecería de sentido establecer siquiera una distinción entre los casos de las tartas.

No rehuyamos de los asuntos importantes. Del ejercicio de la libertad ideológica en un caso particular nos vamos elevando hasta los conceptos. En ese cuadrilátero tenemos que enfrentarnos a la cuestión genérica de la igualdad. Ahondemos la reflexión en torno a ese concepto.

La desigualdad y la preservación de la igualdad

Del modo en que se despacharon los casos de las tartas gay podemos asumir el siguiente principio. A saber, que para el Derecho interesa que se preserve la igualdad, sea en el trato, por ejemplo, atendiendo en un servicio a los clientes, sea en el estatuto jurídico, como el de cliente, aplicable parejamente a todo aquel que se dirige a realizar un negocio en ese establecimiento. Partamos, pues, de esta tesis.

Si el lector me ha seguido hasta aquí probablemente se preguntará por qué he optado por la expresión «preservar la igualdad». Debo señalar que no es mero capricho ni uso ocioso, sino una expresión acuñada en su día por Gregorio Peces-Barba a propósito del artículo primero de nuestra constitución. Este proceso de acuñación lo podemos sintetizar en tres momentos: primero, en que el artículo 1 CE establece «como valores superiores de su ordenamiento (...) la igualdad», entre otros; segundo, en que el TC interpretó este artículo afirmando que «toda situación de desigualdad deviene incompatible con el sistema de valores que incorpora la Constitución» (STC 8/1983, de 18 de febrero); tercero, a partir de lo anterior explicó Peces-Barba que con este artículo se establece la «preservación» del valor de la igualdad en un doble sentido, como valor para el ordenamiento jurídico y como criterio interpretativo par el resto de normas[73].

De acuerdo. Vale. Ya vemos que hay que preservar la igualdad porque es un valor para el ordenamiento jurídico. Ahora bien, lo cierto es que decir esto no es menos que abrir la caja de Pandora. ¿La igualdad es en sí misma un valor? De ser así, ¿cuál es su virtud? Luego, igualdad, ¿qué igualdad?, ¿de qué? Y por el otro lado, por el de la desigualdad, más de lo mismo: ¿con qué otros valores ésta deriva en incompatible?

El ejercicio de la libertad ideológica nos ha conducido hasta el corazón de la igualdad. No nos queda más remedio que ocuparnos de por qué resulta reseñable preservar el valor de la igualdad, esto es, qué implicaciones trae para el conjunto del ordenamiento jurídico. Sin que antes hayamos aportado algo de claridad sobre esa incógnita no vamos a estar en las condiciones óptimas para dar con el valor de la igualdad, para estimar qué hay de valioso en la igualdad. y, de ahí, dar con la virtud que subyace al ejercicio de la libertad ideológica.

Acerca de la preservación de la igualdad podemos realizar dos lecturas. Una negativa y otra positiva, de un modo similar a las connotaciones que ya hemos atestiguado sobre lo negativo y lo positivo en la libertad.

La primera, intuitivamente la más evidente, sería la de carácter negativo. Cuando introdujimos el adjetivo «negativo» a la libertad nos referíamos al respeto, a la no injerencia sobre algo. En estos parámetros, cuando pensamos acerca de las implicaciones que trae la igualdad sobre el conjunto del ordenamiento jurídico, la lectura negativa supone que certifiquemos el respeto, en el sentido de la ausencia de alguna injerencia producida por el resto de las

73 Peces-Barba, G.; *Los valores superiores*, Tecnos, Madrid, 1984: 42-43.

normas jurídicas sobre la igualdad. Dicho en otras palabras, que el conjunto de normas jurídicas no eleve un obstáculo a la exigencia constitucional de igualdad.

Con esta lectura negativa la tesis se reformula del siguiente modo: «las normas jurídicas preservan la igualdad», afinando la tesis con esa exigencia de no menoscabar, o conculcar, en general, la igualdad. Por tanto, la preservación de la igualdad conlleva a que las normas jurídicas que no preserven la igualdad son contrarias a ella y, consecuentemente, deben ser tildadas de inconstitucionales.

El deber de respeto deriva en que nuestras normas jurídicas no menoscaben la igualdad, o dicho en términos similares, en que no generen desigualdad. Por tanto, en que las normas jurídicas vigentes no interfieran sobre la igualdad. Una ausencia de injerencia cuya proyección se traducirá, en unos casos, en que demos con normas jurídicas que si conculcan la igualdad sean eliminadas del conjunto del ordenamiento, al tiempo que, en otros, en que haya normas jurídicas que corrijan una situación de desigualdad, dando preferencia o nivelando las partes vinculadas jurídicamente.

La segunda lectura es la «positiva» y guarda relación con el quehacer del legislador, esto es, con la intervención de cualquier poder público. En este sentido, la preservación de la igualdad da lugar a una suerte de «deber ser» para la actividad normativa, en el sentido de promulgar nuevas normas y de aplicar las que ya han cobrado vigencia. En la variante positiva, la tesis de la promulgación de la igualdad quedaría reformulado tal que: «las nuevas normas y las aplicadas deben preservar la igualdad, de lo contrario, serán declaradas inconstitucionales».

La igualdad exige un tipo de acción concreta por parte de los poderes públicos, que el carácter y el significado de las normas jurídicas que se promulgan y se aplican preserven la igualdad. Un deber que, por ejemplo, puede materializarse a través de un objetivo a perseguir tanto con la promulgación de determinadas medidas como con el establecimiento de políticas públicas. Y aquí habría ocasión para considerar introducir una acción afirmativa, es decir, medidas que discriminan de facto, ofreciendo un trato a favor de un determinado colectivo, corrigiendo de esta manera una situación previa de desigualdad. El medio sería un trato desigual y el fin la igualdad. Este esquema puede parecer un poco complejo, aun confuso o contradictorio, pero digamos que la idea se resume en que la igualdad sería un objetivo a perseguir mediante las normas jurídicas, y si eso es así, que a veces, para corregir una situación de desigualdad, hay que priorizar el trato sobre una de las partes, en este caso, la menos igualada.

Recordemos que el trato desigual injustificado constituye una discriminación. Si ese trato desigual encuentra justificación lo haría, en principio, porque persigue la igualdad. Otra cuestión es si debe corregirse la discriminación y la desigualdad con más discriminación y más desigualdad. Mientras que el primer asunto gira en torno a que la justificación recae en el fin, abriendo de este modo la posibilidad de discriminar en los medios, como en el caso de la acción afirmativa, la segunda cuestión nos plantea el dilema de si en el nombre de la no-discriminación, hay que discriminar en lugar de igualar.

Con ello llegamos a un debate con dos posiciones contrarias, enfrentadas diría yo y difícilmente reconciliables: de una parte, quienes consideran que en el nombre de la igualdad caben discriminaciones y, de otra parte, quienes abogan por que en nombre de la igualdad no pueden perpetrarse discriminaciones, o ahondar en las desigualdades. Desde esta última postura surgen interrogantes que difícilmente pueden esquivarse, mejor dicho, que necesariamente deben responderse para justificar este tipo de medidas: si se introduce una medida discriminatoria, ¿por cuánto tiempo?; ¿quién decide que ya no hay ocasión, que ya se ha alcanzado la igualdad pretendida con esa medida?; ¿utilizar los poderes públicos para discriminar, por ejemplo, por razón de ideario, no es precisamente contra lo que se levantó el derecho a la libertad ideológica?; ¿qué legitimidad puede tener un poder público que discrimina para perseguir la igualdad, y por tanto que perpetua la discriminación contra la que dice actuar?

Este tipo de cuestiones brotan, si no estoy equivocado, porque cada una de las posturas valora la igualdad diferentemente. Y si esto es así, lo curioso es que se está valorando la igualdad. ¿Se da cuenta, amigo lector, de lo que esta frase significa? Si estamos valorando la igualdad, de un modo u otro, si somos nosotros quienes proyectamos una estimación sobre la igualdad, pues va a ser que la igualdad no es ese tipo de entidad al que podemos llamar valor. Es decir, la igualdad no sería como la belleza, la justicia, la conveniencia, la utilidad o la nobleza.

Hemos llegado a la escena del asesinato. Se ha escrito un crimen. Delante nuestro yace el cadáver del valor de la igualdad. Acabamos de dar la noticia de que la igualdad no es ningún valor. Parece que se ha matado lo que en ella había de valioso. No nos queda otra. Quitémosle el polvo a nuestra gabardina, pongámonos el sombrero de detective y agarremos con fuerza la lupa. Vámonos a pesquisar sobre este entuerto.

¿Es la igualdad un valor?

Hagamos un recuento de las evidencias que han traído hasta la mesa de nuestra consulta en *Baker Street*. Hay que ordenar los hechos antes de ir a comprobar *in situ* ese cadáver que flota en el Támesis de la virtud.

Tenemos, por un lado, que la CE anuncia que la igualdad es uno de los valores superiores del ordenamiento jurídico. Además, que ello configura, ni más ni menos, que el deber ser del ese cuerpazo de normas. ¿Quién no piropearía a un ordenamiento jurídico tan bien parido como éste?

Por otro lado, el crimen con motivo de una paradoja. No parece que quede claro en qué consiste ese valor, esto es, cuál es el valor que se desprende de la igualdad, más aún cuando hemos indicado que somos nosotros quienes le atribuimos un valor hacia una parte o hacia la contraria. ¡Demonios! Primero nos las prometíamos tan felices valorando el mundo bajo su manto de terciopelo escarlata y luego resulta que cada cual la pinta a su interés, dejándola tiesa y yerma. ¿Por qué este giro tan gallardo de guión a la vez que embarazoso para la misma igualdad?

Tal vez ocurra que hayamos hecho las preguntas erróneas. Tal vez nos vinimos arriba demasiado pronto y en realidad la aseveración no le asestó un golpe mortal. A lo mejor la igualdad sólo está en la UCI. Reformulemos los interrogantes, a ver si de este modo damos con la solución del caso.

Preguntémonos, entonces, de otro modo sobre el valor de la igualdad. Levantemos un interrogante más pacífico: ¿qué valor designa la igualdad? Miremos de desenredar este nudo desde esta otra interrogación.

Al preguntarnos de este modo, por qué valor designa la igualdad, planteamos una incógnita que ha sido abordada por Ricardo García Manrique en un par de trabajos más que interesantes: un artículo y un libro. Sigamos a continuación las premisas que marcan la obra de este autor.

García Manrique defiende que en el discurso práctico debería renunciarse a usar el valor de la igualdad. Nos explica que al indagar sobre el valor que distingue la igualdad, según los casos, en realidad el término igualdad estaría designando bien el valor de la justicia bien el valor de la libertad. Si empleando un término, igualdad, estamos dando a entender otra cosa, entonces estamos confundiendo a nuestro interlocutor. Y lo que es más grave, complicaríamos innecesariamente el análisis de las normas jurídicas.

Ya estamos avisados de los peligros en que incurre el mal uso de las referencias al valor de la igualdad. Agudicemos nuestros sentidos sobre el análisis de esos otros dos valores que designaría la igualdad: el de justicia y el de libertad.

En primer lugar, al recurrir al valor de la igualdad optaríamos por el valor de la justicia. ¿A qué se debe esto? ¿Por qué afirma tal cosa el autor? Recordemos la definición aristotélica de justicia y retengámosla en nuestras sienes para lo que viene en adelante, que la definía como el trato igual para los iguales y desigual para los desiguales.

El análisis del autor muestra que la identificación de la igualdad sucede de tres maneras dentro de las teorías de los derechos: 1) lógica, o normativa, dentro de cualquier teoría que contiene normas, pues se dan implicaciones formales y sustanciales entre ellas; 2) axiológica, dentro de una teoría de los valores, y en particular a la luz de la justicia; y 3) fáctica, de acuerdo con determinados hechos y aspectos relevantes, a partir de los cuales se predica la igualdad de los seres humanos.

Tanto en los planos 2 y 3, axiológico y fáctico respectivamente, el autor llega a una conclusión similar para la identificación de la igualdad (por cierto, una conclusión que no ofrece respecto al normativo, puesto que es un plano del que se desprende que lo normativo es igualitario, lo que no convierte a la igualdad en valor alguno ni lo presupone). A propósito de esa conclusión explica que

> A menudo, cuando la igualdad es considerada como un valor, lo que se quiere decir precisamente es que el trato igual para los iguales y desigual para los desiguales es un valor, esto es, que la justicia es un valor. En estos casos, o bien los términos «justicia» e «igualdad» se usan como sinónimos o bien el término «igualdad» se usa para designar lo que aquí hemos llamado «justicia» y el término «justicia» se usa para designar alguna otra cosa[74].

¡Claro! Cuando en las teorías de los derechos se emplea el término igualdad genuinamente se está apelando a la justicia o injusticia de lo que sucede en el caso. «No hay igualdad», «no hay derecho» o «no es justo» vendrían a ser entre ellas expresiones equivalentes. Todas ellas supondrían que no se ha tratado igual lo igual, o diferente lo diferente. Cuando se trata manteniendo esa coherencia, entonces lo valioso de la igualdad, aquello por lo que apreciamos la igualdad, es el trato justo.

En segundo lugar, el recurso a la igualdad designaría el valor de la libertad. Este enfoque sucede a propósito del ideal de la igualdad material, que habitualmente se presenta como el valor que fundamentaría los derechos sociales. Ahora bien, los dos únicos valores sustantivos que se requieren para fundamentar rigurosamente los derechos sociales son la justicia y la libertad.

Si esto es así, cabe cuestionar el supuesto valor superior de la igualdad en la atribución de derechos sociales. ¿Cómo es eso? Tenemos que situarnos en el instante previo a la asignación de esos derechos, cuando hay que atribuirlos. En esa atribución de derechos tenemos que responder necesariamente a dos interrogantes: 1) qué entendemos por una vida libre; 2) qué determinados bienes debemos necesariamente disponer para poder llevar esa vida, tales como la educación o el trabajo. Ante estas dos cuestiones, García Manrique explica que

> Responder a estas dos preguntas es una tarea básica para cualquier intento de justificación de los derechos sociales, pero ahora lo que importa es darse cuenta de que ni una ni otra involucran una discusión sobre el valor de la igualdad. La primera es una pregunta acerca de la libertad y tiene carácter normativo. La segunda es una pregunta acerca de qué bienes sociales son necesarios para la vida libre y trata sobre hechos e instrumentos, no sobre valores. Por eso, los partidarios de los derechos sociales no necesitan del valor de la igualdad para justificar su causa y,

74 García Manrique, R.; «La semántica confusa de la igualdad», *DOXA: Cuadernos de Filosofía del Derecho*, núm. 33., 2010: 597.

al no necesitarlo, la refuerzan, porque pueden alegar con razón que los derechos sociales sólo buscan realizar el mismo fin al que sirven los derechos liberales, el fin de la libertad[75].

En efecto, la igualdad no es en sí misma ningún valor. En determinados casos, como el de los derechos sociales, nos remite a la libertad como fin y a discutir sobre las condiciones básicas para dar con el fin. El razonamiento anterior lo deja bien por sentado. En todo caso, la igualdad designa, según lo que discuta, el valor de la justicia, el de la libertad o ambos.

Y si no es un valor, ¿qué demonios es la justicia? Porque sobre ello no hemos dicho nada. Nos hemos cuidado de argumentar por qué no es un valor, más ello supone una cuestión distinta a lo que sea, entonces, la igualdad. Qué tipo de entidad es. Veamos si podemos aportar alguna cosa.

Pongamos en práctica una vez más nuestro método de razonamiento, que es bien sencillo. Revisemos nuestros pasos para avanzar otros tantos con firmeza.

Hemos visto que la igualdad no es un valor. Sobre el valor de la justicia cuestionamos «¿ser o no ser?» y acabamos de responder que no es en absoluto, puesto que designa otra cosa. Ahora bien, lo cierto es que cuando abordamos el valor que designa la igualdad, el de la justicia o el de la libertad, la igualdad aparece de un modo u otro. Respecto a la justicia, porque lo valioso de la justicia es tratar igual a los iguales y desigual a los desiguales. Respecto a la libertad, porque al cubrir el umbral de necesidades básicas para llevar una vida libre igualamos las condiciones de las personas respecto a cualquier otra. Ahí la tenemos, a la igualdad, saludándonos cuando coqueteamos con esos valores, guiñándonos un ojo a través del cristal de los valores.

¿Por qué te inmiscuyes, igualdad, entre Romeo y Julieta? ¿Por qué enseñas tu rostro cuando estimamos esos valores? ¿Por qué nos remites a esos valores y luego haces acto de presencia? En definitiva, ¿qué relación guardas con esos valores?

Pues esa última pregunta define en sí misma lo que es la igualdad. Al preguntar qué relación guarda la igualdad con la justicia y la libertad estamos diciendo exactamente lo que es la igualdad. Si la igualdad aparece siempre, si la igualdad se relaciona en todo caso con la justicia y con la libertad es porque la igualdad no es otra cosa que nuestra relación con ellos. La igualdad es una relación. Lo que es lo mismo que decir que la igualdad es una medida; la igualdad es la medida de la justicia, de la libertad; es la relación con la justicia, con la libertad.

Ahora tengo tu imagen ante mí, clara y nítida, sin ningún velo que difumine tu silueta. Ahora logramos ver tu ser. Claro que no eres ningún valor,

75 «La semántica confusa de la igualdad», cit.: 618. Asimismo, GARCÍA MANRIQUE, R.; *La libertad de todos. Una defensa de los derechos sociales*, El viejo topo, Barcelona: Cap. IV.

igualdad mía. Eres la medida que nos permite establecer la estimación, lo que nos permite valorar la relación con algo.

Si digo «Juan es igual» no estoy valorando en absoluto a Juan. Es más, la afirmación nace renqueando, amputada de todo sentido. En cambio, al decir «Juan es libre» o «Juan es justo» estamos estimándolo porque lo estamos valorando, vemos la intensidad con la que brilla Juan y con la que tenemos que reconocerle esa debida admiración. Por eso la libertad y la justicia son un valor. En cambio, al decir de él que es igual, y nada más, salta un cortocircuito porque tenemos que poner a Juan en relación con lo que sea igual o desigual. La igualdad nos chilla en la cara que lo midamos con algo, con alguien, pero que lo hagamos efectivamente, que nos dejemos de vaporosas estimaciones en la nada.

La igualdad es una medida y de esa relación nace una dimensión normativa que nos empuja a contrastar la proporcionalidad, el equilibrio, de lo que mesuramos. Un deber que nos mueve a que digamos en qué es igual, por qué en relación con algo o alguien se es igual o desigual. De ahí que, en términos valorativos, en el plano axiológico, con el recurso a la igualdad estemos midiendo la justicia o mensurando el grado de libertad en una situación.

Decíamos que la constitución abre su articulado anunciando el valor supremo de la igualdad. Nosotros ahora diremos que el valor supremo de esa medida es la justicia o la libertad. Una situación realmente extraña, enrevesada podríamos pensar, que la CE anuncia como valor algo cuya entidad no puede encajarse en esa confección. La constitución anuncia con toda solemnidad semejante cosa en su primer artículo y luego venimos nosotros a poner los puntos sobre las íes, afirmando con rotundidad que no hay por donde cogerlo. No debe extrañarnos algo así. No es la primera vez que las leyes dicen que una cosa es otra. En otra hora y lugar hubo composiciones legales para dejar de calificar como persona a las mujeres, a los negros o a quienes pertenecían a una clase o un linaje poco azulado. Esos legisladores no querían contar como personas a determinadas personas. Tales soberanos ensayos para poner el carro delante de los bueyes nacían con los días contados, pues era cuestión de tiempo que la realidad sobrepasase con su marcha acelerada e intransigente la configuración legal de aquellos aspectos que por su naturaleza no pueden caer en manos del parecer del legislador oportunista de turno.

Con la igualdad sucede lo mismo. Por mucho que nos obcequemos en negar su realidad ontológica, la medida de las cosas, su ser acaba arroyándonos tan pronto nos ocupamos de desentrañar las virtudes, lo valioso, lo bueno, de los asuntos que calificamos de iguales o desiguales. Que el artículo 1 de la CE permanezca ahí sin alterarse debe servirnos para apreciar que al invocar la igualdad se espera de nosotros un trabajo de aclaración en sede de la justicia o la libertad. También nos recuerda que un texto legal puede decir muchas tonterías y que debemos mantener nuestra mirada atenta. Esperemos que no llegue el día en que un texto constitucional proclame que somos unicornios en lugar de humanos.

Mucho acabamos de decir con todo esto. No está de más que hagamos recuento del botín logrado en esta andanza.

Al preguntarnos por el valor de la igualdad nos interrogamos sobre lo valioso que se está designando. Y con ello encontramos que, en realidad, la igualdad nos remite al valor de la justicia, al de la libertad o al de ambos conjuntamente, según el caso. Descartada como un valor en sí mismo, el tipo de entidad ideal al que corresponde la igualdad es al de medida, de relación, de mesura.

Ya tenemos comprimida la información necesaria para avanzar. Necesitábamos conocer el tipo de información que se incluye en la leyenda de un mapa para poder interpretarlo con garantías y evitar desorientarnos. Ahora es el momento de volver al Derecho.

La justicia, la igualdad y el principio de no discriminación

Como ya sabemos, la igualdad designa el valor de la justicia en tanto se da un trato igual para los iguales y un trato desigual para los desiguales. En lo igual-igual y en lo desigual-desigual, ambos supuestos son igualmente tratados, es decir, a todos los iguales como iguales y a todos los desiguales como desiguales.

Lo anterior, la igualdad o coherencia en el trato de lo igual como igual y de lo desigual como desigual, se conoce como la igualdad formal de trato. En otras palabras, la igualdad ante la ley. Se desprende del artículo 14 CE y aparece anunciada con todos los honores junto con el principio de no discriminación. No es casualidad que la Constitución Española incluya la igualdad formal de trato y el principio de no discriminación en un mismo artículo.

Como al sumergirnos en el ejercicio de la libertad ideológica vimos que actuar acordemente al propio ideario condiciona el trato con los demás, hecho que genera diferencias de trato y potencialmente discriminaciones, no tenemos más remedio que detenernos a observar la relación entre la igualdad formal de trato y el principio de no discriminación. Una relación que, como sabemos, se enmarca en el valor de la justicia. Digámoslo ahora, por si no ha quedado suficientemente claro, no se vaya a decir que nos escondimos tras un silencio deliberado. Hablar de libertad ideológica es debatir sobre la justicia. Dedicamos todo un viaje a la parte de libertad que hay en la libertad ideológica; ahora estamos ocupados con el debate en torno a la justicia que plantea su ejercicio.

Cuando se ejercen los derechos el río de la justicia empieza a sonar. Lo que sucede es que a veces el agua del río de la justicia va por un canal subterráneo, imperceptible para nuestros ojos. Podemos estar discutiendo sobre cuestiones de técnica jurídica durante largo tiempo, pensar que en el Derecho lo que más cuenta es la mayor pericia para esclarecer las minucias legales. Incluso podemos pasar por alto si el río de la justicia va cargado de agua. Es decir, hay quien llega a pensar que el debate jurídico no son más que cuestiones técnicas que se vencen hacia el lado del que mejor las maneje. Mas eso es obviar que todo proceso, que toda discusión jurídica transcurre por un canal y que si no hay un bote idóneo para flotar sobre el cauce de los hechos el Derecho es un instrumento poco menos que inútil. Por eso hay que desconfiar de quienes afirmen que el río no lleva agua mientras van subidos en un transatlántico. O son mentes poco porosas para empaparse de la realidad, que carecen de la función vital de sentir la justicia, o sus palabras esconden intereses espurios.

En el caso del ejercicio del derecho a la libertad ideológica el río siempre lleva agua a la vista, ésta no fluye bajo tierra, sino que el río es evidentemente caudaloso. Así que arremanguémonos y vayamos por faena.

Arranquemos con las normas jurídicas. Nos acabábamos de situar en el artículo 14 CE, un enunciado legal que pregona la igualdad formal de trato («los españoles son iguales ante la ley») junto al principio de no discriminación («sin que pueda prevalecer discriminación alguna por razón de nacimiento, raza, sexo, religión, opinión...»). De nuevo, un precepto constitucional proclama al mismo tiempo distintas cosas. Nos surgen interrogantes que ya no son extraños para nosotros: ¿ambos principios son las partes de un mismo concepto? ¿Cada uno de estos principios es independiente del otro?

El ámbito y la conceptuación

Para la doctrina constitucional, la igualdad formal de trato y la no discriminación se diferencian en «ámbito» y en «conceptuación». Una diferencia que bien puede ser indicio de que se trata de dos conceptos diferenciados. Veamos por qué.

A propósito del «ámbito», en lo que respecta a la igualdad, ésta supondría un mandato dirigido principalmente hacia los poderes públicos. Lo relevante del mandato es que se proyectaría sobre cualquier campo del Derecho y vincularía a todo sujeto. Por tanto, la dimensión normativa que extiende este precepto constitucional significa que la igualdad se proyectaría sobre cualquier campo y cualquier sujeto entre los que pueda establecerse algún tipo de diferencia. De este modo, su acción compromete toda relación jurídica o con trasfondo legal, al tiempo que incluye sujetos de derecho público, privado, individuos, grupos sociales, organismos, instituciones, empresas e incluso productos, cosas.

Aquí hallamos una diferencia sustantiva entre la igualdad y la no discriminación. Mientras que el ámbito de la igualdad representa un largo espectro, los sujetos pasivos en la discriminación, esto es, quienes padecen un trato discriminatorio, «sólo podrán ser los seres humanos, individualmente o en grupos»[76]. El motivo es que los sujetos pasivos de la discriminación no pueden ser, por ejemplo, los poderes públicos. Al contrario, carece de sentido sostener que una administración haya sido discriminada, puesto que deberíamos responder a cuestiones como respecto a quién ha sido discriminada, cómo es posible que reciba un trato diferente y perjudicial, cómo cabe afirmar que las administraciones tienen sexo, pertenecen a una etnia u ostentan alguna característica que la equiparan a la diversidad funcional.

La diferencia en el ámbito de los conceptos de igualdad y de no discriminación nos remite principalmente a los sujetos pasivos y no así a los campos donde puede hacerse valer este mandato constitucional. Mientras que el espectro, el campo, de la igualdad es amplio y difícilmente encuentra límites para hacerse valer, el principio de no discriminación opera ceñido a que un sujeto efectivamente reciba un trato desigual injustificado por alguna razón que no debería haber tenido peso en ese momento, en ese trato.

Acerca de la «conceptuación», también hay ocasión para diferenciar ambos conceptos. Aquí, la igualdad se expone en función de la «proporcionalidad» de las diferencias que hay en toda situación. Esto es, en la medida en que el desajuste que hay en cualquier situación se defina como una desigualdad.

Para traer estas afirmaciones a su mejor luz, debemos recordar lo que dijimos sobre la igualdad como medida. La igualdad relaciona dos cosas, sean sujetos o cosas. Es evidente que si nos ponemos quisquillosos no hay dos cosas iguales, idénticas. Siempre podríamos decir que ahí están las dos cosas separadas, que por mucha similitud que guarden la una con la otra son dos entidades aisladas. De acuerdo. Lo interesante es ver que no hablamos de igualdad en el vacío, sino en una situación. Por tanto, las personas o las cosas serán iguales o desiguales en virtud de esa situación. Y lo serán por la proporción que resulta de la relación entre ellas para esa situación. Por ejemplo, la bola de billar con el número «8» dibujado es distinta de la bola que muestra el número «6». Para jugar al billar se requiere esa diferencia numérica que cualitativamente diferencia las dos bolas. Ahora bien, si pensamos en tomar una de ellas como modelo de bola de billar para dar forma a una nueva, tanto nos da aprovechar una como la otra. En ese caso, ambas son iguales. Diremos que da igual. En este espacio conceptual respondemos a los interrogantes sobre qué igualdad, quién es igual a quién, en qué son iguales los sujetos o las cosas.

En cuanto al principio de no discriminación debemos reparar en el trato dispensado y las razones aducidas para concederlo. El trato diferente debe estar motivado por un rasgo proscrito, como el sexo, la religión, la opinión, la ideología o las creencias[77].

---

76 Amérigo, F. y Suárez Pertierra, G.; «Artículo 14: Igualdad ante la ley», *Comentarios a la Constitución Española,* Vol. II, Artículos 10 a 23 de la Constitución Española de 1978, Edersa, Madrid, 2006: 262-263.

77 Una definición ampliamente reflejada en la doctrina jurídica española coincide, entre otras, con la postura de Alonso García, E.; «El principio de igualdad del artículo 14 de la

La diferente conceptuación que expone la doctrina constitucional es otra forma de mostrar los términos en que explicamos la igualdad y la no discriminación, destacando esta vez las discrepancias entre ambos. Un ejercicio que nos ayudar a aclarar cada uno de estos principios. Ahora bien, debemos ser cautos respecto a este tipo de diferenciaciones y no tomarlas a todo trance. En este sentido, seamos conscientes, al menos, de dos aspectos sobre los que tenemos que tomar precauciones: uno, que el principio de no discriminación no constituye un concepto sin relación alguna con el de igualdad; y, dos, por tanto, derivado de lo anterior, que tal diferenciación no implica que ambos conceptos sean completamente independientes, inconexos, el uno del otro. Parece lo mismo dicho dos veces, pero no es así: uno es la relación conceptual y otro la escisión total. Lo característico es que, si descartamos lo primero, no hay razón para lo segundo, pero si descartamos lo segundo, aún tenemos que discutir lo primero.

Tanto la diferencia o paridad de trato dispensado sin justificación, en referencia al principio de no discriminación, como la «proporcionalidad» entre las diferencias, que exige la proyección de la igualdad, en última instancia nos remiten a debatir sobre las distintas formas de igualdad. respecto a la estimación del trato dispensado injustificadamente, ¿cómo vamos a calibrar la paridad de trato sin evaluar si ha existido un trato igual para lo que debe ser tratado igual? Asimismo, ¿cómo hablaremos de diferencia de trato sin reparar en que se ha tratado diferente lo que se presenta como igual?

La proporción en la diferencia entre los sujetos, y entre las cosas, nos remite a lidiar con el mismo tipo de interrogantes. No se cumple esa proporción en tanto que obviamos ponderar como igual lo que debe ser considerado igual, y por tanto dejamos de dispensar el trato igual para los casos similares, pero que son proporcionalmente diferentes al no consistir nunca en el mismo supuesto exacto. Hay que hacer un esfuerzo de justificación en la medida, ya sea exponiendo por qué se da paridad o por qué la proporcionalidad de la diferencia entre los sujetos o entre las cosas.

En todo momento estamos midiendo, mesurando, calibrando el trato que le damos a las cosas y a las personas. En tanto se es igual se trata como igual. De lo contrario, topamos de bruces con una desigualdad. Y qué problema surge cuando esa desigualdad ocurre con motivo de algún motivo protegido, como las ideas, las creencias, las convicciones o la opinión. Esto es, cuando incurrimos en una discriminación. Pivotamos sobre la carga justificativa.

Constitución Española», *Revista de Administración Pública*, núm. 100-102, 1983: 21-92; Fernández López, M. F. y Rodríguez-Piñero, M.; *Igualdad y Discriminación*, Tecnos, Madrid, 1986: 267-269; y Pérez Luño, A. E.; «Sobre la igualdad en la Constitución Española», *Anuario de Filosofía del Derecho*, núm. 4, 1987: 133-151.

En definitiva, discriminación, desigualdad e igualdad vienen ligadas porque medimos la justicia en una situación. ¿Cómo iban a ser tan diferentes discriminación e igualdad hasta el punto de concebirse como cosas distintas?

La discriminación, un tipo de desigualdad

Hagamos un ejercicio de simple lógica. Cuando negamos la igualdad damos con una desigualdad. Y si un motivo protegido intercede en esa negación tropezamos con la discriminación.

Así es que la discriminación escenifica un tipo específico de desigualdad. A tenor de esta clasificación, Liborio Hierro explicó que «la discriminación es una diferenciación que expresa un perjuicio social descalificatorio contra los miembros de un grupo, y que por eso mismo constituye un tipo específico de desigualdad»[78]. Y podemos concretar un poco más, porque sabemos que la discriminación se da en la dispensa de un trato. Así que la discriminación modula la igualdad formal de trato, esa igualdad ante la ley de acuerdo con lo que anunciaba la constitución. El propio Hierro, al respecto, escribía

> El principio de igualdad formal de trato, que es lo que llamamos «igualdad ante la ley» opera, por tanto, mediante un criterio «fuerte», consistente en la prohibición de ciertas discriminaciones consideradas injustas y un criterio «débil» (porque admite razón en contrario), consistente en la igualdad genérica»[79].

La idea que debemos conservar en la mente es que la discriminación sustrae determinadas razones personales impidiendo que operen como justificación de un trato. Razones a las que nos hemos referido como motivos protegidos frente a discriminación.

Claro que no se escinde radicalmente entre los conceptos de igualdad y de no discriminación. No se dan de manera absolutamente independiente. Aunque cada uno cuente con sus características y requisitos, aunque de cada uno derivemos criterios propios, los conceptos de igualdad y de no discriminación pertenecen a la igualdad ante la ley, o igualdad formal de trato.

Ello no es incompatible con las categorías previas que analizamos, me refiero a las diferencias conceptuales que procedían del ámbito y de la conceptuación, por las cuales equiparábamos la igualdad con la proporcionalidad de la diferencia y la discriminación con la paridad de trato según alguna característica protegida. Ahora bien, necesitábamos detenernos sobre ellas para evidenciar que la no discriminación consiste en un tipo específico de igualdad formal de trato. De esta manera, concebimos el principio de no

---

78 HIERRO, L.; «Las huellas de la desigualdad en la Constitución», en MATE RUPÉREZ (coord.), *Pensar la igualdad y la diferencia: una reflexión filosófica*, Editorial Fundación Argentina, 1995: 133.

79 «Las huellas de la desigualdad en la Constitución», cit.: 131-132.

discriminación como un subtipo de desigualdad, la producida al conculcar la igualdad formal de trato según unas características personales, y evitamos el error que acarrea una interpretación de la constitución que entienda igualdad y no discriminación como dos conceptos perfectamente diferenciados, puesto que no pueden serlo, so pena de estar refiriéndonos a realidades muy distintas a las que designan.

Hasta este punto hemos discutido sobre el contenido del artículo 14 de la constitución, qué conceptos incluye y cuáles son las categorías que la doctrina utiliza para poner orden a esos contenidos. Así que hemos acudido a la doctrina sin salpicarnos de lo que opina el Tribunal Constitucional sobre estas cuestiones. Como su opinión no dista en exceso de estos parámetros, va a ser más interesante detenernos sobre lo que han reflexionado los iusfilósofos a partir de la jurisprudencia constitucional.

Igualdad y no discriminación a propósito de la jurisprudencia constitucional

Un estudio previo de la jurisprudencia constitucional sobre la igualdad y la no discriminación nos lleva a la conclusión de que el TC ha establecido un concepto restringido de discriminación. ¿Qué quiere decir eso? Pues que la discriminación no se equipara estrictamente con la desigualdad, esto es, no son perfectamente equivalentes, sino que consiste en un tipo especial de desigualdad que atiende al trato perjudicial para la dignidad humana.

Aunque estamos exponiendo una idea calcada a lo que hemos visto, estamos aludiendo a una noción que no habíamos mencionado hasta ahora, la de dignidad humana. Resultará fructífero ceder la voz a una de las explicaciones para ver que, pese a la introducción de este nuevo concepto, no se altera sobremanera las coordenadas en las que insertamos nuestro objeto:

> Ante todo, se ha de precisar que la distinción en el art. 14 del mandato antidiscriminatorio supone adoptar un concepto restringido de «discriminación» según el cual ésta no equivale a simple desigualdad, incluso injusta, sino a un tipo especial de desigualdad caracterizado por la naturaleza generalmente odiosa del perjuicio social descalificatorio, que tiende a tomar como objeto de persecución un rasgo físico o cuasifísico hasta afectar de manera gravísimamente injusta a la dignidad y, por tanto, a la igualdad más básica de los portadores de tal rasgo[80].

Vemos que hay verdadera similitud con nuestro trabajo previo, así que ahondemos en la cuestión acerca del concepto restringido de discriminación que aparece con el estudio de la jurisprudencia. ¿Qué ganamos con ello? Si nos entregamos a esta pesquisa atenderemos implicaciones de calado tanto en lo fáctico como en lo axiológico, en los hechos y en las estimaciones de

80 Ruíz Miguel, A.; «La igualdad en la jurisprudencia del Tribunal Constitucional», *DOXA: Cuadernos de Filosofía del Derecho*, núm. 19, 1996: 53.

los valores incardinados en el asunto. Y es que el concepto restringido de discriminación va más allá de lo que nos podríamos plantear en un primer momento. En definitiva, aclararemos asuntos sobre este ejercicio tan característico de la libertad ideológica.

Con el estudio de la jurisprudencia constitucional se desprende la doctrina del trato igual para lo igual, pero no siempre el trato desigual para lo desigual. Si el lector ha estado atento la anterior afirmación debe haberlo hecho saltar todas las alarmas. Resulta que el TC quiebra la máxima aristotélica de justicia, por la cual definimos lo valioso de la justicia en el trato igual de los iguales y diferente de los diferentes.

En la práctica ocurre que la jurisprudencia constitucional estaría desvirtuando el valor de la justicia, lo valioso que debería regir en el trato formal. No es que rotundamente la rompa, sino que el TC entiende que el precepto constitucional exige tratar igual lo igual, pero no exige tratar desigual lo desigual, aunque el propio tribunal lo autorice. Sobre ello se entretuvo Ricardo García Manrique en un texto que ya conocemos para aseverar que

> Si esta interpretación es correcta, la equiparación de la igualdad en la ley con la justicia sustantiva no es pertinente, porque la igualdad en la ley exige sólo, por así decir, la mitad de la justicia, pero no toda ella; en la práctica, esto supone una drástica restricción al alcance del principio de igualdad ante la ley (...).
>
> En definitiva, el trato igual de lo desigual supone un comportamiento incoherente con el trato igual de lo igual. Si esto es así, entonces no hay razón suficiente para limitar el alcance del mandato de igualdad del art. 14 sólo al trato igual de lo igual, porque, al aceptar su justificación axiológica, nos vemos obligados también al trato desigual de lo desigual[81].

Así que nace una tensión evidente entre la debido en la práctica, según el TC y la exigencia de justicia. Por así decir, la jurisprudencia declara como justo lo injusto. En otras palabras, sintetiza la doctrina sobre la igualdad formal de trato en una suerte de oxímoron. Cálida nieve, que vemos transformada en impartir justicia sin que tenga que darse la justicia.

A mi parecer, podemos decir algo más a propósito de la discriminación. No está de más cuando hemos llegado aquí gracias a entretenernos con el tipo de trato dispensado partiendo del ejercicio de la libertad ideológica. Lancemos una observación a las cuestiones que han sido señaladas con estos estudios.

En la exigencia del trato igual de lo igual y la posibilidad de trato desigual de lo desigual necesariamente debe darse algún criterio para optar por uno u otro trato: quién es igual y quién no lo es, o en función de qué vamos a dispensar el trato. El criterio por el cual optamos a responder a esa necesidad moldea la justificación de un trato determinado en sede de justicia, pues si

81 «La semántica confusa de la igualdad», cit.: 615-616.

consideramos iguales a dos sujetos, les dispensaremos un trato igual mientras que si los consideramos diferentes, les daremos un trato diferente. Si obviamos esa justificación la sentimos sangrar cuando el resultado del trato pone de manifiesto que no se produjo un trato pertinente para lo que se debía considerar igual o desigual.

El concepto de discriminación presupone este criterio necesario, puesto que hablamos de un principio dirigido esencialmente a los sujetos pasivos y no cualesquiera sujetos, sino unos determinados. Este criterio que imprime la noción de discriminación evoca que las personas son consideradas como personas y no se las pueda tratar diferenciadamente según ciertos rasgos, los cuales están extraídos a través de las leyes para impedir que actúen como distinción. Dicho de otro modo, la noción de discriminación nos impide recurrir a ciertas características personales, como la ideología o las creencias, para justificar un trato diferente.

Lo que sucede es que este criterio aparece en la noción de discriminación de una forma negativa: determinados rasgos no pueden contar como motivo del trato. Es un criterio con formulación negativa. El concepto de discriminación sí que exige el trato igual de lo igual y el trato diferente de lo diferente, aunque para ello emplea la fórmula de una prohibición: una norma jurídica, en este caso un precepto constitucional, prohíbe en cualquier caso la discriminación, esto es, impide el trato diferente de lo igual y el trato igual de lo diferente delante de determinadas razones. Excluye esas razones como criterio operativo en la dispensa del trato formal.

Esa prohibición demanda dispensar a cada persona el trato que le corresponde en tanto que persona (de ahí la referencia a la dignidad humana), sin que pueda introducirse una diferencia por un rasgo propio de cada persona. De ahí que el principio exija un trato igual en tanto que personas, a fin de cuentas, dar a cada persona lo suyo o, en otras palabras, dispensar un trato justo en tanto que persona. Y en tanto que personas no podemos desprendernos de nuestras creencias, ideas o convicciones, sino que las portamos y a menudo son reconocibles por parte de aquellos con quienes nos relacionamos.

Al presuponer el criterio de la prohibición negativa despejamos los interrogantes sobre quién puede ser discriminado (nadie) y por qué razones no puede ser discriminado (por cualquier rasgo personal). Entonces, del concepto de discriminación sí puede predicarse la exigencia de tratar igual lo igual y desigual lo desigual, aunque sea en la variante negativa de que no puede tratarse desigual lo igual e igual lo desigual por razón de un rasgo personal.

Procede afirmar con rotundidad que la discriminación es un tipo restringido de desigualdad, al tratarse de un tipo concreto de ella que incluye requisitos en forma de prohibición. Ahora bien, la virtud de la discriminación radica en que la propiedad que la define como un trato desigual específico, o restringido, es al mismo tiempo el criterio por el cual resulta plausible la máxima aristotélica. Podemos salvar la paradoja que destaca García Manrique acerca de que la igualdad formal de trato solamente da la mitad de la justicia porque este oxímoron que consiste en impartir justicia sin necesidad de justicia sólo sería predicable, en este caso, para la igualdad y no para la prohibición de discriminación.

La prohibición de discriminación desaprueba tanto el trato desigual de lo igual como el trato igual de lo desigual bajo el criterio de los rasgos personales, esto es, evaluando que una de esas modalidades de trato ocurra como consecuencia de introducir una característica personal. Por tanto, con la prohibición de discriminación se persigue el trato igual de lo igual y desigual de lo desigual, esto es, anda tras la justicia de darle a cada uno lo suyo prohibiendo los motivos que convertirían el trato en injusto.

Recuento de inventario

Al iniciar nuestra observación del ejercicio de la libertad ideológica focalizamos nuestros esfuerzos en el trato discriminatorio. El motivo es que cuando se actúa acorde a un ideario, a unas creencias, a unos principios, los sujetos condicionan la relación jurídica con los demás. Dado que el ordenamiento jurídico reconoce esa libertad como un derecho fundamental, de ahí se desprenden derechos y obligaciones que dan forma al tipo de trato entre los particulares.

Con el trato injustificado dejamos constancia de que cuando la razón principal de ese trato estriba en las creencias o en la ideología se comete una discriminación. Aquí comenzó nuestra andanza por las normas jurídicas por la que encontramos el principio de no discriminación en relación con la igualdad formal de trato.

Las normas jurídicas impiden invocar determinadas características personales, entre las que hallamos las creencias o las ideas, como justificación disponible para dispensar un trato diferenciado. De este modo llegamos hasta el corazón de la justicia. Vimos que tan injusto es tratar igual lo desigual como desigual lo igual cuando no hay razones para hacerlo. Al respecto, tuvimos que diferenciar conceptualmente la igualdad de la discriminación para destacar que esta última es un tipo de desigualdad, uno restringido, si quiere decirse así, en que se prohíbe dispensar un trato por determinadas razones.

Acerca de esta prohibición evidenciamos, por una parte, que procede expresamente del ordenamiento jurídico, al tiempo que señala la igualdad como un valor que debe preservarse. Ahora bien, hemos defendido que la igualdad no es ningún valor, sino una medida, una relación proporcional entre las cosas, entre los sujetos, y en una situación determinada. Cuando incidimos sobre qué valor designa la igualdad encontramos a la justicia, a la libertad, o a ambas. La igualdad es la medida para calibrar esos valores, lo que nos pone en relación con los participantes o con las cosas y en un contexto.

Por otra parte, recabamos de la doctrina iusfilosófica que de la jurisprudencia sólo nace la obligación de tratar igual lo igual, esto es, que la igualdad formal de trato exige únicamente media justicia. No obstante, podemos sostener que, en el caso de la prohibición de discriminación, tal prohibición es el criterio que opera tanto en la justificación de un trato igual para lo desigual como desigual para lo igual. Es decir, que la exigencia de no discriminar se traduce en la obligación de impartir justicia, aunque en una formulación negativa de esta máxima: que no se trate igual lo desigual ni desigual lo igual injustificadamente cuando entran en juego tales motivos protegidos; no como con la igualdad formal, que únicamente se exige jurídicamente la mitad, el trato igual de lo igual.

En definitiva, en esta primera fase del ejercicio de la libertad ideológica hemos discutido interesantes cuestiones sobre la justicia, la discriminación y los valores. Una auténtica exploración en el campo de la axiología o estimativa jurídica. Y es que el ejercicio del derecho fundamental nos conduce hasta discutir sobre axiología. Derechos, y por tanto normas, hechos y valores entremezclados en un todo, formando una amalgama de facciones inescindibles las unas de las otras, pues los asuntos en realidad son poliédricos y, en este caso, normas, hechos y valores son las caras de este poliedro práctico.

Bien, ya tenemos claro que como el ejercicio de los derechos nos remite a problemas prácticos, nosotros tenemos que discutir sobre todas esas facetas. En cuanto al trato injustificado que involucra a la libertad ideológica hasta ahora hemos contemplado eminentemente la variante de la justicia vinculada con la redacción de las normas y su aplicación, o lo que es lo mismo, la dimensión axiológica, estimativa, del asunto que toda norma infarta en su seno. Viremos el rumbo un tercio hacia los hechos.

Sobre el ejercicio del derecho a la libertad ideológica hemos evidenciado un par de cuestiones acerca de los hechos. Son cuestiones de hecho el incidir sobre quién es igual a quién y esclarecer cuál es el contexto, la relación jurídica, en que se produce el trato en donde toma partido la libertad ideológica. Decíamos que no podemos discutir sobre la igualdad o la desigualdad del trato en abstracto, sino que debemos delimitar los márgenes de la situación en que se da para certificar la justificación. Un trabajo de contextualización y delimitación de los márgenes en que puede o no darse un determinado trato.

No afirmamos «María es igual», a secas, lo que no tiene sentido en ese nivel de discurso tan abstracto, sino que diremos algo así como que «María es igual que Juan al utilizar el transporte público». Con ello, damos a entender que carece de importancia si María es mujer u hombre, si tiene creencias en Dios, en Sócrates o si opina que en una pastelería no deberían vender pasteles a los homosexuales. Para acceder al transporte público todo ello no puede contar como motivo para dispensar un trato diferente a María respecto a Juan porque para subirse al tren ambos pueden ser usuarios. Lo que cuenta es que se encuentren en posesión del título de transporte correctamente validado.

Para resolver si el trato dispensado es justificado o injustificado no podemos evitar pronunciarnos acerca de este tipo de asuntos. Al hilar esta línea de argumentación tan simple sobre cuestiones de hecho no hacemos otra cosa que razonar sobre la naturaleza de las cosas y los requisitos que nacen del contexto. Y diciendo eso hago alusión a la concepción aristotélica del argumento teleológico, pues nos inserta de lleno en la discusión sobre la naturaleza de las cosas y sobre los requisitos que nacen de los fines de las prácticas sociales. A ello tenemos que dedicar nuestra próxima parada.

6.

LA ARGUMENTACIÓN POR LA NATURALEZA DE LAS COSAS. EL RAZONAMIENTO TELEOLÓGICO, LOS FINES Y LOS REQUISITOS DE LAS PRÁCTICAS SOCIALES

Tampoco se ha de exigir la causa por igual en todas las cuestiones: bastará en algunas mostrar claramente el qué, como cuando se trate de los principios, pues el qué es primero y principio. Y de los principios, unos se contemplan por inducción, otros por percepción, otros mediante cierto hábito, y otros de diversas maneras. Por tanto, se ha de procurar ir a su encuentro según la naturaleza de cada uno.

Aristóteles,
Ética a Nicómaco, Libro I.

La segunda parte de nuestra historia dio comienzo encaramándonos a discutir asuntos que involucran a la libertad ideológica cuando se la pone en práctica. A tal fin, señalamos tres paradas en nuestra ruta. Una era en el trato discriminatorio en las relaciones entre personas, puerto des de donde partimos hacia una nueva aventura y cerramos con los souvenirs del capítulo anterior. Otra la neutralidad de las instituciones respecto al ideario de los sujetos cuando les dispensan un trato. También marcamos como estación la reticencia a realizar aquello que se pide hacer de más en un caso por motivos de unas creencias que entran en juego, lugar hacia donde ahora encaramamos el rumbo de nuestro navío.

Preparémonos un poco antes de adentrarnos allí, igual que cuando buscamos en Google cuáles son los puntos de interés de la ciudad que nos proponemos visitar en unas vacaciones.

Acerca del algo más que choca con el ideario de un individuo tenemos que situarnos en un contexto determinado. Esto es, recordemos que no hablábamos de pedir algo más en abstracto, conceptualmente, sino de que, en la práctica, en nuestro día a día, hay infinidad de ocupaciones y que de esas ocupaciones nacen expectativas legítimas, derechos y obligaciones, si se prefiere el lenguaje de los leguleyos. El algo más supera esas expectativas legítimas.

Al salirnos de los márgenes perfilados por los derechos y las obligaciones las cosas pierden en claridad y brotan las pugnas como setas. Podemos aseverar, provisionalmente, que al transitar por ámbitos poco definidos cabe advertir que los derechos fundamentales se protegen con prioridad respecto a otros derechos. Mas esta afirmación me parece insuficiente para exponer con toda claridad por qué se protege prioritariamente la libertad ideológica en unos casos y no en otros. A fin de cuentas, hay otros muchos derechos fundamentales dan sustento a derechos concretos y que pueden colisionar con el de la libertad ideológica, por lo que, en realidad, esta afirmación sencillamente nos estaría remitiendo al mecanismo de la ponderación entre derechos fundamentales.

Ahora bien, como digo, esta afirmación me parece algo insuficiente porque ya estamos dejando de lado el problema práctico al que nos enfrentábamos con el ejercicio de la libertad ideológica para entretenernos en cuestiones teóricas de largo recorrido. Partíamos de un caso con un margen legal difícil de apreciar y rápidamente pasamos a poner derechos fundamentales en una balanza, pontificando sobre el mecanismo idóneo para calibrar su peso, para ponderarlos.

Lo que pretendo hacer es anclarnos en el problema práctico. Decíamos que nuestro problema práctico aúna normas, hechos y valores. En lugar de atender los mecanismos para resolver los conflictos normativos, mi intención gravita sobre centrarnos en los hechos.

Este propósito consiste en caminar con un pie puesto en el terreno del problema práctico y otro en el de las razones que entran y salen, que van ganando peso para ese caso. A eso se le llama razonar según la naturaleza de las cosas, a partir de la cual identificaremos qué fines van insertos en esa práctica o relación social (el *telos* de las cosas) y, por tanto, qué requisitos serán exigibles según lo definido por los fines, objetivos o propósitos. Sin examinar la naturaleza de las cosas y valernos del razonamiento teleológico estaremos esquivando el meollo del asunto que involucra el ejercicio de la libertad ideológica.

Rock 'n roll, rituales satánicos y jueces masones

En este trabajo defendemos que la argumentación por la naturaleza de las cosas no puede esquivarse para solventar con holgura los casos en los que aparece la libertad ideológica. Ya vimos que en la dispensa de un trato hay cuestiones ineludibles como quién es igual a quién y respecto a qué. La dispensa de un trato a menudo puede ser atendida en un momento anterior, cuando se toma la decisión de dispensar ese trato de acuerdo con un ideario o una creencia.

¿Acaso las ideas y las creencias no juegan un papel relevante en la toma de decisiones? Actuar en conformidad con ellas se corresponde genuinamente con el ejercicio de la libertad ideológica. Y si de tomar decisiones se trata, a un jurista seguramente lo primero que le asome en el escenario de su mente sea la imagen de un juez despachando un caso. Claro que los jueces son personas con su propia ideología, lo que en principio no tiene que suponer un problema serio, mientras hagan bien su trabajo, motiven sus decisiones y solventen los casos que se les plantean, a no ser que con ello pretendan imponer sus creencias a todo trance.

Intentemos complicar este ejemplo, pensemos en otro escenario. ¿Y si un juez y una de las partes han asumido las mismas creencias? Es más, ¿qué sucede si ese juez y esa parte sin integrantes de una misma organización ideológica, religiosa o que profesa alguna filosofía? Hay quien piensa que en este tipo de casos los jueces deberían abstenerse de tomar una decisión, pues, según defienden, no es posible garantizar la imparcialidad. En otras palabras, esos jueces no serían neutrales porque no estarían cumpliendo correctamente con las obligaciones que mencionábamos antes, imponiendo una decisión en la que pesan demasiado las obligaciones compartidas entre quienes comparten las creencias, por los miembros de una comunidad, por ejemplo, religiosa. Esta postura recela de las lealtades.

Eso mismo es lo que pensaron los antiguos miembros del grupo sueco de rock llamado *Ghost*. Este grupo de música se caracteriza por una temática muy definida: el satanismo. Como ellos mismos alardean en redes sociales, sus conciertos son parte de un ritual y los mensajes en esas aplicaciones, para ellos, no son menos que un noticiero que el clero lanza a sus «criaturas».

La banda cuida con recelo su puesta en escena. En sus orígenes, allá por el inicio de la década de 2010, los músicos salían al escenario vestidos con túnicas negras y el cantante vestido con unos atuendos con los que representaban encarnar al Papa oscuro. Entre las canciones no faltaba el botafumeiro, la sangre y una versión satánica del padre nuestro para completar el ritual. Todo ello recubierto con el halo de misterio que imprimía el secreto mejor guardado. Los integrantes de la banda tocaban enmascarados y durante años nadie supo cuál era su identidad. Se especuló con que Dave Grohl, antiguo batería del grupo Nirvana y actual cantante de *Foo Fighters*, había tocado en directo con la banda en más de una ocasión.

Con el tiempo, y tras recibir algún premio Grammy de por medio, la banda fue ganando en popularidad. Y con el incremento de popularidad llegó la apertura a un público más amplio, romper con la etiqueta de grupo de culto y salir de eso que se conoce como la escena *underground*. Las sotanas dieron paso a las americanas de lentejuelas brillantes y el botafumeiro al confeti. Hoy en día, *Ghost* se caracteriza por un espectáculo de rock con fuegos artificiales, llamaradas y una bola de discoteca. Poco queda del ritual satánico de sus primeros días, en los que unos desconocidos encapuchados con sotanas franciscanas de color negro llamaban a su Papa para que alabara el beso negro en los escenarios de salas y festivales. Entre otras cosas, porque hace ya unos años que la identidad del líder de la banda, Tobias Forge, se reveló y ahora se sabe que el resto de los miembros eran músicos que generalmente rotaban en la formación, cuando no profesionales contratados particularmente para hacer giras o grabar discos.

Ahora bien, no todos los cambios en este grupo deben atribuirse al éxito, a querer llegar a más gente y a las ganas de llenar estadios. La identidad del líder de la banda fue revelada de la manera menos esperada, aunque a la postre resultara siendo todo un reclamo comercial. En 2017 gran parte de los primeros músicos que pasaron por la banda denunciaron a Tobias Forge por no repartir los beneficios generados por *Ghost* entre todos sus miembros.

Durante el primer juicio el señor Forge arguyó que la banda y todo lo que la envuelve era una idea suya que llevaba años elaborando. De ahí, según explicaba, que el resto de los miembros no fuesen más que gente contratada para llevar a cabo determinados servicios: grabar un disco, tocar en directo por Europa, acudir a ceremonias musicales, etcétera. Explicó que para cada evento programado se les pagaba religiosamente por su servicio, por lo que los beneficios empresariales que generara la marca *Ghost* no tenía por qué compartirlos con las personas a quienes ya había pagado por su trabajo.

Tras la aportación de unas cuantas pruebas documentales como registros de propiedad intelectual, alquileres, contrataciones o firmas en negociaciones no costó mucho demostrar que en efecto era el señor Forge el ideólogo de todo aquello y, dicho bastamente, el dueño del grupo. El juez del juzgado de primera instancia de Linköpings, Suecia, lo entendió de esta manera.

Como era de esperar, quienes no quedaron muy satisfechos con la defensa de Forge y menos con la decisión del juez fueron los demandantes. Decidieron recurrir la decisión judicial. Su estrategia no versaba en aportar más pruebas vinculadas con su trabajo dentro del grupo, sino bajo el pretexto de que el juez, Henrik Ibold, no podía haber evaluado objetiva e imparcialmente el valor probatorio de la información que el señor Forge aportó durante el juicio. ¿El motivo? Tanto el señor Ibold como el señor Forge pertenecían a la Orden Sueca de los Masones. De acuerdo con los demandantes, pertenecer a la misma orden era un motivo por el cual el juez no podría mantenerse imparcial, pues ambos compartían credo, ideas, filosofía y quien sabe si lealtades. Así que a finales de 2018 apelaron la decisión[82].

La respuesta a este recurso no demoró mucho y en menos de un año el tribunal de apelaciones sueco resolvió, bajo el criterio teleológico, la reclamación judicial. Desempeñar la función judicial fehacientemente no depende del credo, la religión o las ideas que uno abrace, sino de cómo realice su trabajo de acuerdo con los requisitos que se desprenden de su profesión. Y en el caso del juez se debía valorar objetivamente la documentación, las evidencias, las pruebas aportadas por las partes y motivar la decisión judicial en función de los hechos contrastados.

82 https://corren.se/bli-prenumerant/artikel/rg4kxpxr

Tras este juicio, Tobias Forge entendió que en el trabajo no debe haber lugar a equívocos y su relación con el resto de los integrantes ha cambiado, marcando mucho más las distancias entre los miembros rotatorios de la banda y él como líder. Tanto es así que se autodenomina «un dictador» en el mundo de la música por el receloso control que ahora le pone a cualquier asunto relacionado con la banda[83].

Lo interesante del asunto es que la decisión sobre la apelación no podría haberse resuelto sin inmiscuirse en la naturaleza de la función que desempeña el juez y los requisitos que se desprenden de los fines que marca esa labor.

Inquirir la naturaleza de las cosas

Cuando se apela a la naturaleza de las cosas lo habitual es que la gente se eche a temblar. A lo largo de la historia han sido tantas las voces que han denunciado el recurso perverso a la naturaleza de las cosas para lanzar deberes sobre los demás que no vale demasiado la pena tratar de enumerar un listado, por breve que sea, de tales nombres. Nos entretendríamos en enumerar demasiados. Para nosotros resulta más útil seguir con el método que veníamos empleando hasta el momento, dialogando con algunas aportaciones relevantes a propósito de nuestros interrogantes. Por tanto, dejando lo enciclopédico a un lado para pesquisar dialógicamente, en un tuteo de ideas, con quienes han apuntado a la diana de nuestros problemas y han disparado con bala de plata en su corazón. Despejada la duda metódica, podemos avanzar sin más dilación.

En efecto, la naturaleza de las cosas ha sido vista como una interpolación más que como un recurso argumentativo. Esta sería la tesis que denuncia el abuso de eso que sea la naturaleza de las cosas, llevándola a los intereses de quien apela a ella. Si con la argumentación deberíamos acudir al lugar originario de la cosa, al sitio de donde brotó, con la interpolación se denuncia que se pone algo entre las cosas, mejor dicho, entre nosotros y las cosas. En definitiva, a través de la naturaleza de las cosas introduciríamos un deber ser donde sólo había seres, esto es, cosas y sujetos. De estar en lo cierto, esta tesis tendría fundamento en denunciar que no hay tal cosa como la naturaleza o esencia de las cosas, sino más bien lo que cada uno de nosotros inyectáramos en ellas. En consecuencia, sería una perversión por la cual adornaríamos con palabrería bonita la imposición de nuestras preferencias o intereses.

Tratemos de resumir la tesis para retener en nuestra mente una idea de ella, de aquello a lo que nos enfrentamos: se atribuye a determinados hechos una dimensión normativa, por tanto, partiendo de un ser, se deriva un deber ser.

83 https://www.themetalcircus.com/noticias/tobias-forge-ghost-dictador/

Con esta simple idea ya vemos que la denuncia a la naturaleza de las cosas intenta explicar que, a través de un esfuerzo por descubrir la realidad del ser humano, al igual que la realidad de sus relaciones con los demás y con las cosas, se extrae un criterio, la medida natural para regir la conducta. Vamos, que apelar a la naturaleza, a la esencia, a la realidad del ser humano, de sus relaciones y de las cosas no sería otra cosa que sacarse un conejo de la chistera, un truco de magia argumentativa para tener la razón y exigir una conducta determinada de los demás.

Ahondemos un poco más en el calado de esta tesis. Lo que anuncia, ni más ni menos, es que incurriríamos en una discusión metafísica estéril sobre el ser humano. La operación acontecería tal que, en un primer instante, estableceríamos unas premisas controvertidas, sobre las que construiríamos la realidad del ser humano, de sus relaciones, etc., y en un segundo momento seguiríamos con la derivación de unas obligaciones desde la premisa anterior, con normas, con deberes, con un deber ser.

La tesis es fácil de abrazar por la sencillez con la que se plantea. Dados unos axiomas falsos, las premisas metafísicas, identificado un *ser*, los consideramos como teoremas, como unas consecuencias normativas, y por tanto unas obligaciones, obteniendo un *deber ser*. Si negamos la veracidad de los axiomas, si le cortamos la cabeza a Medusa, las consecuencias no tienen razón de ser, no hay motivo para derivar un deber ser, y no nos petrifica la mirada del monstruo. Con la simple negación de la fuente, hemos cortado el reguero de razones que derivan un deber ser del ser. Al igual que Perseo, ya podemos ofrecer la cabeza del monstruo a la diosa Atenea para que nos la inserte en nuestro escudo que levantaremos contra quienes incurran en la falacia naturalista. Chúpate esa, Aristóteles.

Saben qué toca ahora, ¿verdad? Toca desmontar esa tesis, así que manos a la obra. Vistámonos con el atuendo de ayatolás peripatéticos. Aristóteles es nuestro profeta y no se le cuestiona en vano en nuestra presencia. Vayamos en busca de los infieles.

Afirmemos con rotundidad nuestra tesis en defensa de la naturaleza de las cosas. Las cosas por sí mismas pueden establecer una condición, positiva o negativa, para la actividad humana.

Pensemos en el mar, en el océano. Si nos entretenemos en pensar en el océano, la verdad que no nos compele a que lo contemplemos y lo consideremos en nuestras tareas diarias. Tal vez desearíamos estirarnos en una playa o navegar por la costa mediterránea, mas por el hecho de que sepamos que hay una realidad, un ser, que es el océano, de ahí no se deriva ninguna obligación. Esta es la parte que podemos salvar de la denuncia... y nada más.

Ahora bien, el argumento de la naturaleza de las cosas no consiste en esto en absoluto. Contrariamente, cuando nuestro quehacer diario consiste, por ejemplo, en investigar en el fondo marino del océano su biología, comenzamos a advertir una serie de caracteres que presenta su naturaleza, como el estado líquido en el que se encuentra o la presión que aumenta a medida que incrementamos la profundidad con nuestra inserción. Estos caracteres del ser en que consiste el océano irrumpen irrefrenablemente sobre nuestra actividad, sobre ese quehacer de investigar el fondo marino.

Este burdo ejemplo sirve para darnos cuenta de que la naturaleza de las cosas, en este caso del océano, no depende de nuestro interés o nuestra voluntad. Que el océano se dilate sobre la superficie terrestre en estado líquido y que la presión aumente a medida que buceamos más hondo condiciona irremediablemente nuestra actividad. Carece de sentido ir en coche al fondo del océano o zambullirnos a 500 metros bajo el agua sin precauciones para no reventar. Y si esto es así, la naturaleza del océano presenta caracteres que nos condicionan, y por tanto regulan, nos obligan a tomar medidas para realizar nuestros propósitos. Esto es importante. En el intento de realizar nuestros propósitos, para satisfacer nuestros objetivos, la naturaleza de las cosas condiciona nuestra actividad dada su esencia, sus particularidades.

Ya tenemos una idea de la naturaleza de la cosa. No concebimos la naturaleza, esencia, caracteres de las cosas en sí y derivamos obligaciones, sino que al llevar a cabo nuestras tareas las cosas nos condicionan esa actividad y, consecuentemente, tenemos que adaptarnos a sus requerimientos.

Hagamos ahora un esfuerzo por intentar aclarar algo sobre la naturaleza de las cosas en el campo del Derecho. Traigámosla al ámbito jurídico. Revisemos, pues, tres concepciones básicas de este asunto.

La explicación de Gustav Radbruch

Gustav Radbruch fue un egregio iusfilósofo nacido en Lübeck. Entre otros muchos asuntos se dedicó al de la naturaleza de las cosas y su relevancia para el Derecho. En la última etapa de su obra encontramos un escrito titulado *La «naturaleza de la cosa» como forma de pensamiento jurídico*[84].

La idea que ofrece el autor es que la naturaleza de la cosa hace referencia a unos datos de la realidad que el legislador, el juez o cualquier jurista no pueden obviar. Al desempeñar sus labores jurídicas, estos actores del Derecho deben acatar los datos objetivos frente a los que se encuentra.

Parece ser, entonces, que los datos se hallan en el quid del asunto. Lo que Radbruch nos cuenta sobre ellos es que cambian. Habla de datos cambian-

84 El primer manuscrito de este artículo fue publicado originariamente en italiano, en 1941, bajo el título *La natura della cosa come forma giuridica di pensiero*. Posteriormente, en 1948, el autor lo publicaría en alemán *(Die Natur der Sache als juristische Denkform)* siendo este último el que suele citarse como el original. La fuente que manejo para este trabajo consiste en un compendio de diversos trabajos suyos que incluye una traducción del escrito alemán. *Vid*. RADBRUCH, G.; *Relativismo y Derecho*, trad. VILLAR BORDA, L., Temis: Santa Fe de Bogotá, 1990: 53-70.

tes. Datos que difieren de un sitio a otro, que modulan de una época a otra. Ciertamente, no es lo mismo la esclavitud de los negros en los Estados Unidos de hace siglo y medio que le esclavitud de Polibio a cargo de Escipión. Tampoco el sistema de creencias que imperaba en la República romana previa al tiempo de Los Gracos es el mismo que el de la Roma del primer tercio del siglo XX.

La naturaleza de las cosas nos pone enfrente datos variables, mudadizos, según el lugar y el tiempo. Para el autor, esta sería la razón por la que un juez y un legislador llegarían a soluciones dispares, a atribuir consecuencias jurídicas distintas, uno cuando crea la norma y otro cuando toma su decisión, a lo que aparentemente se presenta con la misma fisionomía.

Con ello Radbruch no quiere decir que todo sea cuestión de opinión, que cada uno pueda decir lo que le plazca, sino algo más profundo. Al afirmar el carácter mudadizo de los datos, quiere decir que la naturaleza de la cosa no consiste en una entidad ideal abstraída del mundo, de los sucesos, de los fenómenos, y que pasaríamos a proyectaba sobre la realidad. Para nada. Y es que la naturaleza de la cosa nos lanza a nosotros sobre el escenario de la realidad, nos obliga a observar los caracteres, los rasgos, las propiedades que imprimen el sentido de la cosa. En definitiva, lo que quiere decir es que la realidad muestra unos datos concretos, su configuración, con qué elementos cuentan y nos salen al paso.

No hay nada más alejado de una entidad ideal abstracta porque se sitúa en el plano real. Nos sitúa en el plano real, es decir, en la realidad de las cosas, en sus elementos, en su sentido, en su esencia, en lo que hace de ellas lo que son.

Y este estado de cosas, estos datos variables de la realidad, de una realidad en particular, es a lo que el autor se refiere como «situación objetiva». Nosotros no encontraríamos demasiado reparo en llamar a esa realidad, la propia de cada uno, en un momento y en un lugar, circunstancia. Con la naturaleza de la cosa atendemos a las exigencias de un caso concreto, particular, en la situación objetiva. La situación de esa cosa no puede ser más que particular, la de esa cosa, y no la de otra, de ahí que varíe en el tiempo y en el lugar, que module en cada persona, si es que nos referimos a sus ideas y a sus creencias.

Pensemos en el caso *Ghost*, en el que se planteaba un recurso porque el juez no podía ser neutral dada su afinidad ideológica con una de las partes. La resolución a esa apelación argumentaba acerca de un estado de cosas objetivo, esto es, la función que debe desempeñar el juez. Para desempeñar esa labor perfectamente podemos separar, por un lado, la ideología, pues todo el mundo posee la suya, de cumplir rigurosamente con los requisitos.

En la explicación sobre la naturaleza de la cosa que acabamos de considerar, la actividad del jurista se ve condicionada por el estado de las cosas, por la situación objetiva con la que debe lidiar al desempeñar sus labores.

En el caso del juez masón, por el estado de cosas objetivo configurado por los derechos y las obligaciones de la figura del juez, los que deben desempeñarse satisfactoriamente con independencia de las ideas y creencias en las que esté cada juez en particular.

Los problemas nacen cuando a través del Derecho, al emplear el instrumento jurídico, nos enfrentamos a las cosas y éstas nos condicionan, es decir, nos obligan a atender ese deber ser. Del ser de las cosas derivamos un deber ser incluyendo al Derecho en la operación. Un lío susceptible de recibir críticas. Veamos una de las más poderosas.

Las observaciones de Ernesto Garzón Valdés

Acabo de hablar de crítica, pero lo que hace Garzón Valdés consiste en una operación más sutil, más elaborada. Tal vez yerre en los términos al calificarla de crítica, lo que me obliga a ofrecer una mejor explicación.

Cuando este autor repara por primera vez en la naturaleza de las cosas realiza un estudio más o menos exhaustivo de los autores que con anterioridad, y también sus contemporáneos, se dedicaron a esta cuestión. Tras asumir las líneas maestras del pensamiento que le precede pasa a depurarlo y a delimitar conceptualmente el campo de la naturaleza de las cosas. Más que una crítica es una reabsorción del pensamiento para definir el tema con precisión. Digamos que sería una faena más analítica que crítica, aunque presente ambos rasgos con distinta intensidad.

Lo primero que observa Garzón Valdés sobre la naturaleza de las cosas es que adquiere relevancia en un doble sentido[85]. Esta idea la ampliaría en trabajos posteriores. El primer sentido se corresponde con el de fundamentación, por el cual la naturaleza de las cosas operaría como explicación del origen de las normas y de las instituciones jurídicas. El segundo sentido sería en tanto que cerco, límite, a la producción o génesis del Derecho.

Tras evidenciar el uso que había caracterizado a la naturaleza de las cosas, pasa a analizar la tensión entre el ser y deber ser del Derecho. Para Garzón Valdés las cosas, los hechos, son lo factual. Y si de ahí se deriva un deber ser, si obtenemos una dimensión normativa, se debe a que en toda sociedad brotan costumbres.

Por una parte, tenemos los hechos, los datos. Por otra nos señala las costumbres sociales. Aquí no hay ningún vínculo que ligue necesariamente lo uno con lo otro. Desde estas premisas ni siquiera estamos en condiciones óptimas para sostener que el nexo entre el ser y el deber ser fuese implícito, esto es, entre la naturaleza de las cosas y la dimensión normativa.

---

85 Garzón Valdés, E.; *El problema de la naturaleza de la cosa en el pensamiento contemporáneo*, Universidad Nacional de Córdoba: Córdoba (Argentina), 1963.

De acuerdo con el autor, el paso del ser al deber ser sucede porque el hombre introduce una valoración. Esto es, es el ser humano el que valora, el que estima realizar un deber a partir del que impondría la realidad de las cosas. Por tanto, hay una valoración, que procede del ser humano, y que es ajena a la realidad empírica.

Ahora bien, esta visión de la naturaleza de las cosas resulta problemática. Y lo es respecto a las propias observaciones del autor.

Este razonamiento permite explicar el primero de los sentidos en que se emplea la naturaleza de las cosas. Recordemos, en el de fundamentación. Nos permitiría dar una explicación sobre el origen de determinadas normas e instituciones jurídicas. El legislador o el juez valoran las cosas y estiman un deber atendiéndolas, que acabará dando forma a determinadas normas o a categorías o instituciones jurídicas.

Ahora bien, este razonamiento apenas respira con el segundo sentido identificado, el de «límite negativo», en los términos del autor. No despeja duda alguna sobre la valoración humana de las cosas y que esta valoración derive en una trinchera que impide el paso del Derecho, obligando a que las normas jurídicas tomen un camino distinto al de pasar por encima nuestro.

Cuando Garzón Valdés habla del cerco a la génesis del Derecho alude a que la naturaleza de las cosas impide que hablemos del juez o del legislador que actúan sometidos únicamente a su propia voluntad. Es decir, que actúan frente a la producción de nuevas normas o a la aplicación de las vigentes. La naturaleza de las cosas se resistiría a que la elaboración de las normas y su aplicación viniera por la voluntad de tales operadores.

Como digo, resulta harto problemático porque sostener esta tesis hasta las últimas consecuencias supone afirmar que no hay voluntad del legislador ni apreciación de las normas por parte del juez. Y si esto es así, el Derecho se produciría a sí mismo, no habría iniciativas legislativas ni debates parlamentarios. Tampoco haría falta que el juez fuera una persona.

Estas cuestionen nacen porque si nos referimos a un límite, a un cerco para la producción del Derecho, estamos evaluando un concepto rígido, más allá de la simple verificación de los caracteres que presentan las cosas. Nos referimos a algo que constriñe, que esposa al Derecho. Con ello, comenzamos a separamos de la naturaleza de las cosas para discutir diferentes formas de aproximarse a la realidad del Derecho, a sus límites, a su ámbito de validez. Que diferentes concepciones sobre el Derecho las achaquemos a la naturaleza de las cosas no coincide con lo que sea la naturaleza de las cosas. Es decir, que el ser de las cosas nos condicione la actividad, y por tanto presente una dimensión normativa, un deber ser, no significa que la cosa esté fortificada contra el paso del Derecho.

Llegados a este punto, cabe afirmar que la explicación de nuestro autor demuestra demasiado.

Pero no vayamos tan rápido. No descartemos aún la aportación del autor porque sus análisis del tema se completaron con ulteriores obras. En un artículo posterior titulado *La naturaleza de la cosa*, Garzón Valdés se preguntaba acerca de la naturaleza de la cosa como fuente del Derecho, de su sentido para la ciencia jurídica y de la relevancia de esta doctrina en el momento en que presentaba el trabajo[86]. Profundicemos un poco más.

Reparó primeramente en que con la naturaleza de las cosas tenemos que detenernos a analizar las características, las propiedades, que definen las cosas. De ahí insiste en la idea de la falacia por la que se derivan valoraciones, se emiten juicios éticos de lo que son las cosas, cuando en realidad es el hombre el que atribuye tales valoraciones. Esta es su idea de que el jurista al valorar las cosas deriva normas de ellas, de que no existe tal paso desde una realidad objetiva hasta el deber, la norma, el salto del ser al deber ser. Es el jurista el que brincaría aquí desde su propio acto normativo, el deber ser que atribuye a las cosas, hasta una normatividad jurídica. Esto le permite explicar que las normas y las instituciones jurídicas están dotadas de sentido dentro de un ordenamiento jurídico porque los hombres le atribuyen ese sentido y no porque las cosas tengan unas características que se descubren en la realidad.

Al insistir en esta idea elabora un potente argumento. Situémonos en el ámbito de la decisión judicial. Para decidir los casos necesitamos que los jueces interpreten las normas jurídicas y que las apliquen. Para Garzón Valdés, con la naturaleza de las cosas no estaríamos debatiendo la operación por la cual encajamos el caso planteado en el foro dentro del caso regulado por la norma, sino que en la premisa normativa del razonamiento se introduciría un enunciado de deber ser. En la premisa normativa del razonamiento estaríamos insertando el valor o sentido que pretendíamos extraer de las cosas. De este modo, el juez insertaría el deber ser en el ser de las cosas.

Ahora bien, bajo mi punto de vista este razonamiento, mucho más afinado que el anterior, también demuestra demasiado. Creo que es una afirmación pacífica el sostener que, por norma general, un juez no despacha los casos que se le plantean inventándose o atribuyendo cualquier valor subjetivo a las cosas. Desde luego los jueces no insertan el valor belleza o bondad en la premisa de su razonamiento. Tampoco, por norma general, deciden los casos según su voluntad, sino que motivan sus decisiones según su criterio jurídico.

Que un juez tenga su propio criterio jurídico dista de que un juez atribuya cualquier valoración en la premisa de su razonamiento. Al menos podemos estar de acuerdo con que su criterio, el del juez, es jurídico, y que por lo tanto no aplica normas jurídicas inventadas. De ahí que, cuando inserta o esconde su voluntad dentro del razonamiento hablemos antes de una

86 GARZÓN VALDÉS, E.; «La naturaleza de la cosa», *Boletín Mexicano de Derecho Comparado*, UNAM – Instituto de Investigaciones Jurídicas, núm. 7, 1970: 59-91.

desviación que no de la forma habitual de despachar un caso, o de la función judicial. En palabras de Radbruch, si las cosas presentan determinadas características, su situación objetiva, esas características no dependen de la voluntad del juez, como sí que puede depender de su voluntad tenerlas en consideración o no. Pero insisto en que son dos cosas distintas, lo primero, los elementos que configuran los casos que se le plantean a un juez, eso es la naturaleza de las cosas; lo segundo, que un juez no quiera tenerlo en cuenta, eso es su voluntad. Para aceptar la observación del autor tenemos que realizar la operación de reducir la naturaleza de las cosas a la mera voluntad de los sujetos.

Los casos que se le plantean a un juez son un estado de cosas objetivo e independiente de su valoración. Otra cosa es que cada elemento de ese caso tenga mayor o menor peso, que se pueda o no demostrar, que se quieran apreciar o no las pruebas. Incluso podemos pensar que la atención a esos requisitos de las cosas limita la producción y la aplicación del Derecho, encajando perfectamente con la idea de límite negativo que observaba el autor. Pero fijémonos que para llegar a eso hemos tenido que torcer nuestra mirada: de tenerla puesta en la cosa hemos pasado a focalizarla en la voluntad del juez; hemos tenido que salir de la cosa para criticar lo que el sujeto, el juez, hace con ella y valorar el resultado de su acción.

Hagamos un esfuerzo por sacar en claro lo que aporta la obra de Garzón Valdés.

Su análisis de la naturaleza de las cosas nos permite exponer el origen de muchas categorías y normas jurídicas. Lo que pasa es que para aceptar toda su teoría hemos tenido que cambiar la objetividad que emana de las cosas por la subjetividad impuesta por los individuos. Hemos dejado a un lado las cosas para volcarnos en la voluntad para estimarlas. Ciertamente, los propósitos y los fines humanos se fundamentan en valoraciones, en juicios éticos o de valor. Algo innegable. Ahora bien, si nos concentramos únicamente en este problema simplificamos el asunto a la mitad, terminamos obviando la realidad, la relevancia de las cosas, lo fáctico, a saber, cómo las cosas condicionan, median, en nuestro ejercicio por alcanzar los fines humanos.

Cuando el autor anunciaba un límite negativo al Derecho parecía que su idea sobre la naturaleza de las cosas iba a volcarse sobre las cosas, sobre el modo en que condicionan nuestras acciones. Sucede, no obstante, que se retuerce en su operación, realizando un giro en el objetivo de su método que le hace dudar del sujeto y de sus estimaciones, reconduciendo el problema al terreno de los juicios de valor.

Hemos insistido en que el caso planteado al juez constituye un estado de cosas objetivo. También veíamos con el caso del juez masón que la figura del juez se confecciona jurídicamente a través de una serie de derechos y obligaciones, entre ellos, el deber de motivar las decisiones judiciales en base a derecho realizando su función y no al propio parecer o a la lealtad. La tesis de Garzón Valdés nos sugiere un escenario distinto, puesto que no habría derechos y obligaciones del juez que pudiéramos exigirle y reparar sobre ellos para evaluar su actividad, sino que sus decisiones, en esencia, serían una atribución de sus propios valores a los casos. Negando el argumento de la naturaleza de las cosas tendríamos que obviar los requisitos profesionales que nacen de la labor o función del juez, que dan forma a esa situación objetiva con la que examinar su trabajo.

Llevar a los límites el pensamiento de este autor ha sido una tarea fructífera. Exprimiendo su razonamiento hemos llegado al terreno de las finalidades humanas, de lo importante de los propósitos, de la relevancia de los juicios de valor que giran como un satélite alrededor del orbe jurídico. Todo esto está presente, existiendo de algún modo junto con la naturaleza de las cosas, pero no reduciéndolas a la mera voluntad. Alcanzamos la última estación, la que expone el verdadero nexo entre las cosas y los propósitos humanos.

La filosofía orteguiana del Derecho: la naturaleza humana y de las cosas

Pronunciar las palabras «José Ortega y Gasset» es lo mismo que decir «filosofía». Su pensamiento instituye un universo filosófico de una intensidad difícil de describir, porque su modo de vida era la filosofía. Desde joven, cualquier actividad a la que se dedicó se caracteriza por imprimirle una sublime huella intelectual y por una vocación literaria que nos hace amar la lengua española y nuestra forma de vida tan característica[87].

Su discípulo más egregio en el campo jurídico, Luis Recaséns Siches, se encargó en cuerpo y alma de replantear los principales interrogantes de la disciplina denominada Derecho a partir de la filosofía orteguiana, fundiéndola con su propio pensamiento. Tanto es así que en el tema de la naturaleza de las cosas los ecos orteguianos aparecen con su mejor luz.

El inicio del tema de la naturaleza de las cosas se plantea en su obra señalando los dos asuntos que hemos dejado en el aire con el punto anterior. A saber, el vínculo existente entre los propósitos humanos que se sustentan en

87 Ortega y Gasset representa una de las figuras más autorizadas en la historia de la filosofía para negar rotundamente una aberración de soberanas proporciones, o mejor dicho un mito, que consiste en la afirmación de que en España nunca ha habido auténtica filosofía. Miguel de Unamuno, el propio Ortega, Xabier Zubiri, José Gaos, Manuel García Morente, Julián Marías, Gustavo Bueno, José Ferrater Mora o Javier Muguerza son auténticos primeros espadas de la filosofía. Y todos ellos hicieron filosofía en español. De acuerdo con Víctor Méndez Baiges, todos estos nombres aparecen en una tradición filosófica española que tocaría a su fin con la figura de Manuel Sacristán. *Cfr.* Méndez Baiges, V.; *La tradición de la intradición: Historias de la filosofía española entre 1843 y 1973*, Tecnos, Madrid, 2021. En mi opinión, la tesis y la historia de esta tradición de Méndez explica de una vez por todas la historia de la verdadera ilustración española, es decir, la que acontece con el cenit filosófico.

juicios de valor y la relevancia o condicionamiento de las cosas. ¿Cuál es el nexo entre ambos? Para explicar ese vínculo encontramos la categoría orteguiana de la coexistencia.

¿Coexistencia? ¿Qué nos quiere decir con eso? Pues que el razonamiento mediante la naturaleza de la cosa implica al mismo tiempo, por una parte, los propósitos humanos esquematizados en una valoración sobre los fines y, por otra, que efectivamente la acción pueda llevarse a cabo según las cosas, es decir, que las cosas nos permitan convertir lo primero en realidad. Una realidad cuya estructura cuenta con asumir los valores y fines elegidos y con poderlo hacer efectivo, que no sea una mera ensoñación. En la estructura de la naturaleza de la cosa coexisten, porque no puede darse lo uno y no lo otro, el esquema de fines y valores con su práctica sometida a la predisposición de las cosas.

Lo normativo, el deber ser, el criterio jurídico, lo identificamos en la conexión entre lo humano y la cosa. Los fines que perseguimos, jurídicos o no, están vinculados a los requisitos que dibujan las cosas, al atrezo, por así decir, con el que ellas nos salen al paso cuando tratamos de perseguir los propósitos. Coexisten, se dan en conexión inescindible, lo subjetivo y lo objetivo, aquello que libremente podemos valorar para perseguir junto con lo inexorablemente dado. A lo primero lo llamamos el margen de libertad, a lo segundo, el de fatalidad. Respetivamente, en uno podemos decidir, mientras que del otro sólo nos queda aceptarlo como nos es dado.

¿Se da cuenta, amigo lector, del alcance, de la magnitud inmensa de esta observación? Al entrar a razonar sobre la naturaleza de la cosa estamos escudriñando, ni más ni menos, en aquello en que consiste la vida del ser humano, en un margen de libertad que permite tomar decisiones, aceptando a la vez un margen de fatalidad, de lo que es dado de forma inapelable. Recaséns lo explican tan llanamente que lo mejor será cederle la voz. Las reflexiones en torno a la coexistencia

> Nos ponen ya sobre la pista correcta para la aclaración de este tema, a saber, se trata no simplemente de la «naturaleza de las cosas», sino que se trata de la «naturaleza del hombre»[88].

No nos confundamos. No estamos dando un giro hacia el sujeto como el que nos empujaba antes. Nada de eso ocurre aquí. En la naturaleza humana está el razonamiento según la naturaleza de las cosas. Veámoslo yendo desde nuestra naturaleza hasta el razonamiento para despejar cualquier malentendido, duda o confusión en la que pudiéramos caer.

La naturaleza humana no puede exponerse sino en términos metafísicos. Al zambullirnos en las cosas hemos escudriñado en la naturaleza del ser humano. Como dice la voz del Diccionario de la RAE, al «escudriñar» averi-

88 Recaséns Siches, Luis; *Experiencia jurídica, naturaleza de la cosa y lógica razonable*, FCE-UNAM-IIF, Ciudad de México, 1971: 312.

guamos «cuidadosamente algo y sus circunstancias». Y es que el dato más radical e inmediato de la vida humana consiste en la coexistencia inescindible, inseparable, incuestionable, indubitable, entre el sujeto y su mundo, entre el yo y su circunstancia.

Es que no podemos explicar el sujeto sin su objeto. ¿Cómo va a existir un sujeto sin las cosas, unas cosas sin un sujeto que las piense? Las cosas se proyectan sobre los sujetos de tal modo que tenemos que ocuparnos de ellas, nuestra faena pasa por ocuparnos en las cosas. Cuando perseguimos el fin que hemos valorado, las cosas nos saltan al paso, nos plantan cara, nos ofrecen resistencia. ¿Cómo es eso? Pues porque es el margen de fatalidad que nosotros no hemos escogido. Si las cosas las escogiéramos, si fueran parte de nuestra voluntad, serían así parte de nosotros, se predicarían de nuestro pensamiento, dejarían de ser cosas. El mundo y sus cosas nos son dados de antemano, sin que los hayamos escogido. En esa fatalidad tenemos que preocuparnos (antes de ocuparnos), que abrirnos paso, para poder escoger entre el rango de posibilidades que nos ofrece.

Esto es el nervio filosófico de Ortega, quien cuenta que

> Tanto vale decir que vivimos como decir que nos encontramos en un ambiente de posibilidades determinadas. A este ámbito suele llamarse «las circunstancias». Toda vida es hallarse dentro de la «circunstancia» o mundo[89].

La naturaleza humana rebosa dinamismo, no hay más opuesto a lo estático. Tenemos que darle forma a nuestra vida. ¿Cómo? Ocupándonos de las cosas, tomando decisiones. Y aquí aparecen los propósitos que hemos valorado coexistiendo con las cosas. Al perseguir cualquier propósito el ser humano debe ocuparse de las cosas que dan forma al contorno, que contextualizan, que predisponen ese atrezo en el que encaja nuestro propósito. Nuestra ocupación en las cosas acontece porque estamos inmersos en el logro del propósito, bajo el prisma de una finalidad.

Aquí entra la naturaleza de las cosas. Hemos ido estrechando el cerco lanzado a nuestra naturaleza y nos encontramos con que, en la persecución de un propósito, bajo la guía de una finalidad, en la que hemos valorado, estimado, los fines oportunos, nuestra ejecución se da en el contexto de las cosas. Nos hallamos persiguiendo los propósitos dentro de la circunstancia, dentro del contexto que dibujan las cosas.

89 Este párrafo procede de *La rebelión de las masas*. La edición que manejo ahora para la cita es la de Ortega y Gasset, J.; *Obras completas*, volumen IV, Revista de Occidente: Madrid, 1966: 165. Como es sabido, Ortega hace referencia a la circunstancia en muchas ocasiones. La razón para citar esta obra radica en que incluye una nota al pie del propio autor explicando que, si bien la circunstancia la había contemplado en las *Meditaciones del* «Quijote», en otra obra posterior, *Las Atlántidas*, el concepto aparecía bajo el nombre de «horizonte».

En la naturaleza de las cosas brota el razonamiento teleológico, sobre los fines, objetivos, propósitos considerados. Vayamos ahora con cuidado. En la coexistencia entre el sujeto persiguiendo sus propósitos con las cosas, el razonamiento teleológico se da en la identificación y la valoración de los fines, en el lado del sujeto.

El razonamiento teleológico pivota sobre los fines, sobre el propósito que hemos evaluado. Por así decir, es la caravana a la que nos subimos, el destino que nos hemos fijado para ponernos en camino. Por tanto, los fines, objetivos o propósitos no son la cosa en sí. Las cosas permanecen ahí delante, como un terreno virgen que espera a ser explorado.

El razonamiento teleológico nos obliga a ponderar fines, a evaluarlos, a estimarlos. Al final del razonamiento se produce una decisión. Decidimos que esa es la finalidad, y con ese propósito nos lanzamos a conquistar nuevo mundo. Por tanto, nuestro fin, eso tan humano sobre lo que hemos emitido un juicio de valor, estimándolo como el propósito de nuestra obra, nos lanza sobre las cosas. Porque al perseguir nuestro objetivo las cosas llaman nuestra atención, nos hacen reparar sobre ellas para que podamos ir dando salida a nuestra búsqueda.

Ahora podemos volver a Recaséns y ver con qué vigor define la naturaleza de las cosas. Para este autor, este concepto es «la expresión de cómo puede realizarse un determinado propósito humano, inspirado en una cierta valoración, de acuerdo con la esencia de esa finalidad y, al mismo tiempo, tomando en cuenta las configuraciones, los condicionamientos, los límites, las posibilidades y las leyes fácticas específicas de los materiales o de los hechos con los cuales se tiene que operar»[90].

En las cosas damos con condicionamientos. De las cosas nacen requerimientos para nuestra actividad. Si no los atendemos fallamos en la persecución de nuestro propósito porque no podemos abrirnos pasos sin lidiar con ello. Nuestra caravana sufriría un accidente con las piedras del camino, volcaríamos y el coche quedaría en siniestro total. Sin que nuestro plan de ejecución incluya sortear los obstáculos nos quedamos en la estacada.

Razonar según la naturaleza de las cosas consiste en razonar sobre los fines y en razonar sobre los requisitos que levantan las cosas. Por así decir, es una doble argumentación, que incluye el razonamiento teleológico y la debida atención a los requisitos de las cosas para ponderar su peso en la satisfacción efectiva de nuestro plan. Hay que valorar, que estimar, el peso de las cosas en función del propósito que hemos fijado.

Ernesto Garzón Valdés estaba muy, muy cerca de sacarlo en claro. Comenzó a despejar todo este embrollo y vio que había un juicio de valor. Lo que pasa es que la naturaleza de las cosas no finaliza en el sujeto. Contraria-

90 *Experiencia jurídica, naturaleza de la cosa y lógica razonable*, *op. cit.*: 314.

mente, la naturaleza de las cosas consiste en los propósitos fijados mediante juicios de valor sobre los fines al tiempo que pondera los límites, las condiciones, el margen libre para ejecutar que dejan las cosas. Esos límites, esos condicionamientos de las cosas son impuestos al sujeto, de las cosas hacia el sujeto, y lo que nace de él es el propósito.

El juez masón, la naturaleza de las cosas y los requisitos profesionales

¿La finalidad del juez masón era guardar lealtad a Tobias Forge? De ser así, el voluntarismo, ese subjetivismo, irrumpiría con fuerza, desplazando los requisitos profesionales que pueden exigirse al juez. El juicio moral del sujeto se impondría a los requisitos que nacen de las cosas, a la situación objetiva en que consiste la tarea del juez de decidir imparcialmente los casos.

Las cosas condicionan nuestras actividades, la ejecución de perseguir nuestros propósitos. En este caso, la actividad del juez está regulada. Encontramos un condicionamiento, un límite, a la satisfacción de nuestros objetivos al descubrir que las leyes atribuyen a esta figura determinados derechos y obligaciones. Entre las obligaciones, los límites de su actuación marcada por el deber de decidir motivadamente, razonando, su parecer en base a Derecho.

En el caso *Ghost* lo que se planteó cuando se apeló la decisión del juez fue que dada una ideología que compartía con una de las partes era imposible que esas obligaciones las pudiera cumplir imparcial o neutralmente. Por tanto, se sostenía que el juez masón rompía con la neutralidad que exige su faena, con los requisitos que nacen de la función judicial.

Tras estudiar este recurso, la corte de apelación resolvió negativamente y con ello admitía que esa labor se puede llevar a cabo con independencia de la ideología. Esto es, que la ideología de cada uno no tiene que contar para desempeñar el trabajo, para cumplir con los requisitos, siempre y cuando la ideología no gane peso entre los derechos y obligaciones que delimitan la función judicial, es decir, en tanto que no desplace los requisitos que se derivan de las cosas como criterio objetivo, en este caso, de la cosa que se llama función judicial. Sentencia la corte, por tanto, que en ese caso lo ideológico no desplazó a los requisitos profesionales.

Si el juez cumple con sus derechos y obligaciones, el margen para imponer un propósito oculto y oscuro, y por tanto subjetivo al proceder de su parte, es muy reducido. Ese margen de la fatalidad, en tanto que dado, especificado, preconfigurado, por las cosas ofrece más o menos holgura para el sujeto, esto es, el margen de acción va en función de las mismas cosas. Por eso decimos que las cosas nos condicionan. Y en cuanto a las obligaciones legales el condicionamiento de las cosas viene determinado por las leyes: el margen de acción es preciso, ciertamente delimitado, pues queda regulado. Esos requisitos legales, los requisitos profesionales del juez, condicionan de tal modo su actividad que prácticamente borra la posibilidad de imponer un propósito distinto a la motivación en base a Derecho, a normas jurídicas, a los principios y reglas del ordenamiento, como guardarle lealtad a otro masón.

A los más incrédulos ante esta afirmación les diremos firmemente que por eso existe una cosa que se llama apelación. Las decisiones judiciales pueden recurrirse en caso de no haberse formulado según los parámetros emplazados en la legalidad. Cabe recurrir en alzada, a un tribunal superior, y en último término, de manera extraordinaria, se pediría el amparo de los derechos fundamentales frente una decisión arbitraria, de parte del parecer del juez y no de la legalidad.

Los requisitos legales para la función judicial son realmente exigentes. Decimos que reduce mucho el margen de acción subjetiva del juez, pero... ¿realmente existe ese margen? Por supuesto. Sin embargo, con los parámetros, con los requisitos legales, se evalúa la actividad del juez según sus deberes, sus obligaciones, esto es, si fundamenta su decisión en Derecho, si alcanza una decisión válida según las normas jurídicas vigentes y si efectivamente motiva su decisión según el orden que establecen esas mismas normas. Porque los requisitos son al mismo tiempo la situación objetiva que determina la función judicial y el criterio con el que evaluar su actividad, la efectiva puesta en práctica de esa función que se le encomienda.

En el caso del juez masón, el caso *Ghost*, al evaluar mediante tales requisitos el desempeño de su función judicial se resuelve la apelación afirmando dos cosas, una explícita y otra implícita. Por una parte, la implícita, que la ideología no tiene por qué corromper la praxis de las funciones y, explícitamente, que en este caso la función judicial se llevó a cabo diligentemente. En definitiva, en este caso el hecho de que un juez masón tuviera que decidir un caso en donde una de las partes perteneciera a la misma logia son cosas que pueden pasar, sin que ello tenga por qué quebrantar el desempeño riguroso de las obligaciones, como parece que sucedió en este caso.

Ahora bien, ese margen de acción del juez, digamos, de libertad, no siempre está tan claro como en este caso. Pensemos en ejemplos de corrupción y jueces ideológicamente afines al partido político imputado, cuando no relacionados o influenciados directamente por ese partido; en denuncias a un colegio del Opus Dei y jueces numerarios; etc. Como en todo, hay unos casos que son más sencillos, o menos enrevesados, complicados, que otros. Ahora bien, por ese motivo la naturaleza de las cosas encuentra razón de ser y brilla como la principal forma de fundamentar las decisiones cuando lo ideológico da muestras de presencia. La virtud de esta argumentación está en la motivación que nos brinda.

La naturaleza de las cosas obliga a que no demos un caso por sentado antes de que razonemos sobre el trabajo, sobre la función encargada al juez. Opera para delimitar el condicionamiento de las cosas, en un primer momento, y para evaluar la actuación llevada a cabo según los parámetros objetivos de los requisitos profesionales después. Más que para posicionarnos, para decidir los casos por principios, lealtades o, por decirlo en términos dicotómicos, en un sí o no, en un todo o nada, en un se acepta o no se acepta, la naturaleza de las cosas es un tipo de razonamiento que nos obliga a mantener una actitud del estilo «vamos a ver» qué sucede en el caso, qué peso tiene cada uno de los elementos que configuran el caso, con qué fuerza condiciona la decisión, por ejemplo, con las evidencias que corroboran lo acontecido, etc. No va de posicionamientos, sino de propiamente razonar.

7.

LOS MODOS COLECTIVOS DE VIDA: EMPRESAS DE TENDENCIA VS. INSTITUCIONES PÚBLICAS

> Yo cuento con la piedra y procuro no tropezar con ella o aprovecharla sentándome en ella. Pero la piedra no cuenta conmigo. También cuento con mi prójimo como con la piedra; pero a diferencia de la piedra, mi prójimo cuenta también conmigo. No sólo él existe para mí, sino que yo existo para él. Esta es una existencia peculiarísima, porque es mutua: cuando veo una piedra no veo sino la piedra; pero cuando veo a mi prójimo, a otro hombre, no sólo lo veo a él, sino que veo que él me ve a mí, es decir, en el otro hombre me encuentro siempre también yo reflejado en él.
>
> José Ortega y Gasset,
> *En torno a Galileo*, 1933.

Lo que hemos esbozado acerca de la naturaleza de las cosas nada más que es una parte del razonamiento que defendemos para los casos en los que está en juego la libertad ideológica. Hemos pasado muy rápidamente sobre la naturaleza humana. A la par que las cosas, podemos considerar al resto de gentes y observar cómo nos condicionan.

Las cosas nos condicionan y tenemos que preocuparnos de los límites que nos levantan cuando emprendemos la búsqueda de un propósito. Sucede, no obstante, que también las personas nos ofrecen resistencia. Dimos comienzo a esta segunda parte del viaje con la relación entre personas, el papel que juega la ideología y lidiamos con el trato discriminatorio. Ahora bien, esto último lo hicimos desde la relación entre sujetos para analizar el tipo de trato en el que incluimos el ideario o las creencias de los individuos. Luego nos centramos en los hechos y al contextualizar el caso defendimos la argumentación según la naturaleza de las cosas y pasamos a centrarnos en los requisitos que se desprenden de la esencia de las cosas. La labor que emprendemos a continuación consiste en otra cosa. A saber, en ver la ideología que adoptan las gentes en su trato con los demás, y a partir de la naturaleza de las cosas, atender a cómo condicionan las gentes cuando imponen requisitos ideológicos. Para ello tenemos que reparar nuevamente en la naturaleza humana.

A partir de nuestra naturaleza podemos clasificar las relaciones sociales de un modo simple a la par que idóneo para el siguiente objetivo: delimitar la ideología en el trato con distintas organizaciones, instituciones, grupos sociales, en definitiva, con las gentes, con agregaciones de individuos. Me refiero a que desde los «modos colectivos de vida» estableceremos una nítida diferenciación en el trato que incluye la ideología como requisito, considerando si el ente colectivo es público o privado.

Acabo de condensar mucha información en un solo párrafo. Toda la reflexión que sigue a continuación está sintetizada en ese par de frases. La suerte es que hemos avanzado mucho a estas alturas y podemos dedicarnos a ello sin más dilación operando a través del razonamiento según la naturaleza de las cosas al trato entre individuos y entes colectivos.

«Universidades por la Prostitución Infantil» o qué fue del principio de neutralidad

Si usted leyendo ese eslogan ha sentido pavor, pero piensa que un Claustro Universitario puede posicionarse sobre cualquier asunto al «analizar y debatir otras temáticas de especial trascendencia» (artículo 45.2.g de la flamante LOSU, Ley Orgánica 2/2023, de 22 de marzo, del Sistema Universitario) bien ha padecido un cortocircuito involuntario, debido a la perversión del lenguaje jurídico, bien no hay conexión entre lo que dice y lo que piensa. Yo apuesto por que si ha llegado hasta aquí más bien será la primera opción en su variante de colarnos un gol por la escuadra.

El 21 de octubre de 2019, el Claustro de la Universidad de Barcelona (UB), universidad en la que cursé los estudios de licenciatura, máster y doctorado, aprobó un manifiesto «en rechazo de las condenas de los presos políticos catalanes y de la judicialización de la vida política» en Cataluña a raíz de la resolución judicial del caso conocido como «el Procés»[91]. Idénticos manifiestos fueron aprobados por otras universidades públicas catalanas y por otras entidades colegiales, como el Ilustre Colegio de Abogados de Barcelona.

Con la aprobación del manifiesto, la UB se posicionó en contra de una decisión judicial, y asimismo el resto de las universidades y entidades, declarando públicamente estar en contra del parecer de los jueces. Adoptó, de este modo, una postura de contenido ideológico difícilmente discutible, a favor de una tesis política y en contra del dictamen jurídico de los jueces.

Un pequeño grupo de universitarios conformado por profesores claustrales junto con alumnos denunciaron la aprobación de un manifiesto de con-

91 Tras las resoluciones judiciales el manifiesto ha desaparecido del portal web por orden del juez https://edicioweb.ub.edu/dyn/cms/continguts_ca/menu_eines/noticies/docs/Manifest_Claustre_21_10_19.pdf Puede leerse la referencia al manifiesto en la noticia compartida por el Observatorio de Bioética y Derecho de la propia UB: http://www.bioeticayderecho.ub.edu/es/el-claustro-de-la-ub-aprueba-un-manifiesto-que-rechaza-las-condenas-de-los-presos-politicos

tenido ideológico entendiendo que se habían vulnerado sus derechos fundamentales, entre ellos su libertad ideológica y el derecho a la educación. La justicia les dio la razón. En todas las instancias del organigrama judicial los jueces decidieron sistemáticamente a favor de esta súplica.

Para nuestro propósito, lo interesante del caso no es si usted o yo abrazamos una u otra tesis política, esto es, si estamos a favor o en contra del manifiesto aprobado por el claustro, menos aún de lo que pueda decir su contenido, que entiendo como dos cuestiones diferentes: aprobación de algo, por un lado, y el contenido de ese algo, por otro, una procedimental, otra sustancial. Podríamos discutir si caben razones para aceptar una y no otra cuestión, o ambas. Entiendo que cada uno tendrá su propia opinión política al respecto. Sin embargo, con las opiniones sucede que son el parecer subjetivo de cada uno, luego carecen absolutamente de relevancia. Por eso existe eso que llamamos «libertad de opinión», porque cada uno puede abrir la boca, básicamente podemos decir todo, que es lo mismo que no decir nada, nada que pueda valer. Esta perogrullada consiste en mera gimnasia de lógica: si se tiene libertad para decir cualquier cosa, y en eso consiste la libertad de opinión, no hay razón para discutir cualquier cosa que pueda salir de nuestra boca.

Otra cosa distinta son las razones y los razonamientos que se ofrecen para sustentar una tesis, en este caso, el fundamento y el razonamiento judicial que se ofrece para resolver el caso. A eso vamos.

Interesa la decisión del TS porque se hace evidente el razonamiento teleológico y la naturaleza de las cosas. Y lo hace a propósito de los fines y la función de la universidad. Las cosas, la instituciones, los colectivos, también se encomiendan a determinados fines, los cuales dotan de razón de ser al ente, revelan su esencia, la naturaleza de la institución. Resulta ilustrativo el resumen de la decisión del Tribunal Supremo sobre el caso del Claustro de la UB. Lo transcribo, por lo breve:

> Las Universidades públicas como Administración Pública institucional y, dentro de las mismas, un Claustro Universitario como órgano de gobierno representativo de una comunidad universitaria plural, no puede adoptar acuerdos que se tengan como voluntad de la Universidad y que se refieran a cuestiones de naturaleza política o ideológica, propias del debate social y político, ajenas al objeto y funciones de la Universidad y que dividen a la ciudadanía[92].

El razonamiento del tribunal es llano. En la naturaleza y fines de un claustro, y por extensión de la universidad, no está el posicionamiento afín a una tesis ideológica o política. La función de la universidad es otra y con el posicionamiento ideológico su actuación no se sirve con objetividad. En toras palabras, deja de ser neutral.

92 Nota de la STS 1536/2022, Sección Cuarta, Sala de lo Contencioso-Administrativo, de 21 de noviembre de 2022.

La neutralidad de las instituciones públicas se predica de las funciones que tiene atribuidas y de los fines que la inspiran. Entre esos fines encontraremos, inexorable y principalmente, la formación de los ciudadanos y cultivar el conocimiento científico.

Si pensamos en la universidad esencialmente como una institución que expide títulos académicos estaríamos hablando de un mercadillo en el que compramos y vendemos certificados con membretes. Si pensamos en la universidad como una institución que cultiva cualquier tipo de conocimiento estaríamos hablando de un chiringuito que se correspondería con lo que acabamos de decir sobre la cualquier opinión (la *doxa* de los griegos) y no con el mantenimiento y la ampliación de unas verdades arraigadas en categorías, de un saber, de una disciplina o de un conjunto de conocimientos obtenidos mediante el uso de la razón, estructurados y deducidos a partir de principios y leyes generales. Esto es el conocimiento científico, en sentido amplio, y lo otro alharacas y pamplinas para las cuales no hace falta institución alguna.

No voy a negar aquí que a menudo, más de lo que fuera tolerable, la universidad pueda ser calificada como mercadillo o como chiringuito a consecuencia de lo que sus gentes hacemos con ella y en su seno. Lo que nadie negará es que ni lo uno ni lo otro constituyen el fin esencial de la universidad, sino la corrupción y depauperación del *telos* que la inspira, y por tanto de ella misma.

Y de los fines esenciales nacen espontáneamente funciones básicas. La formación halla una herramienta ineludible en la enseñanza a través de las voces autorizadas. El cultivo del conocimiento científico cuenta con la investigación. Hay un gran debate sobre qué enseñanza y qué investigación son las más propicias, idóneas, convenientes u oportunas y rentables para cada universidad, aunque adentrarnos en ese terreno pantanoso nos derivaría excesiva y estérilmente de nuestro propósito. La idea es que cuanto más claros estén los fines esenciales dentro de las sienes de quienes habitan en esta institución, más afinados estarán los instrumentos con los que hacer sonar la música del conocimiento y la formación cualificada.

Cuando nos desviamos de los fines y por ejemplo adoptamos una tesis ideológica, la función esencial, su naturaleza, se desvía para dar satisfacción a objetivos periféricos e inconexos con la razón de ser de la institución. En el caso de las administraciones públicas, y las universidades públicas lo son, la doctrina judicial exige que los principios, los fines, los propósitos que dan sentido a las instituciones no se desplacen por fines o intereses partidistas. De ello depende la actuación objetiva, en definitiva, el respeto de la neutralidad.

A fin de cuentas, si no es el fin que inspira a la institución el que se hace valer, sino el partidista, es decir, cualquier otro, tanto da que la universidad se posicione a favor de la guerra en Ucrania o que le declare la guerra a Rusia, que esté a favor de la pornografía infantil o de la formación recatada, que apruebe por unanimidad que todos sus miembros son unos unicornios o que son ciudadanos pertenecientes a una u otra organización política, verídica o imaginaria. Carece de importancia porque habríamos quebrantado los fines esenciales de la universidad, ya no sería la universidad la que se pronuncia en el ejercicio de sus funciones, sino un Frankenstein, un monstruito institucional que puede asumir cualquier fin menos el que le insufló razón de ser.

Volviendo al caso del Claustro de la UB, una institución pública abrogó una tesis política para sí y en consecuencia se posicionaba políticamente en nombre de toda la comunidad universitaria. De este modo, se posicionó en nombre de quienes tienen garantizada la libertad para adoptar su propio ideario y para actuar en consonancia, incluido posicionándose o no según aquel. Por eso los tribunales entendían una vez tras otra que se vulneraba la libertad ideológica de los miembros de la comunidad universitaria. Al tomar partido como una comunidad se impedía el ejercicio particular de una libertad básica.

Digamos algo más sobre el asunto. Para ello, vayamos juntando todas las piezas sueltas.

El posicionamiento institucional desplaza los fines, los objetivos, esenciales de la institución universitaria. De ahí podemos deducir el siguiente principio: las instituciones tienen un fin, un objetivo, un propósito que las caracteriza, que explica su esencia. En el caso de la universidad se concreta, al menos, en la formación superior y en la investigación, por lo que un pronunciamiento de jaez político distorsiona su finalidad y por extensión sus funciones. Ahora bien, ¿los fines de las instituciones son siempre los mismos? ¿Son estos fines inmutables?

La pregunta a lo mejor suena algo capciosa, pero tiene su razón de ser. Para un autor ampliamente reconocido como Michael J. Sandel la respuesta sería negativa. En efecto, es posible discutir sobre la misión de la universidad a medida en que la sociedad va evolucionando. Este autor se interroga a partir de las cuotas reservadas para determinados grupos que tradicionalmente tenían vetado el acceso a la universidad. Entiende que la segregación racial es un problema que se arrastra históricamente en EE. UU. y alcanza a la universidad. Su argumento a favor de las cuotas se sustenta a partir de la diversidad, porque da muestra de la verdadera pluralidad de la sociedad, afirmando que la universidad puede reservar cuotas para determinados colectivos sociales únicamente por esa razón (excluyendo expresamente dos argumentos típicos que se emplean al defender este tipo de fines, como son el de corregir las brechas de las calificaciones o compensar injusticias del pasado)[93].

Con independencia de la cuestión de por qué la diversidad es en sí algo bueno o que debe valorarse de este modo (sin aportar una justificación a favor de ello, ¿no se incurre genuinamente en la falacia naturalista?), lo interesante de su argumento estriba en dos cuestiones. La primera, que carece de impor-

93 SANDEL, M. J.; *Justicia: ¿Hacemos lo que debemos?*, Debate, Barcelona, 2011: cap. 7.

tancia si la universidad es pública o privada, puesto que el fin o la misión primordial de este tipo de instituciones no es otro que el de la enseñanza superior y la investigación. A partir de esa premisa discute el caso americano en que la institución ha servido tradicionalmente a un grupo determinado de gentes en detrimento del resto de la pluralidad social. La segunda, si la universidad no pudiera reformular sus fines, muchas de estas instituciones americanas aún se dedicarían a segregar y a estigmatizar a colectivos introduciendo el criterio de la raza o el antisemitismo, que se derivaría del fin inicialmente concebido por los fundadores de algunas de ellas.

Si tomamos como referencia esas dos premisas, podemos afirmar que, por una parte, las instituciones tienen una razón de ser que define su naturaleza o su esencia. Por otra parte, que también puede haber otros fines, incluso políticos, y que esos fines se vinculan con la sociedad en la que cumple con su misión esencial. Claro que, en este sentido, la universidad se dirige esencialmente hacia la consecución de los objetivos de la enseñanza superior y la investigación y no a fabricar taladradoras o retretes. Al mismo tiempo que los fines esenciales pueden darse otros, por ejemplo, cabe que destine financiación a que se investiguen ciertos temas y no otros, siempre que no desplace los fines esenciales, como priorizar la investigación para desarrollar una vacuna con la que combatir un virus que hay detrás de una pandemia a través de becas y proyectos financiados, en lugar de crear un chiringuito para dar cabida a cualquier finalidad de un partido político o interés empresarial. El primer criterio político incentivaría la investigación en un campo mientras que lo segundo corrompería la razón de ser, la naturaleza, de la institución. La diferencia estriba en que ese criterio, esa política, es una línea marcada por la misma universidad. Es una política universitaria y no corrupción de la universidad en favor de la política de turno.

El ideario adoptado por las instituciones

La neutralidad gana protagonismo y presencia en nuestro tema cuando al estudiar el ejercicio de la libertad ideológica por parte de un particular debemos contar con los requisitos, con las líneas ideológicas, con la política de la organización, trazados por la administración, una institución, un organismo, una empresa o los poderes públicos. Desde este lado se espera cierta neutralidad, esto es, cabe un respeto o cierta deferencia hacia las creencias de los individuos por parte de las instituciones cuando lidian o tratan con ellos. En este punto necesitamos distinguir entre entes públicos, como la administración, y entes privados, como las empresas. Con ello acercaremos los conflictos que involucran a los entes privados hacia una suerte de conflicto entre particulares, donde la ideología puede tomar partido en cualquiera de las dos partes, mientras que mantendremos una distancia más pronunciada en el caso de los entes públicos. Alcanzaremos este resultado afinando nuestro argumento de la naturaleza de las cosas y acogiendo los fines de las instituciones a propósito de los denominados modos colectivos de vida.

Ya hemos anunciado nuestra meta, así que podemos volver al caso particular. Con el caso del Claustro de la UB hemos vinculado el principio de neutralidad con los fines que inspiran una institución y la tarea que lleva a cabo. Lo que es lo mismo que concebir el principio de neutralidad en términos de si una universidad sirve a la enseñanza superior y a la investigación o a cualquier otra cosa, como la hostelería o la propaganda política.

Reparemos en que esta concepción del principio de neutralidad nos permite razonar desde un nivel alto de abstracción. ¿A qué me refiero? En general, vincular la universidad a esos fines nos permite evaluar cualquier institución universitaria dentro de esos parámetros tan genéricos. Por tanto, lo dicho hasta ahora sobre el principio de neutralidad vale en un sentido amplio o lato. Para deliberar sobre un caso concreto, para ser justos, además de lanzar consideraciones genéricas debemos contar con la institución particular, esa en concreto y no cualquier otra, que sometemos a escrutinio. Es evidente que cada institución difiere cuantitativa y cualitativamente una de otra y el argumento de la naturaleza de las cosas nos obliga a contemplar también sus particularidades, porque tendrá sus estrategias para alcanzar sus fines.

A continuación, bajaremos el principio de neutralidad de lo abstracto hasta dos niveles inferiores. En primer lugar, debatiendo sobre los fines que adoptan instituciones específicas, pensemos por ejemplo en los centros religiosos. En segundo lugar, examinando los requisitos que se establecen para la consecución de esos fines particulares.

Al entramar al sujeto con esta combinación institucional de fines y medios calibraremos el principio de neutralidad en un caso concreto. Por tanto, debe preocuparnos ahora indagar sobre si una institución particular puede asumir fines ideológicos y, en caso afirmativo, qué tipo de exigencias puede exigir a las gentes según ese ideario.

La tendencia y los requisitos exigibles

¿Puede una institución, un organismo, adoptar un ideario como propio? La respuesta a esta pregunta es depende. Luego, ¿depende de qué? Pues de si se trata de un ente público o de uno privado.

El problema al que nos enfrentamos puede resumirse del siguiente modo. Si aceptamos que una institución puede adoptar un ideario y exigir requisitos acordes a ese fin, con ello aceptamos que los sujetos verán limitado su derecho a actuar conforme a su propio ideario, especialmente en los casos en que se trate de ideologías contradictorias. A priori, este problema parece que no encuentra encaje en ordenamientos jurídicos como el nuestro, de los cuales se deriva una doctrina constitucional como la del indiferentismo ideológico, por la que se entiende que los poderes públicos no deben preocuparse por la ideología asumida por el individuo, aun siendo contraria a los principios que inspiran a ese ordenamiento. De esta guisa, al Estado no le puede interesar el ideario de sus ciudadanos ni los dogmas que hayan asumido para dispensarle un trato, lo que se traduce en que ningún poder público puede cuestionar esa postura[94].

Claro que esa exigencia se da para los entes públicos. Respecto a las instituciones, o los entes, organismos, de jaez privado, no hablamos de poderes públicos, sino de empresas. En este caso, cuando una entidad privada asume un ideario la situación cabe comprenderla como el ejercicio colectivo de la libertad ideológica. A este tipo de organismos se les añade el adjetivo «de tendencia».

Me interesa que nos situemos en el siguiente esquema mental. Si un ente colectivo asume un ideario y establece requisitos acordes al mismo, jurídicamente la situación se asemeja a la de un sujeto que asume un ideario y que actúa en consecuencia al mismo. Como a ese tipo de acción del sujeto nos referimos por ejercicio de la libertad ideológica, a lo que hace una organización no deberíamos tener demasiados repararos en denominarlo igualmente ejercicio de la libertad ideológica, aunque en su variante colectiva.

Importa situarnos en esta concepción porque al informar de que una institución privada puede asumir una ideología, un ideario, intuitivamente cabe pensar en una empresa. En ese caso, intuitivamente pensaríamos en la libertad de empresa. Cualquier jurista tendería a pensarlo como un conflicto entre las libertades de empresa e ideológica, entre los artículos 16 y 38 de nuestra constitución. Ahora bien, no es esa tensión la que quiero dibujar ahora, sino que pretendo que imaginemos el nervio y las chispas de la colisión de la libertad ideológica con otra ideología, con independencia de si esa otra ideología se ejerce en virtud de la libertad ideológica o de la libertad de empresa, es decir, me interesa cuando la otra parte también tiene derecho a actuar conforme a un ideario. Por tanto, en nuestra mente, especialmente en la de los juristas, quiero que aparezca un duelo entre la libertad ideológica contra otra ideología, y obviemos ahora todo lo relativo a la libertad de empresa.

Al incardinarnos mentalmente en el ejercicio colectivo de un ideario, asumimos que una institución de tendencia puede aceptar como propia una ideología, un ideario, unas creencias, una ética particular. En este sentido, dicho ideario funda y sostiene la actividad de la organización. De ahí que el

94 En otro lugar he señalado que las implicaciones lógicas de esta tesis no llegan tan lejos, sino que de los propios postulados de una democracia constitucional no es posible respetar la irrupción de aquellas creencias que comprometan las condiciones que hacen posible el ejercicio de derechos fundamentales. Como el respeto de las condiciones necesarias para el ejercicio de las libertades fundamentales no incluye garantizar las libertades que rompan con esas mismas condiciones para todos, lo he llamado el principio de la reciprocidad. *Vid.* PUIG HERNÁNDEZ, M.-A; «El principio de la reciprocidad: Fundamentos para el ejercicio de las libertades fundamentales», *Derechos y Libertades*, n. 46, 2022: 213-240.

colectivo difunda su ideología mediante su actividad[95]. Es decir, su actividad esencial, pongamos la enseñanza en los colegios y también la investigación en las universidades privadas, incluye al mismo tiempo la difusión de un mensaje de calado ideológico. El caso paradigmático, sin lugar a duda, sería el de los centros docentes religiosos. ¿Quién no conoce un colegio cristiano? ¿Quién no ha oído hablar de una universidad católica? ¿Acaso por el hecho de ser católica la una y cristiano el otro se compromete el fin esencial de estas instituciones? La ley entiende que no se conculca esa función, sino que para lograr los fines esenciales según un ideario particular las gentes se agrupan de forma privada y ejercen su libertad ideológica, al contrario que en el caso de las instituciones públicas, que tienen vetado, por su naturaleza pública que exige pluralidad, abrazar doctrina alguna.

Una institución de tendencia añade a los fines esenciales de la organización la difusión de un mensaje moral, religioso o ideológico. Y el respeto de ese ideario institucional, de la tendencia de esa organización, es un derecho. Es el derecho a la libertad ideológica, esto es, la capacidad de adoptar un ideario y actuar conforme al mismo. La tensión del sujeto vinculado de algún modo con esa institución se sitúa en cómo compaginar su ideología con el derecho de una organización a difundir fielmente una doctrina ideológica.

La respuesta a esta encrucijada está en la «naturaleza de las cosas». Pensemos en vínculo del sujeto con una institución de dos maneras diferentes. Una, como persona beneficiaria de la actividad que lleva a cabo esa institución y, otra, como persona encargada de realizar la actividad de esa institución. En ambos casos, los sujetos continúan teniendo derecho a la libertad ideológica. A fin de cuentas, se trata de un derecho fundamental y, por tanto, válido y respetable en cualquier situación. Dentro de esos márgenes, no puede exigirse en ningún caso que el sujeto se adhiera al ideario del organismo (según lo que decía el artículo 16.2 CE), lo que no es incompatible con la obligación de difundir ese ideario. Con esta aseveración he sintetizado mucha información. Veámoslo con más detalle.

En el primer caso, una persona se beneficiaría de la actividad de la institución, por ejemplo, al matricularse en un curso impartido por una universidad religiosa. Si nos fijamos bien, en el mismo ejemplo ya se dirime una solución. Al matricularse en un centro de tendencia se está consintiendo recibir la actividad acompañada del mensaje que difunde esa institución. La matrícula consiste en un negocio jurídico, en un contrato, por el que se adquiere el

95 Hay quien considera que estas instituciones son tributarias de recibir exactamente la misma protección del artículo 16 CE. *Vid*. Calvo Gallego, F. J.; *Contrato de trabajo y libertad ideológica, derechos fundamentales y organizaciones de tendencia*, Consejo Económico y Social de España, 1995: 74. Para un esclarecedor estudio sobre los trabajadores vinculados a empresas de tendencia, *cfr*. Blat Gimeno, F. R.; *Relaciones laborales en empresas ideológicas*, Centro de Publicaciones: Ministerio de Trabajo y Seguridad Social, Madrid, 1986.

derecho a recibir los contenidos de las enseñanzas que allí se imparten y a ser evaluado de los conocimientos adquiridos en esos cursos.

Si la tendencia del centro afrenta la propia ideología carece de sentido matricularse en una institución que tiene derecho a difundir el ideario que ha adoptado o sobre el que ha fundado la razón de ser del centro. Para eso matricúlese en otra institución que se dedique a ello sin difundir ideología o religión alguna, como una pública. Como explicó el TC en su primeriza doctrina constitucional (STC 5/19811, de 13 de febrero), el derecho escoger la educación que se recibe de acuerdo con las propias convicciones, lo que incluye escoger la de los hijos en edad de escolarización, opera especialmente como una exigencia frente a los centros públicos. ¿Qué quiere decir?

En el caso de los centros privados los sujetos tienen el derecho de matricularse o no de acuerdo con los requisitos de admisión, por ejemplo, pagando la tasa de matriculación que pida el centro. Ni los padres están obligados a escolarizar a sus hijos ni un sujeto mayor de edad queda atado de manos y pies a una universidad de tendencia. El derecho a escoger la educación que se recibe se ejerce, en todo caso, antes de escolarizarse, de matricularse, de comprometerse con una institución de tendencia. Esto es relevante porque una vez dentro el centro tiene potestad para impartir la enseñanza incorporando un mensaje religioso, moral o ideológico en su contenido. En síntesis, estas son sus condiciones y usted las puede aceptar o no al ejercer su derecho.

En el caso de los centros públicos ese momento se extiende después del enrolamiento en la institución. Lo que nos dice la doctrina constitucional es que cabe exigir una prestación ideológicamente neutra. Y por ideológicamente neutra tenemos que entender alejada de una doctrina particular, es decir, lejos del adoctrinamiento que se produce con la difusión de un mensaje de contenido moral, ideológico o religioso. Un ejemplo de este supuesto lo hallamos en el debate que ocurrió a propósito de la asignatura denominada «Educación para la ciudadanía», que debía incluirse en la formación escolar obligatoria. De acuerdo con los críticos de la materia, ésta imponía una doctrina ideológica determinada. Como consecuencia, el mecanismo que emplearon padres y profesores contrarios a su implantación fue buscar la tutela del derecho a la objeción de conciencia en sede judicial, aunque fue negado por los tribunales hasta en cuatro sentencias a lo largo del 2009. No obstante, el debate fue tan intenso que las decisiones judiciales acumularon hasta diez votos particulares[96]. La cuestión se zanjó impidiendo impartir la asignatura, pero sin reconocer el derecho a la objeción de conciencia de padres y profesores.

En el segundo caso, un sujeto enrolado a la institución de tendencia tiene la obligación de difundir un ideario contrario al propio. Insistamos en que, por

96 Un estudio pormenorizado de estas sentencias se incluye en NAVARRO-VALLS R. y MARTÍNEZ TORRÓN, J.; *Conflictos entre conciencia y ley*, IUSTEL, Madrid, 2012: 287 y ss.

un parte, esa institución tiene la potestad de difundir un mensaje religioso o moral con su actividad. De esa facultad nacen los requisitos profesionales que puede imponer para llevar a cabo esa labor.

Los requisitos profesionales son el condicionamiento de la actividad esencial que se lleva a cabo de acuerdo con postulados accesorios, añadidos, solapados. No se trata de suprimir o menoscabar la actividad esencial, sino de introducir condiciones para asegurar de que también será posible difundir el ideario asumido por la institución. Por ejemplo, a la impartición de una disciplina, se suma la concordancia con la difusión de un mensaje religioso. No nos limitemos a pensar sólo en impartir una materia junto con propagar una doctrina, esto es, en el momento de llevar a cabo la actividad, sino concibamos también que los requisitos profesionales se traducen también en exigencias que pueden aparecer en el momento de vincularse con esa institución. En este caso, como criterio adicional de acceso al puesto de trabajo, como criterio de elección de la persona idónea para desempeñar esa labor.

Encontramos que una institución de tendencia puede exigir el conocimiento de su doctrina para vincular profesionalmente a una persona. Estos requisitos operarán así en el momento de la contratación, no sólo en el del desempeño de las funciones. En el caso de los centros docentes religiosos, se traduce en asegurarse de que el profesor que opta a una plaza conozca el mensaje religioso que se difunde en esa institución.

Ahora bien, conocer una doctrina no significa ni presupone el adherirse a ella. Aquí opera la libertad ideológica del sujeto como límite infranqueable para los requisitos profesionales que nacen de la naturaleza de un trabajo de tendencia. Llegados a este punto, la naturaleza de las cosas opera en sentido doble, mejor dicho, crea un nexo bidireccional, proyectando los requisitos profesionales hacia el sujeto y hacia la institución. La naturaleza de las cosas se traduce en que las creencias o la ideología no pueden impedir el desarrollo de una actividad en el caso del profesional, ni pueden exigirse como profesadas, en el caso de la organización privada.

En el caso del sujeto, del profesor, del trabajador, hacia la institución porque al comprometerse en llevar a cabo la actividad de esa institución también se compromete con difundir el ideario que ésta hubiera asumido. Por tanto, no puede ir en contra de los requisitos con los que se ha comprometido, ni atentar contra el ideario que se ha obligado a difundir.

Con el ejercicio de su libertad ideológica, que en el caso del profesor se traduciría genuinamente en el ejercicio de la libertad de cátedra, encontramos que pueden transmitirse opiniones, el parecer propio. Ahora bien, los requisitos profesionales que se derivan de la naturaleza de ese puesto implican que sus propias opiniones, la expresión de su visión del mundo, de la disciplina que imparte, no puede generar hostilidad contra el ideario de la institución a la que se ha vinculado. Damos con que el límite al ejercicio de la libertad ideológica estriba en esa hostilidad frente a un ideario que se conoce, pero que no tiene por qué asumirse como propio[97].

En el caso de la institución hacia el sujeto, porque de la naturaleza del puesto nace el requisito para imponer la obligación de difundir el contenido del mensaje... y nada más. Al sujeto, al docente, al trabajador que es capaz de realizar la función, de impartir una materia difundiendo rigurosamente el ideario, se le puede exigir que complete el programa docente, pero no que viva y que actúe de acuerdo con esa misma doctrina. Por ejemplo, al profesor de religión católica se le puede pedir que conozca la materia y que la imparta con rigor, pero no se le puede exigir como requisito que esté casado por la Iglesia, que haga donaciones a la obra o incluso que esté bautizado.

Conocer con rigor una disciplina y una doctrina es un requisito para desempeñar fidedignamente una actividad; pedir, además, vivir y actuar de acuerdo con esa doctrina es exigir más de lo requisitos que nacen de la naturaleza de la actividad. Mientras que lo primero, si la institución se empeña en certificar el cumplimiento de lo primero por parte del sujeto, supone que hablemos de ejercer un derecho, lo segundo, exigir más de lo que se requiere para desempeñar rigurosamente una actividad, significa dispensar un trato discriminatorio por motivos ideológicos, de creencias, de convicciones. Los requisitos nacen de la naturaleza de la actividad y lo que se exige más allá de ello es un mandato supererogatorio, que obliga más allá de lo justificado por la misma actividad.

Establecer un criterio en función de lo que sobrepasa a la naturaleza de las cosas comporta justificar el trato dispensado al sujeto en un motivo ideológico que no puede contar como razón suficiente, como justificación debida para exigirle algo más que las funciones que caracterizan a la relación que une al individuo con la organización de tendencia. Por tanto, en este caso exigiríamos que una característica personal que reside en la ideología, en las creencias, en las convicciones del individuo contase como razón para dispensarle un trato determinado.

Decimos que es injustificado porque la ideología no puede contar más allá del conocimiento de la doctrina necesaria para llevar a cabo la actividad que consiste en la transmisión de un mensaje ideológico. Decimos entonces que estamos ante un trato injustificado en virtud de la naturaleza de las cosas y de los requisititos profesionales. Decimos, en definitiva, que se trata de una discriminación.

Los modos de vida colectivos

Estamos en condiciones de afinar algo más el argumento de la naturaleza de las cosas. Con la naturaleza de las cosas debatimos, por un lado, sobre los fines, sobre el *telos* de las prácticas sociales y de los propósitos humanos y, por otro lado, en la relación de los medios con los fines sobre los criterios a

97 STC 47/1985, de 27 de marzo.

partir de los que dilucidamos los requisitos idóneos para lograr los objetivos. La esencia de toda práctica social establece un mínimo de lo que no puede obviarse. Así, en la práctica de la enseñanza al menos habrá qué impartir un contenido didáctico, habrá que transmitir un saber, un conocimiento sobre las cosas. Luego ya se verá si esa actividad puede darse acompañada de un mensaje moral, religioso o ideológico, al no tratarse, en principio, de dos cuestiones incompatibles.

Hemos dicho suficiente sobre los máximos exigibles. Sobre el mínimo que se atisba en la esencia de una práctica social, sobre la naturaleza de esa práctica, es donde podemos insistir. Conviene lanzarnos a esta empresa porque nos ayudará a aclarar la dimensión normativa que imprimen los requisitos hacia las partes que componen los sujetos involucrados en esa práctica y, por tanto, porque reforzará nuestra apuesta por la naturaleza de las cosas como la principal manera de lidiar con los conflictos que nacen del ejercicio de la libertad ideológica.

Los «modos colectivos de vida» es una exquisita doctrina que procede de una estructura conceptual tan simple como cierta ensayada primeramente por Ortega y Gasset en *El hombre y la gente*, una de sus obras inacabadas, pero muy avanzadas, y refinada posteriormente por Julián Marías en *La estructura de lo social*. Sin afán de desarrollarla extensamente, traeremos a continuación sus rasgos más relevantes para el fin que nos hemos propuesto.

Si pensamos la libertad ideológica, el sujeto más auténtico y real que la ejerce es el ser humano. Todo ser humano, en algún grado, con mayor o menor intensidad, ostenta capacidad para formarse una visión de las cosas, para entretenerse en sus quehaceres encajando sus actos en las coordenadas de sus convicciones o de sus ideas y para esforzarse con mayor o menor éxito por difundir esa idea mediante sus obras. Pocas facultades son más genuinamente humanas que esa, la cual caracteriza esta libertad.

Ahora bien, aunque el sujeto propiamente sea la persona humana, esa capacidad admite variantes colectivas de ejercicio. Las gentes se suman a un ideario, se adhieren a una religión, profesan determinadas creencias, practican cultos y ritos y difunden, comparten, el ideario entre el resto. Al instituirse colectivamente, la gente pone la difusión de ideas al compás de los fines que dan forma a determinadas prácticas. La actividad que define esa práctica y las ideas y creencias de esa institución danzan como una pareja de baile sobre el escenario del teatro de la sociedad. Esa función que están representando exige darse de un modo determinado, a saber, cumpliendo efectivamente con la práctica al tiempo que difunden unas creencias.

En esa exigencia, en que las acciones tienen que darse de un modo determinado, específico, hallamos una dimensión normativa. En otras palabras, y aprovechando la jerga jurídica, un cúmulo de derechos y obligaciones definen en qué consiste esa práctica, la cual puede acompañarse con la difusión de creencias en el caso de las instituciones privadas. Los modos de vida colectivos son exactamente eso, desde la perspectiva del leguleyo. Ortega y Marías lo expusieron desde el plano sociológico más que jurídico, de ahí que los modos de vida colectivos incluyan los roles, las funciones, las expectativas que se espera que lleven a cabo las personas que desempeñan esas actividades, esos modos de vida a los que la colectividad ha dado paso.

Consideremos todo este hilo de ideas y estructurémoslo. Vayamos de lo particular a lo colectivo.

En primer lugar, tenemos que referirnos a los «modos individuales» de vida. Al zambullirnos en el asunto del ejercicio de la libertad ideológica hemos topado con el modo de vida más básico, aquel en el que el individuo es el sujeto que lleva a cabo un comportamiento, esto es, el sujeto indispensable para referirnos al contenido ideológico asumido por alguien que luego se refleja en sus actos. El modo individual de vida consiste en la vivencia original e irrepetible del sujeto en tanto que persona individual, única, irrepetible, incanjeable, insustituible.

Cada individuo tiene facultad para formarse una visión del mundo, para valorar las cosas, para decidir, para ejecutar las actividades inspiradas en esas ideas, valoraciones y habiendo tomado decisiones. En la medida en que nos cuestionamos acerca de quién ha elaborado esa actividad intelectual y la ejecuta nos remitimos a un individuo. La libertad ideológica no puede ser explicada sin implicar todo este modo de vida que es el individual.

En segundo lugar, a lo largo del trabajo hemos ido haciendo mención a lo que se denomina modos «no individuales» de vida. ¿Por qué hablo de modos no individuales en lugar de mencionar directamente los modos colectivos de vida? Muy sencillo, pues los modos colectivos de vida son un tipo muy particular dentro de los modos no individuales de vida.

Respecto a los anteriores, los modos individuales, decir que tan sólo son una pequeña parte de la vida humana. No podemos explicar lo que sea el ser humano extirpándole la dimensión social de su vida, la extensión de sí mismo en los otros. Sin ir más lejos, el hecho de asumir unas creencias o de adherirse a un ideario político, implica que esas creencias y ese ideario están ahí, que ya son vividos por gentes, que el individuo lo conoce por la obra de otros y que, gráficamente, los abraza. Incluso en la intimidad de lidiar con ideas y creencias aparece la sombra de lo social como una extensión de nosotros mismos, como un acordeón que se hincha expandiéndose hacia afuera y vuelve contrayéndose hacia nosotros. Con ese acordeón de ideas y creencias cada uno de nosotros alcanzamos a tocar algunas notas, otros incluso componen melodías.

Lo que pasa es que en los modos no individuales no nos situamos en el terreno del individuo como unidad, en sí mismo, aislado de todo, ensimismado y separado del mundo. Aquí hemos dejado atrás esa categoría y nos lanzamos sobre los individuos, en plural. A los modos no individuales de vida podemos referirnos, clasificarlos si se prefiere, al menos, de dos maneras distintas.

De una parte, mediante los «modos interindividuales». Aquí atendemos al individuo en su relación con otros individuos. Cabe observar los modos de vida desde las relaciones interindividuales, desde los vínculos, el nexo, que mantienen los individuos entre sí. Copian sus conductas o vestimentas, se dejan influir en la toma de decisiones por el parecer de sus allegados y amigos. Al apreciar a los otros contamos con ellos en nuestra vida. La relación que aquí analizaríamos sería la focalizada sobre las características individuales, propias, de cada persona. Hablamos de las relaciones entre sí que mantienen los individuos en tanto que únicos e irrepetibles, en su singularidad.

Ahora bien, no es esto lo que buscamos para aclarar nuestro tema, aunque su mención nos permite despejar todo un perfil singular del modo de vida que se da entre individuos.

De otra parte, a través de los «modos colectivos». Despojados de toda individualidad, topamos con modos de vida en que el sujeto no nos interesa por su autenticidad humana, por su singularidad. Nada de la singularidad humana importa aquí, sino el papel, el rol, la función que desempeña. Estos modos de vida colectivos son genéricos, anónimos, y para identificarlos señalamos lo tipificado, lo común, digamos, lo que tiene de personaje, de función. El Derecho está trufado de modos colectivos de vida. Al formular las leyes, en lugar de dirigirnos a personas singulares incluimos sustantivos generalizados, conceptos, instituciones jurídicas, conductas que cualquiera puede llevar a cabo. Así, echando un vistazo rápido a nuestro ordenamiento, encontramos figuras como el arrendatario, el hipotecado, el homicida, el comprador, el acreedor o, incluso, el legislador o el juez. Todas ellas son figuras que se caracterizan por la función, el rol, el papel que se desempeña por parte de quien lo lleva a cabo. Estos modos colectivos se dan más allá del Derecho, aunque su tipificación social encuentre acomodo eminentemente en el campo jurídico a través de las leyes. Pensemos, por ejemplo, en panaderos, relojeros, médicos o asamblearios de cualquier tipo de agrupación social.

Cada uno de estos modos de vida colectivos se caracteriza porque para desempeñar esa función hay que realizar determinados actos. Es a lo que nos referíamos por derechos y obligaciones. Las figuras de juez o acreedor al regularse mediante normas jurídicas se impregnan de una serie de actos que imperativamente deben cumplirse para llevar a cabo satisfactoriamente su actividad, para cumplir con las funciones de juez o de acreedor. Esas son las obligaciones. Al mismo tiempo, en tanto que juez o acreedor, pueden demandar, esto es, exigir de los demás que realicen determinados actos a favor de su posición. A esa pretensión exigible a los demás nos referimos por derechos.

En un extremo del abanico social tenemos a los individuos, a seres humanos singulares, únicos e irrepetibles. En el otro extremo tenemos funciones, roles, figuras sociales anónimas. Por decirlo fríamente, da igual quién desempeña esas funciones, lo importante en este caso es que los derechos y las obligaciones de ese papel social se satisfagan porque son funciones que se cumplen en la sociedad. Unas funciones que están normadas, que se explican a través de derechos y obligaciones, es decir, de conductas tipificadas, ya sea jurídica o socialmente, pues estas figuras cuentan con derechos y obligaciones que las definen sin necesidad de que siempre intervenga el Derecho, sino que en ocasiones es la sociedad los reclama sin que incida la norma jurídica. En el centro de ese espectro social, entre los modos individuales y colectivos, o anonimizados, de vida, encontramos otros modos de vida en que los sujetos se agrupan como individuos, sin llegar a reclamar que se desempeñen las funciones de un modo colectivo, anónimo, sino como sujetos que viven comúnmente sus vidas. A estos modos situados en el centro del abanico los hemos llamado antes modos interindividuales de vida.

¿Qué es lo interesante de los modos de vida colectivos respecto a la libertad ideológica? ¿Por qué nos ayudan a aclarar la cuestión de nuestro tema según la naturaleza de las cosas?

La libertad ideológica es un derecho fundamental. Y en tanto que tal, el derecho corresponde genuinamente a los sujetos, individual e interindividualmente. Un derecho fundamental lo ejercen los individuos, titulares de estos derechos, ya sea por sí mismos o cuando personas singulares se agrupan a propósito de un ideario.

En efecto, el ejercicio de la libertad ideológica lo identificamos en esos dos modos de vida, los individuales y los interindividuales. En cambio, de los modos colectivos de vida obtenemos otros derechos y obligaciones, aquellos que tipifican, que definen, socialmente el rol, el papel, la función social. De determinadas figuras sociales es esperable una conducta. Por ejemplo, de un profesor que imparta la asignatura que se le asignó. La esperamos porque es parte de las obligaciones que definen a esa figura. Las acciones o tareas que puede desempeñar están delimitadas por los derechos y obligaciones propios de esa figura y no de otra. En definitiva, por la naturaleza de las cosas, por la esencia que define esa práctica, con sus funciones necesarias, y por tanto con las condiciones que de ella nacen.

De ahí que a quien desempeña un modo colectivo de vida, esto es, a un juez, un albañil, un panadero, un médico, etcétera, podamos exigirle las obligaciones que caracterizan a esa figura. Ya vimos que entre esas obligaciones podemos introducir algunos requisitos ideológicos. Ahora bien, lo que no podemos exigir a las personas que desempeñan esos roles es que, además, compartan el modo de vida intersubjetivo que se deslinda de ejercer la libertad ideológica.

En esos casos se produce una desambiguación. Bien porque arrastramos lo individual, lo único e irrepetible hacia lo anónimo y caracterizado por funciones, bien porque desdibujamos los roles sociales confundiéndolos con un modo de vida que pertenece a la intimidad de los individuos singulares.

Por eso carece de sentido que un panadero o un presidente clame por su derecho a la libertad ideológica o a su libertad de expresión. No. Un panadero o un presidente no tiene esos derechos fundamentales, pues los titulares de estos derechos son personas con nombre y apellido, seres humanos particulares, individuos singulares, únicos e irrepetibles. Lo que tiene el panadero y lo que tiene el presidente son los derechos y las obligaciones concretos que debe cumplir porque desempeña ese cargo, esa función, ese papel, ese rol social. Decir que un panadero, un presidente o que una institución pública tiene derecho a la libertad ideológica o de expresión es, básicamente, un sinsentido y en el peor de los casos una aberración. Es utilizar la plataforma pública de un rol social, que puede llegar a ser un poder público, para dar preferencia a la propia ideología.

Por suerte, nosotros ahora contamos con suficiente pericia para trazar la línea divisoria entre los modos de vida colectivos y el resto de modos de vida. Podemos diferenciar en los roles o funciones sociales una serie de derechos y obligaciones que definen la naturaleza de esa figura. De ahí podemos elucubrar sobre los requisitos que se derivan de esa figura, si cubren un rango más o menos amplio de conductas. Incluso podemos discutir sobre las figuras que crean instituciones particulares, privadas, y las obligaciones de carácter ideológico que incluyen entre las conductas requeridas para llevar a cabo la actividad.

Nuestra escisión trazada a partir de la naturaleza de las cosas separa claramente de un lado esos modos de vida colectivos, que pueden incluir requisitos ideológicos para desempeñar la función, del ejercicio de la libertad ideológica, de otro. Este ejercicio corresponde a los individuos, a los sujetos, individual o interindividualmente. Cuando los roles sociales incluyen ejercer o compartir el ejercicio de un derecho fundamental nosotros alzamos la voz con un argumento simple, pero contundente: la naturaleza de las cosas, de ese rol, presenta derechos y obligaciones que explican la esencia de una práctica social, y entre ellos no cabe el cerco a las garantías básicas de la libertad ideológica. Libertad que no está a disposición de dar forma a los requisitos de una función social, sino de evocar en todo momento esa esfera reservada al individuo.

Recuento de un segundo viaje

A modo de colofón a nuestra peripecia por el ejercicio de la libertad ideológica, el trato discriminatorio y los valores, la argumentación en sede de la naturaleza de las cosas y los modos de vida colectivos, una última defensa del razonamiento según la naturaleza de las cosas. Con ella lanzamos una concienzuda apuesta por contextualizar los problemas prácticos que envuelven a la libertad ideológica. A menudo, esos problemas, los casos prácticos, como los conflictos de intereses o la coordinación de la conducta humana, se abordan aisladamente. Por ejemplo, centrándose en juzgar únicamente una conducta como ilícita en función de una evidencia, sin atender a todo lo que ahí había en juego, las expectativas legítimas, aun juzgando desasidos de un contexto.

Esta forma de proceder tan jurídica, tan procesal, minimiza los asuntos humanos a una mera cuestión técnica. Si se demuestra que una conducta proscrita se practicó, le atribuiremos una determinada consecuencia dictada por el Derecho. Mas lo técnico descuida, a veces, el corazón de lo práctico. Tendremos una solución, se habrá tomado una decisión, presumiblemente en base a Derecho, pero el melón abierto en ese problema práctico queda intacto. En otras palabras, emitimos un diagnóstico en forma de sentencia y dejamos la herida abierta y supurando. En el caso de las ideas y las creencias manejamos entidades ideales que prenden la mecha de la conducta humana, a veces traduciéndose en represalias desproporcionadas, otras veces sumergiendo al sujeto en crisis de conciencia en las que se tambalea el sentido de su vida y de su entorno.

A través de la naturaleza de las cosas necesitamos detenernos a razonar sobre qué hay en juego entre las partes que constituyen ese conflicto, por qué la ideología, las creencias o las convicciones juegan un papel determinante en esa situación, cómo es que el contexto en el que se relacionan esas partes permite o impide el paso de las creencias individuales o por qué unas determinadas creencias imprimen significado al modo en que deben llevarse a cabo las funciones, los trabajos, los roles sociales. Si todo eso es importante, y para el profundo contenido y significado que imprimen las ideas y las creencias en la conciencia de las gentes lo es, como no puede ser de otro modo, nuestra actitud al emitir un parecer en un caso conflictivo no puede estar decidida de antemano, prefijada en una exhibición técnica. Los mismos motivos que nos llevan a revestir la libertad ideológica como un derecho fundamental que cobija infinidad de actos y manifestaciones de relieve jurídico, esto es, las razones por las que admitimos que la libertad ideológica importa nos empujan a tomarnos en serio su relevancia para todos los involucrados en un caso.

Lejos de que esa importancia para cada uno caiga en lo subjetivo, una vez escudriñamos en el asunto, y por tanto examinamos con cuidado el caso y sus circunstancias, contextualizamos el ejercicio de la libertad ideológica. Por una parte, apreciamos la fuerza con la que ideas y creencias operan en cada parte y por otra situamos la acción en la relación singular que da lugar al conflicto. Evitamos así reducir un arecer al hecho probado, nos obligamos a motivar nuestras decisiones atendiendo a todo el contexto en que opera la acción.

En el contexto identificamos un deber, lo que se tiene que hacer en esa circunstancia, como al referirnos a un juez esperamos un dictamen sustentado en razones jurídicas y no la improvisación de una respuesta del chat GTP o al galeno un diagnóstico médico y no un desprecio cargado de desidia. Una vez esclarecido lo que es debido, ese deber, y por tanto lo que no puede dejar de hacerse en cada caso, ponderamos el peso de las ideas y creencias. De este modo, evaluamos si cuando éstas aparecen desplazan lo que es debido o muestran su compatibilidad.

¿Nuestras creencias deben impedirnos elaborar una madalena o servir un pastel? ¿Un juez no debe ir a misa y debe callarse que profesa una fe para evitar generar desconfianza? ¿Las universidades tienen que ser de izquierdas o de derechas?

Una decisión que pase por alto los elementos que hemos destacado de este razonamiento estará más cerca de la imposición de una ideología que del debido respeto hacia la libertad. Tomarnos en serio la libertad ideológica supone que la consideramos cosa humana merecedora de nuestro aprecio y admiración. En este sentido, nuestra defensa por argumentar en sede de la naturaleza de las cosas en estos casos consiste en un esfuerzo por acercarnos un poco más hacia nuestra humanidad.

TERCERA PARTE

El individuo, su conciencia y los mandatos

8.

LA CONCIENCIA, LOS REQUERIMIENTOS Y LAS OBJECIONES

«**Sócrates**: Te explicaré las consecuencias de todo ello, y preguntaré: Si alguien ha encontrado lo justo, ¿debe cumplirlo o desatenderlo?

Critón: Debe cumplirlo.

Sócrates: Partiendo de ese punto, atiende: Al marchar de aquí desobedeciendo al Estado, ¿perjudicaremos a alguien, y en especial a quien menos lo merece? ¿Y seguiremos comportándonos justamente, o no?».

Platón,
Diálogos. Critón o sobre el deber

El año 2022 comenzó dando paso a una nueva guerra. Esta vez, entre Rusia y Ucrania. Probablemente, una de las diferencias principales y que distingue a esta de las demás guerras sea la cantidad de información que circula en los medios de comunicación, redes y foros de internet sobre aquello que acontece en el territorio ucraniano desde que Rusia decidiera iniciar la ofensiva bélica. Y con el exceso de información llega también la multiplicación de información sin verificar, la desinformación, las paparruchas.

Desde el inicio de la contienda, vídeos, audios, notas de voz, emisiones en directo, oficiales comunicando en redes sociales o personajes de todo tipo profetizando el fin de los tiempos andan por las pantallas de nuestros teléfonos móviles y nuestros ordenadores. Una auténtica saturación de datos sobre lo que estaba sucediendo.

Entre todas esas noticias llama la atención una en particular, porque parece relatar acerca del ejercicio del derecho a la objeción de conciencia. Ahora bien, con la escueta información que disponemos al respecto, podemos afirmar que sólo lo parece.

En la noticia se comenta que unos seiscientos marineros rusos se habrían negado a desembarcar para combatir en la región de Odesa, al sur de Ucrania. Su negativa a desembarcar se justificaba en que los marineros «comprendieron lo que estaba pasando», sin más detalles al respecto. Por ello los tripulantes se habrían «rebelado» y «negado a desembarcar». Esta noticia procedía de la cuenta oficial del Servicio de Seguridad de Ucrania (SBU) en la aplicación de mensajería instantánea Telegram. Junto a ese mensaje, el SBU informaba en otro texto de que Rusia administra una «represión estalinista» a los militares rusos que dejan sus tropas atrás, intentando huir, dándoles matarile a través de «pelotones de fusilamiento»[98]. Estos mensajes lo recogieron diversos medios de comunicación, entre ellos *El Periódico*, *La Razón* o *20minutos*, en febrero de 2022, apenas unos días después del comienzo de las operaciones militares.

Hay diversas cuestiones que podemos destacar de esta noticia. Una, digamos, preliminar, y dos sobre una posible interpretación en clave de objeción de conciencia a un mandato. El derecho a la libertad ideológica incluye entre sus posibles manifestaciones el derecho a objetar determinadas obligaciones, según observamos en la primera etapa de nuestro viaje. Ahora nos encaminamos a adentrarnos en este bosque con una perspectiva menos jurídica y más conceptual que la anterior vez que lidiamos con la objeción de conciencia. Nuestro objetivo es despejar, por un lado, la figura de la objeción de conciencia de las otras formas de desatender los requerimientos y, por otro lado, encontrarle una explicación convincente que sostenga su ejercicio, o recurso.

La primera cuestión, la preliminar, es que la fuente de esta información es el servicio secreto ucraniano, es decir, de la otra parte en la contienda. Señalemos esta raíz para evitar generar interpretaciones erróneas. En principio, no tenemos por qué dudar acerca de la veracidad de tales afirmaciones, pero parece poco discutible que esta información se presenta de tal modo que demoniza a la otra parte. Mientras que en un mensaje se nos dice que unos marineros se han amotinado, rebelándose y negándose a acatar órdenes militares, en otro mensaje se adorna la información recordando, o explicando, las consecuencias que presuntamente tiene la deserción en las filas del contrincante. Insisto, no es cuestión de poner en duda el contenido de esa información, sino de tener presente que la fuente de esta radica en la parte contraria de la contienda. En una guerra con gran despliegue de medios de comunicación la tarea propagandística no puede descuidarse. En estos casos debemos tomar precauciones y contrastar la información con la otra parte y con el trabajo de campo que llevan a cabo los periodistas y los observadores internacionales. De este modo, logramos formarnos una imagen más completa del suceso, pues nos limitamos a unas escuetas líneas de texto, emitidas en medio de una faena de propaganda y tal vez un tanto descontextualizadas. Como la cuestión probatoria de los hechos no es la cuestión principal de nuestra empresa, zanjaremos aquí la cuestión. Ya sabe-

98 https://www.elperiodico.com/es/internacional/20220312/marineros-desertores-rusos-guerra-ucrania-13364267

mos que manejamos unos datos, una información que requeriría un mayor esfuerzo de contraste por nuestra parte, por lo que la advertencia nos prevendrá de lanzar hipótesis sobre hechos reducidos a misivas. En definitiva, nos previene de hipostasiar en exceso, como diría nuestro adorado Kant. Nos limitamos a señalar que con esta información introducimos el tema de la objeción de conciencia para no dejarlo ya más.

La segunda cuestión trata del motín. Aquí sí que nuestra incisión empieza a tocar hueso. Un conjunto de marineros se rebela para negarse a cumplir con la orden de desembarcar.

Respecto a la objeción o negativa al mandato, pongámonos en contexto. Habitualmente, la objeción de conciencia al servicio militar se efectúa sobre la prestación del servicio, en el momento del alistamiento, en la llamada a la formación de filas. La negativa a desembarcar nos indica que los marineros de un buque de guerra ya forman parte de una misión. El servicio sobre el que debían objetar ya ha dado inicio, lo que denota que no hay cierta reticencia, en general, por parte de esos militares al tipo de servicios que se cumplen en el ejército. La noticia nos sitúa en un escenario en el cual unos marineros ya están allí, dentro del buque, sin que haya razón para suponer que les hicieran entrar en el navío con una pistola en las sienes, obligándoles a combatir. Contrariamente, dada la información que disponemos, la negativa que encontramos se centra en una orden concreta, a saber, desembarcar.

Acerca de esa orden cabe advertir algunos asuntos. El ejército se forma en una estructura marcadamente vertical: soldado, cabo, sargento, alférez, capitán, comandante, coronel, general, teniente general... La posible objeción que se presenta en la noticia se da en una orden dentro de esta estructura de rango. Lo que se nos dice es que los marineros se rebelan. En un buque que se encuentra en operaciones el grupo de marineros constituye una unidad militar armada. Luego, un cuerpo armado se rebela contra la orden del superior al mando. Pocas situaciones de desacato debe haber más tensas que el amotinamiento en un buque. Visto así, el hecho dista de ser una objeción de conciencia y toma forma de algo más serio, propiamente, de una rebelión o propiamente un amotinamiento. Y es que hay distintas figuras para explicar los tipos de desobediencia a los imperativos. Entre esas figuras solo una será la objeción de conciencia. Nuestra primera faena va a ser la de identificar qué la hace diferente del resto de negativas.

La tercera cuestión nos guía hasta las creencias. La objeción de conciencia tiene que ver con un conflicto insuperable entre el actuar acorde a las creencias, el deber que nace de la conciencia, con el mandato legal que nos empuja a actuar de un modo contrario a ese deber. En este caso, ¿darse «cuenta de lo que está pasando» es una creencia suficientemente arraigada en la conciencia? Más bien se corresponde con una idea que los marineros se hayan formado sobre algunas cosas, de las cuales tampoco da cuenta la noticia, sino que nos invita a suponer que versaría sobre la maldad o la bondad de cada uno de los bandos de la contienda. De la idea sobre los temas a enraizar como una creencia con entidad suficiente en la conciencia hasta plantear un conflicto insuperable en su seno hay un largo trecho. Con la manera, el tono, en que se nos transmite la noticia incluso cabe suponer que la negativa al cumplimiento del mandato guarda relación antes con alguna finalidad política que con una objeción sopesada en conciencia.

Apliquemos nuestro método de hacer inventario para perfilar los próximos pasos. Por lo que hemos ido apuntando, podemos afirmar que no estamos ante el ejercicio de la objeción de conciencia. En efecto, los hechos se corresponden con una negativa a cumplir una orden, una insumisión, un desacato, pero algo distorsiona lo que intuitivamente pueda entenderse por objeción de conciencia. También porque se insinúa, nuestro oído escucha el latido de una finalidad política tras el modo de difundir la información. Y si existe esa finalidad, ¿esos hechos no se corresponden entonces con la famosa desobediencia civil? Ya adelanto que tampoco. A estas alturas, nuestra intuición no puede encaminarnos al equívoco.

Con estas observaciones sobre la negativa de los marineros rebeldes a desembarcar en Odesa hemos introducido los dos temas que van a ocuparnos hasta el final de nuestro camino. De una parte, necesitamos aislar lo que sea la objeción de conciencia de los otros tipos de negativa al cumplimiento de los mandatos, porque si el agua es clara, en cuanto a la objeción de conciencia y a los tipos de desobediencia a los mandatos, el asunto a menudo se confunde hasta parecer un lodazal. De otra parte, sabemos que la objeción de conciencia nos remite a un conflicto insuperable de conciencia, y por tanto tenemos que encontrar el sentido a la objeción de conciencia, por qué las creencias adquieren ese peso tan intenso en el fuero interno del individuo.

En adelante, nos centraremos en el primero de estos temas y reservamos la cuestión el sentido para un capítulo propio.

Desobedecer una orden

Todo parte de un mismo origen, a saber, la negativa a un mandato. La cuestión aparentemente es simple[99]. Estamos ante una orden, el mandato, que prescribe llevar a cabo una determinada conducta. Ahora no juzgamos

99 Asumo que estoy sintetizando muchísimo las cuestiones relativas a las normas, el mandato y, dentro de ellos, los tipos prescriptivos. En las facultades de Derecho es habitual encontrar en los cursos de Teoría del Derecho una explicación de las normas y los tipos de normas a partir de la obra de Von Wright, G. H.; *Norma y Acción: Una investigación lógica*, Tecnos, Madrid, 1979, recientemente reeditado por ediciones Olejnik, Argentina (2019). No obstante, aquí no nos entretendremos en todas las cuestiones que nacen de las normas, menos aún de las jurídicas, un tipo de ellas, porque se convertiría en una faena inabarcable, sino que recurrimos a la clasificación sobre los tipos de normas a modo propedéutico para centrarnos sobre la objeción de conciencia.

la finalidad ni los buenos propósitos de las conductas, sino otro tipo de cuestión: hay una pauta de conducta que aguarda ser efectivamente realizada.

Hasta ahí todo bien. Lo que pasa es que siempre hay ocasión para ver las cosas por su lado más complejo.

Retengamos la idea de que partimos de una orden para llevar a cabo una conducta determinada. En términos genéricos, una orden nos manda hacer algo, es decir, prescribe una conducta humana como debida. En una fórmula concisa, propia de la lógica, cabe referirse a esa orden como un permiso, una prohibición o una obligación. Luego, si reformulamos nuestro punto de partida en este lenguaje característico de la lógica deóntica, partiendo de esa concepción genérica, diríamos que la orden, el mandato, nos obliga, permite o prohíbe hacer algo. Por tanto, respecto a la orden, diremos que la conducta debida esa es que estamos obligados a hacer, que podemos hacer o que tenemos prohibido hacer.

Traslademos este planteamiento general a la desobediencia de una orden. La desobediencia consistirá en negarse a llevar a cabo la conducta requerida, y por tanto debida.

La negativa a obedecer la orden nos simplifica mucho las cosas. ¿Por qué? Pues porque descartamos una de las conductas debidas que habíamos identificado con el lenguaje de la lógica, la de un permiso, que en lenguaje llano podemos reformular en un «lo puedes hacer». Veámoslo. Si nos negamos a cumplir con lo permitido no es que se genere un gran problema en términos de obediencia, puesto que el propio permiso incluye la conducta debida como una posibilidad, y no en calidad de acción cierta. Por tanto, con el permiso una conducta es posible, cabe que se pueda ejecutar. Al negarnos a llevar a cabo esa conducta dejamos de ejecutar, de hacer posible, lo que ya de entrada podría no haber sido.

Ya el hecho de que pensemos en desobedecer un permiso suena algo extraño. Negarse a hacer algo que solo está habilitado, por así decir, nos deja un sabor de boca algo amargo, como que en el fondo no se está desobedeciendo algo tan serio como la orden. A fin de cuentas, si un permiso habilita la posibilidad de hacer algo, más bien es una opción nuestra el hacerlo. Visto de otro modo, si no hacemos algo permitido no tendrá consecuencias graves, sino que cae bajo la responsabilidad de nuestra elección. Así, no saltan nuestras alarmas cuando vamos a la piscina municipal y nos comenta el vigilante que está permitido enjabonarse a la zona de duchas, pero vemos que hay usuarios que únicamente se aclaran con agua para desprenderse del cloro. Su negativa a enjabonarse la interpretamos como acogerse a una de las posibilidades dadas, sin que su negativa tenga el sentido tan fuerte del término desobediencia. El permiso cuenta con que podemos prescindir hacer lo que se habilita, pero no nos exige a todo trance.

Es por ello por lo que tiene más sentido pensar la desobediencia hacia obligaciones y hacia prohibiciones, es decir, hacia normas que tienen un nervio más imperativo. Y por imperativo me refiero a que no podemos prescindir ni de la obligación ni de la prohibición de lo mandado para que se realice la conducta debida. La orden exige inflexiblemente que se lleve a cabo esa conducta con independencia de nuestra participación, voluntad u opción por lo posible.

Hagamos lista de esta incursión. En la sociedad contamos con órdenes, es decir, que se ordena la vida de un determinado modo. La vida en sociedad resulta estar normada. Esa ordenación, desde el lenguaje de la lógica, la podemos reformular desde las obligaciones, las prohibiciones y los permisos. Ahora bien, el meollo del asunto de la negativa a cumplir con lo ordenado lo encontramos esencialmente en las obligaciones y en las prohibiciones. Mientras que en los permisos la negativa se traduce en dejar de hacer algo que sólo era posible, con las obligaciones y las prohibiciones declinamos hacer lo debido inexorablemente y, por así decir, la ordenación de la vida en la sociedad se ve comprometida.

El peso de la negativa

Esa negativa a llevar a cabo la conducta recae sobre una justificación, o lo que es lo mismo, hay razones para desobedecer las órdenes. La sociedad ordena, coordina la conducta humana. Así que cabe preguntarse sobre la negativa a la orden qué implica para la sociedad. Si aceptamos que en la sociedad la vida humana está ordenada, normada, sometida a mandatos, entonces asumimos que se han generado expectativas acerca de que determinadas conductas van a cumplirse. La desobediencia, la negación, nos deriva al incumplimiento de esas expectativas.

Vamos a contextualizar la negativa y luego pasemos a su repercusión social.

¿Por qué hablo de contextualizar la negativa al mandato? Recordemos que llegamos hasta aquí a partir de la libertad ideológica. Es ahí donde tenemos que anclar la negativa. Por tanto, la negativa a cumplir un mandato despierta nuestro interés porque guarda relación con una de las posibles manifestaciones de esta libertad. Con la libertad ideológica sucede que patentizamos nuestra capacidad para actuar de un determinado modo, a saber, acorde con nuestras creencias, con nuestro ideario asumido como propio, con nuestras convicciones o principios. De esta manera evidenciamos también que esa capacidad consiste en darnos obligaciones a nosotros mismos.

Cuando actuamos según un ideario aceptamos que hay un modo determinado de hacer las cosas, que se deben dar de esa manera para mantener la coherencia entre las ideas o creencias y la acción que llevamos a cabo. De lo contrario, la acción sería espontánea, no tendría vínculo con las convicciones íntimas, sino que mostraría tan sólo nuestras preferencias, gustos, apetitos, inclinaciones. Esa es nuestra capacidad, nuestra libertad, vista desde la perspectiva del deber, de darnos y asumir obligaciones en este caso de jaez ideológico. El nexo entre la dimensión interna, por la que nos formamos una idea del mundo a nuestro derredor, y la dimensión externa, por la que actuamos acorde a nuestras ideas y creencias, de la libertad sucede a través del deber, de la obligación de actuar acorde con el ideario. Y la libertad, insistamos en ello, revela nuestra capacidad para darnos deberes, para aceptar las obligaciones, a la hora de actuar, como propias.

Del acto de negar un mandato hemos profundizado hasta el deber de actuar acorde con nuestro ideario. Tan pronto hemos comenzado a descender por la escalera de caracol que nos desciende por el vínculo hacia nuestro interior hemos pasado por alto, fugazmente, como si no quisiéramos detenernos sobre ello, que a veces esa negativa en lugar de exigirnos un gran esfuerzo de justificación no es más que una preferencia, un deseo, una inclinación, un apetito. La negativa a cumplir con un mandato no siempre es una contradicción entre lo que dicta nuestro ideario con la conducta debida por la orden, no es tan exigente en términos justificativos, sino que se resumiría en una simple opción de rechazo más propio del gusto o disgusto, de la preferencia o desaprobación, sin mayor calado. A veces, simplemente, no nos gusta lo que manda una orden y rechazamos, sin ulteriores razones, hacerlo.

Mientras que, en un caso, en el exigente, se pondera lo debido según el mandato con el deber que asumimos al ejercer nuestra libertad, en el otro caso simplemente se rechaza la orden por nuestra inclinación o gusto, sin llegar a la tensión entre lo debido y un deber que asumimos. La primera opción, que incluye la libertad ideológica, nos exige sopesar en conciencia el rechazo, la negativa. La segunda opción, por el contrario, en lugar de un peso puesto en la balanza de nuestro fuero íntimo satisface nuestra inclinación por una conducta y no otra. En esta tesitura, la negativa a un mandato puede interpretarse en clave de libertad ideológica o en clave de una libertad básica de elegir, de escoger entre dos opciones según el gusto, la preferencia o la inclinación. En el contexto del ejercicio de la libertad ideológica la justificación sólo puede ser del primer tipo.

La libertad ideológica es exigente, en el sentido de que va a requerirnos un esfuerzo por descifrar bien la tensión entre lo debido por el mandato que ahora negamos y el deber de actuar conforme a nuestras creencias. Esa otra libertad de escoger no lo es en absoluto en estos términos dramáticos y se resume en la elección por una u otra opción, sin más.

No insistamos ahora en el esfuerzo de justificación, de sentido, que requiere la objeción al mandato en virtud de la libertad ideológica. De ello nos ocuparemos en el siguiente capítulo. Centremos nuestra atención ahora, en términos generales en la negativa al mandato.

De una forma u otra, bien ejerciendo la libertad ideológica bien mostrando una preferencia de acuerdo con la libertad de elección, la negativa a una orden topa con la libertad. Y si topa con la libertad, en el sentido más amplio posible, vamos a poder apreciar esa negativa desde el lado de lo valioso de la libertad. Es decir, la libertad es también un valor, y por tanto hay una forma virtuosa de ejercerla, por la que podemos apreciarla con mayor calado que ejercida de cualquier otro modo.

¿Cuál es esa virtud? Desde luego no consiste en que actuemos como nos dé la gana. En este caso, la virtud consiste en actuar libremente como uno mismo se tiene que comportar: se asumen los deberes, las obligaciones, de cada situación. En cada caso hay que hacer algo y no lo que nos venga en la real gana. En ello va la nobleza, el título noble, de la libertad. Lo demás no es sino vulgaridad. Identificamos lo que hay que hacer en un caso y libremente escogemos hacerlo. He ahí la virtud. Entonces, nuestra acción repercute noblemente en la sociedad. Vamos a verlo.

Debemos tener presente, hay que ser conscientes, que cuando realizamos un acto, cuando ejercemos la libertad, se generan efectos, se produce un resultado en la sociedad. Nuestra acción repercute en la sociedad. Max Weber se refería a ese acto, a lo que hemos estado refiriéndonos como el ejercicio de la libertad, como acción social, que puede ser individual o colectiva. Por su parte, a la repercusión social lo hacía como efecto social[100]. El esquema es sencillo: la acción social genera un efecto social. Acción y efecto reflejan dos caras de una misma moneda.

Este esquema viene al caso porque nos permite traducir el ejercicio virtuoso de la libertad en términos que superan nuestro acto. Lo virtuoso de la libertad reside en que no finaliza con el acto, sino que precisamente en éste da comienzo, socialmente, la libertad: en cómo somos capaces de responder de los efectos de nuestras acciones.

Hemos seleccionado con cuidado los términos: en responder de los efectos de nuestras acciones yace el título noble. Esa respuesta a nuestros actos es la raíz de la responsabilidad, de ahí procede el término responder. Es por ello por lo que actuar sin responder de nuestros actos consiste en ejercer irresponsablemente la libertad, es decir, vulgarmente.

Con la negativa a una orden mostramos un desacuerdo respecto a la obligación del mandato. Pero la negativa empezará a cobrar tintes de libertad en el momento en que respondamos de las expectativas que la sociedad se había generado al lanzar esa orden sobre los individuos. De lo contrario, la negativa al mandato nos etiqueta de irresponsables, de vulgares, de snobs (que es la contracción de *sine nobilitate*).

En definitiva, el peso de la negativa a obedecer un mandato es que nuestra libertad, nuestra nobleza, nuestra virtud, depende de ello. Tenemos que cargar con el peso de la vulgaridad o con la nobleza de la responsabilidad.

---

100 En adelante, *vid.* WEBER, M.; *Economía y sociedad. Esbozo de sociología comprensiva, I*, trads. MEDINA ECHAVARRÍA, J., ROURA PARELLA, J., IMAZ, E., GARCÍA MÁYNEZ, E., FERRATER MORA, J., Fondo de Cultura Económica, Ciudad de México, 1996 [1922]: 18-22.

La insumisión al ordenamiento

La desobediencia al mandato nos clasifica como nobles o vulgares según si somos capaces de responder de nuestros actos o desentendernos de ellos. Ni más ni menos.

Ahora bien, esta observación sobre la negativa a cumplir con una orden vale para cualquier tipo de orden, que es lo mismo que decir para cualquier tipo de norma. A nosotros nos interesa una de esas normas en particular. Nos interesa la norma jurídica, la insumisión al ordenamiento jurídico. Toca ir volviendo al terreno del Derecho.

Es habitual encontrar en los manuales de *Teoría del Derecho* o de *Introducción al Derecho* que las normas jurídicas se diferencias de los otros tipos de normas porque llevan aparejada una sanción. Lo que pasa es que hay algo raro en afirmar que las normas jurídicas, en caso de desobedecerlas, sí que comportan sanciones y el resto de las normas no. ¿Han probado ustedes de saludar a alguien en su pueblo mostrándole el ano de espaldas a ella? Yo no, lo reconozco, pero tampoco me hace falta hacerlo para afirmar que el consecuente puntapié que recibiría entre las nalgas no es otra cosa que una sanción social por saltarme una regla elemental del trato social o cortesía básica. Quienes vivan apoyados sobre creencias religiosas sabrán a qué me refiero cuando hablo del remordimiento o sensación de culpa, la condena en los peores casos. Eso no es más que la sanción por saltarse un precepto moral o religioso.

Si no estoy equivocado, creo que buscar la objeción al ordenamiento desde el lado de las sanciones no despeja demasiado el embrollo en el que nos hemos metido. Acabaríamos cayendo en la cuenta de que el resto de las normas, de una forma u otra, también implican sanciones. Y eso por no hablar de las normas jurídicas que no se acompañan de sanciones, como aquellas que solamente pretenden dar efectos jurídicos a determinados actos: pienso en las formalidades para celebrar un contrato, en que si dos contrayentes dan el sí quiero a eso se le da el efecto jurídico del matrimonio, pero en caso de decir que no, no se daría una sanción jurídica, sino que el acto quedaría sin efectos. Otra cosa sería la sanción social que vendría después de decir que no, con todos los familiares y amigos reunidos en un lugar, pero eso es otra historia...

El ejemplo anterior muestra que no cumplir con una norma jurídica no siempre acarrea una sanción jurídica, pero sí puede traer una sanción social, lo que complica excesivamente las cosas. Así que no podemos afirmar que la insumisión al ordenamiento jurídico nos pone delante de una sanción también jurídica, porque no siempre es así. Habrá que buscar por otro lado.

Una propuesta más convincente sería la que nos dice que las normas jurídicas, a diferencia del resto de normas, están institucionalizadas. Tenemos que normas de distinto tipo (jurídicas, religiosas, sociales...) regulan el comportamiento humano, muchas de ellas pueden regular el mismo contenido, como el caso del matrimonio, incluso sancionar ese contenido cada una a su manera. Sin embargo, se dice que las normas jurídicas están institucionalizadas e imponen sanciones igualmente de manera institucionalizada. Las normas jurídicas están creadas por instituciones y su aplicación se da de la mano de instituciones. Todas esas instituciones están creadas por el propio ordenamiento jurídico. Y esa característica, la institucionalización, tanto en su producción como en la aplicación de la sanción, es la que nos permite diferenciar a las normas jurídicas de cualquier otro tipo de normas[101].

Cuando desobedecemos al Derecho, mostramos nuestra negativa a una norma promulgada por instituciones jurídicamente reguladas y aplicada por otras instituciones igualmente jurídicas. En el ejemplo del saludo con el trasero al aire la norma de trato social no la encontraremos promulgada por una institución jurídica (a no ser que hayan cambiado recientemente el Código Penal y lo haya pasado por alto), y la sanción la aplicaba, en este caso, la misma persona que padecía la ofensa. Por eso decimos que al desobedecer una norma jurídica rechazamos cumplir con lo que manda una norma distinta a las demás por el hecho de su institucionalización. Encontraremos que los jueces, cuya labor se regula a través de normas jurídicas, son los encargados de aplicar la sanción debida.

Bien, ya hemos echado el cerco a la norma jurídica y la hemos despejado de cualquier confusión con otras normas. Ya sabemos que si desobedecemos tendremos que responder de nuestros actos, previsiblemente, ante un juez. También que si desobedecemos lo hacemos a una orden que ha sido promulgada por órganos, por poderes públicos, instituidos para ello. No nos interesa ya el resto de normas, sino la negativa a una orden que se encuentra de un modo u otro en una norma jurídica.

Ahora nos toca hallar la objeción de conciencia entre todas las formas de negarse a cumplir con el ordenamiento jurídico.

Derecho a la objeción de conciencia, no insumisión

Encontramos que hay distintos tipos de negativa a cumplir con los mandatos, con las órdenes. En el mejor de los casos intuitivamente somos capaces de comprender que la objeción de conciencia presenta diferencias, por ejemplo, con la desobediencia civil, el desacato, la deserción, la revolución, la rebelión o la sedición. Todos ellos son ejemplos de negativas a cumplir con el ordenamiento jurídico, de insumisión, pero cuando hablamos de objeción de conciencia hay algo que debe permitirnos diferenciarla del resto.

Tal vez sea el adjetivo «conciencia» lo que nos invite a pensar en ella como algo más íntimo que el resto. Lo cierto es que no podemos quedarnos con la intuición, necesitamos algo más de certeza para no dejar a la libertad ideológica a la intemperie y para mantener la coherencia con lo dicho, pues si

101 Puede verse en Moreso, J. J. y Vilajosana, J. M.ª; *Introducción a la Teoría del Derecho*, Marcial Pons, Barcelona, 2004: 21-24.

acabamos de anunciar la exigencia que nos espera aquí, debemos evitar dejarla caer en manos de la intuición. Si hemos mencionado una forma noble de ejercer la libertad y ahora nos despreocupamos de distinguir la objeción de conciencia de los otros tipos de insumisión caeríamos en la mera vulgaridad. Y no hay que desvalorar nuestros pasos. Como mínimo, tenemos que intentar despejar esta incógnita.

Una forma ilustrativa de aclarar el tipo de insumisión que es la objeción de conciencia consiste en compararla con otro de los tipos. Para este caso podemos hacer uso de la desobediencia civil. Si le preguntamos a un conciudadano nuestro sorbe cuál sea la diferencia entre objeción de conciencia y desobediencia civil nos dirá tentativamente que una lo hace una persona y que la otra envuelve un gentío. Yo mismo he hecho esta prueba con familiares y amigos que no se habían preocupado mucho del tema antes y la respuesta, con más o menos adorno, suele ir por ahí.

El problema es que los conceptos de objeción de conciencia y desobediencia civil no son incompatibles con el número de gentes. A veces, que haya más o menos gente no influye necesariamente para que una se ejerza o la otra tenga efecto. Al menos, porque si Messi se propone él solo desobedecer una norma tributaria con un fin político generaría un debate y un revuelo político de gran calado, y si hemos aceptado que los colectivos pueden aceptar ideas e incluso castigar penalmente a las empresas pidiéndolas responsabilidad, cabe aceptar que es porque ejercen derechos colectivamente. Prestemos atención primero al concepto de desobediencia civil para deshacer equívocos.

Aunque muchos autores se han ocupado de esta cuestión, una definición esquemática y clara que reúne puntos vitales sobre la desobediencia civil la ofreció John Rawls[102]. Para el autor, la desobediencia civil cuenta, al menos, con los siguientes caracteres: 1) la desobediencia pública a un mandato legal (lo que llama «un acto ilegal público»); 2) no violento; 3) motivado en ideas políticas («de conciencia, pero de carácter político»); 4) con la finalidad de modificar la legislación o las decisiones políticas.

A estos cuatro elementos los acompaña de una justificación de la desobediencia civil. Dentro de ella, su explicación incluye, creo yo, un elemento adicional, a saber: 5) la justificación sistemática. Mientras que los cuatro primeros puntos no dificultan la lectura de esta noción, son evidentes, el quinto, el de la justificación, nos obliga a esbozar unos apuntes para evitar confusiones y malinterpretaciones. En mi opinión, este quinto elemento, no obstante, es el que mejor permite distinguir la desobediencia civil de cualquier otra figura de insumisión al ordenamiento.

102 Rawls, J.; *A Theory of Justice*, Revisited Edition, Belknap Press – HUP: Cambridge, MA, 1999: Capítulo VI.

Con la desobediencia civil sucede que para que el acto de insumisión se vea legitimado necesita apoyarse en un fundamento que se predique del mismo sistema de principios y valores que sustenta a las normas jurídicas que se desobedecen. Dicho en otras palabras, las normas jurídicas ordenan una conducta, pero el sistema de normas y principios admite muchas lecturas, y algunas de esas lecturas contradicen a las normas vigentes. Esa lectura distinta de los valores que insuflan vida a las normas, del ordenamiento, del sistema de principios, es la que asienta la legitimidad de la desobediencia civil.

Pensémoslo a partir del siguiente ejemplo. Cuando Martin Luther King Jr. abogaba, con un inspirador discurso, contra la discriminación racial construía su discurso en una visión más amplia del principio de igualdad que la concreción del mismo principio reflejada en las normas jurídicas vigentes, normas que en nombre de la igualdad reforzaban privilegios raciales en detrimento de la comunidad afroamericana. Sus discursos dieron comienzo a una oleada de desobediencia y generaron movimientos civiles reclamando mayor igualdad, sin que la raza fuera excusa para dispensar el mismo trato a cualquier ciudadano.

Lo importante del caso Luther King Jr. estriba en que la legitimidad del movimiento encontraba sustento en una visión alternativa de la constitución americana. El mismo sistema de principios y valores constitucionales daba lugar a interpretarse en un sentido amplio, incluyente, en lugar de premiar las preferencias hacia un colectivo o prolongando las hostilidades hacia otro.

Esta justificación sistemática, o intrasistémica, es un componente clave para entender la desobediencia civil porque pueden darse los otros cuatro elementos que hemos filiado antes, pero si buscamos la justificación en un sistema diferente ese acto público se acercará a, o incluso será, otro tipo de insumisión, como la revolución, la rebelión o la sedición. Si la justificación no encontrase cabida dentro del sistema de principios y valores que da validez a la norma jurídica que se desobedece, en realidad el propósito sería cambiar ese sistema. De ahí que el propio Rawls confiese que «he de admitir, pues, que existen unos límites dentro de los cuales puede emprenderse la desobediencia civil sin destruir el respeto al derecho y a la Constitución»[103].

Ya tenemos una noción meridianamente clara de la desobediencia civil y sus elementos clave. Pasemos a buscar aquellos elementos que componen el concepto de objeción de conciencia y que la convierten en una figura propia.

Hay, al menos, cuatro caracteres que convierten a la objeción de conciencia en una forma muy específica de desobediencia al ordenamiento jurídico. Como hemos ido mencionando muchas cosas sobre la objeción de conciencia desde que diera comienzo nuestro periplo, partamos de una definición

103 Rawls, J.; «Teoría de la desobediencia civil», en *La filosofía del derecho*, com. Dworkin, R., Fondo de Cultura Económica, Ciudad de México, 2014 [1977]: 218.

provisional que incluya todo lo dicho. Por objeción de conciencia entendemos la negativa a cumplir con un mandato de hacer a razón de unas creencias suficientemente arraigadas en la conciencia del individuo que llevan a plantear la exención al cumplimiento de la orden, de lo contrario, se vulneraría el derecho a la libertad ideológica, o de conciencia.

Esta noción aporta cuatro rasgos propios que siempre están presentes. Lo que, es más, o están estos rasgos o no estaremos hablando de la objeción de conciencia, sino de otra cosa. Caracteres que nos permiten identificar y evaluar los actos como una instancia particular de objeción de conciencia o, descartándolos, como cualquier otra forma de negativa a cumplir con el ordenamiento.

Los rasgos son: 1) negativa a cumplir con un mandato de hacer; 2) a razón de unas creencias suficientemente arraigadas en la conciencia del individuo; 3) planteamiento de la exención al cumplimiento del mandato; y 4) porque se trata de un derecho. Vayamos paso por paso.

En primer lugar, con la objeción de conciencia la negativa a la orden se da sobre un mandato de hacer, que es lo mismo que decir sobre una obligación. La objeción tiene sentido cuando la prescripción de la norma obliga a realizar una determinada conducta, no cuando prohíbe o cuando permite. Cuando podemos traducir una norma jurídica en el mandato «haz esto» es cuando hay ocasión para la objeción de conciencia. Contrariamente, cuando nos prohíbe llevar a cabo una conducta la norma jurídica se traduciría en un «no hagas tal cosa», y con el permiso en «puedes hacerlo». Pues la objeción de conciencia, para que sea propiamente una objeción, se da en el caso de la obligación, en el mandato de hacer, cuando el sujeto se ve interpelado a llevar a cabo un acto. Entonces, frente a ese acto que se está obligado legalmente, se objeta.

En términos mecánicos, la obligación nos pone en marcha, mientras que la prohibición nos impide ponernos en marcha y el permiso nos da cierto margen para hacerlo o no sin sanción. La objeción cabe ante ese hacer algo, ante ponerse en marcha para llevar a cabo una acción. La prohibición nos sitúa antes de ese empujón o acelerón inicial, antes de ponernos en movimiento y así antes de que se dé el conflicto a raíz de nuestro acto, de nuestra conducta chocando ya con el problema práctico, siendo parte de éste. La prohibición es como si nos impidiera zambullirnos en el problema porque el curso de acción va a resolverse por otro cauce, sin que intervengamos. Por su parte, el permiso tira la pelota sobre nuestro tejado al darnos la posibilidad de hacerlo o no. Por tanto, la objeción de conciencia nos plantea un asunto que entraña una conducta determinada, una que se está obligado a practicar, que forma parte del problema porque es necesaria para solucionarlo. Así, estamos situados en el escenario más exigente para la conducta humana respecto a la lógica intrínseca de las normas jurídicas.

En segundo lugar, hay un por qué. La negativa a cumplir con la obligación, con el mandato de hacer, no se da por capricho, apetito o inclinación. La conducta obligada choca con las creencias del individuo y, además, de una forma insuperable. Mientras que cada uno de nosotros puede estar en creencias de cualquier tipo, la objeción de conciencia aquí exige que observemos efectivamente unas creencias arraigadas en la conciencia del individuo. En el fondo insobornable de cada uno de nosotros, en eso que llamamos conciencia, se da un conflicto insuperable entre las creencias en que se apoya nuestra conciencia y la conducta debida según la norma jurídica. Nuestra conciencia es ese fondo insobornable, inquebrantable, que impide actuar de otra manera. De dar paso a la obligación de la norma traicionaríamos nuestro ser; de escuchar nuestro ser y actuar en concordancia quebrantamos la legalidad. No hay alternativa. La obligación de conciencia es incompatible con la obligación del mandato legal. Es una cuestión de todo o nada, de dos obligaciones incompatibles, contradictorias, que se dan al mismo tiempo. Ante ese conflicto insuperable entre obedecer la ley y escuchar nuestra conciencia, el sujeto plantea acogerse a sus creencias.

En tercer lugar, ¿cómo acogerse a sus creencias? Estamos ante un conflicto que no tiene solución, pues optar por una opción equivale a descartar la otra. ¿Estamos por encima de las leyes? No, claro que no. No se trata de eso. Se trata del problema tan hirsutamente técnico en que nos ha metido esa conducta tan concreta del mandato legal. No consiste solo en desobedecer las normas, en cuestionar el ordenamiento jurídico, tampoco hay aquí intención de modificar la ley o las decisiones del gobierno. Nada de eso importa ahora. Todas esas cuestiones propias de la desobediencia civil son periféricas. Pero tan periféricas que hasta distorsionan el verdadero problema a que estamos haciendo frente con la objeción de conciencia. La cuestión de la objeción de conciencia ha nacido porque una sola obligación, muy específica, concreta, de hacer una conducta en particular, es absolutamente incompatible con actuar acorde a la conciencia. Ésa y sólo esa conducta debida por ley es el problema. Esto es un dilema irresoluble dentro del fuero interno del individuo, lo otro una cuestión más propia de la política. Ante este dilema no queda más opción que plantear el poder acogerse a las propias creencias. Nuestra conciencia nos exige que no nos traicionemos, que, al menos, planteemos salvar el grito que surge de nuestra intimidad, que pidamos eximirnos de esa obligación legal. No porque el ordenamiento sea cuestionable, sino porque esa conducta debida nos obliga a renunciar a lo que somos.

En cuarto lugar, acogerse a las creencias es ejercer un derecho. Cuando se plantea la objeción de conciencia, y por tanto la exención al cumplimiento del mandato legal, ejercemos la libertad ideológica, o de conciencia. Nuestra capacidad para formarnos una idea del mundo que nos rodea, para apoyar nuestra vida sobre unas creencias y actuar conforme a todo ello está en juego. Eso es un derecho fundamental, no lo olvidemos. La exención a la norma jurídica que plantea la objeción de conciencia no es una súplica al rey para hacer valer un privilegio, sino plantear un problema igualmente jurídico:

acatar la obligación legal de la norma jurídica o ejercer el derecho fundamental a la libertad ideológica en una de sus posibles manifestaciones. Y es que una libertad fundamental no es como el resto de los tipos de normas que preconfiguran una conducta como obligatoria, prohibida o permitida. Una libertad fundamental tiene otra naturaleza, más genuina. Si a una libertad fundamental antes de ejercerla la concretamos en un supuesto en el que puede ejercerse la habremos mutilado. La tornamos en estéril, la reducimos a precepto. Una libertad fundamental no puede determinarse de antemano, sino garantizarse como principio, como esencia, como fuente para el resto de las normas jurídicas. Una libertad es fundamental en doble sentido: porque puede darse en cualquier situación y porque establece las bases para el resto del ordenamiento jurídico, es decir, porque lo fundamenta.

La exención al cumplimiento que se plantea con la objeción de conciencia remite a esa libertad fundamental, a ese derecho básico, a ese pilar del ordenamiento jurídico. Se plantea acogerse a ello en el caso concreto. Como no sabemos en qué situaciones ganan relevancia las libertades fundamentales planteamos su prevalencia para este caso concreto y no en general para todos. Al ejercer la objeción de conciencia no se pretende establecer una vía de escape al cumplimiento del ordenamiento jurídico, sino plantear el problema de que en este caso en concreto la libertad ideológica tiene un peso demasiado grande como para desatenderlo. Tenemos que calibrar su relevancia, en este caso tan particular tenemos que plantear eximirnos de la obligación porque quebrantaríamos una norma jurídica más importante aún, a saber, un derecho fundamental, un derecho sin el cual el ordenamiento jurídico en su conjunto perdería el sustento, se vaciaría de contenido.

Los militares rusos que se negaron a desembarcar no ejercieron ningún derecho, sino que desertaron de una orden militar, por razones dudosamente arraigadas en conciencia se amotinaron y por tanto plantaron cara a un superior estando armados hasta los dientes. Eso no tiene nada de objeción de conciencia, eso no consiste en el ejercicio de un derecho, sino en un acto de insubordinación, que es otra forma de desobedecer al ordenamiento.

La obligación de la objeción de conciencia

La objeción de conciencia no tiene nada que ver con el resto de los supuestos en que se desobedece, en que se niega a cumplir con las normas jurídicas. La objeción de conciencia es un derecho. Y no cualquier derecho, sino que es el ejercicio más genuino, la instancia más particular, del derecho fundamental a la libertad ideológica. Ninguna otra forma de desobedecer al ordenamiento es un derecho, y mucho menos una libertad fundamental.

Pero si bien para defender lo particular de la objeción de conciencia hemos tenido que hacer hincapié sobre su dimensión normativa, sobre su vínculo con el derecho fundamental a la libertad ideológica, en este ejercicio hemos visto cómo se levantaba una liebre. Hemos abierto el melón de que debemos plantear la exención al cumplimiento de la norma jurídica que obliga a realizar una determinada conducta, un mandato de hacer.

¿Se da cuenta de lo que implica nuestra fundamentación? Nuestra defensa de la objeción de conciencia como un derecho fundamental exige que se plantee un conflicto de derechos. Por una parte, el mandato de hacer, la obligación legal que viene fijada en la norma jurídica. Por otra parte, la conducta justificada en la libertad fundamental, en el derecho a la libertad ideológica o de conciencia.

Si directamente nos acogiéramos a la libertad fundamental no habría ocasión para plantear el conflicto entre derechos. Directamente desatenderíamos la obligación legal a nuestro antojo. Nuestra propia interpretación de las normas jurídicas nos llevaría a actuar de la manera más conveniente a la libertad. Pero sabemos que el ejercicio de la libertad ideológica, de las libertades fundamentales, de toda libertad a ella vinculada, en el momento de ejercerse encuentra un límite en el orden público definido por la ley. En este caso, esa referencia no puede ser más clara: hay un conflicto de derechos. O se da paso a la libertad ideológica o se da paso a la obligación de la norma jurídica.

Si somos nosotros los que damos paso a la libertad ideológica lo que sea el orden público pierde toda razón de ser. Difuminaríamos excesivamente los márgenes en los que tiene razón de ser jurídica el ejercicio de un derecho para, en nombre de la libertad, llevar a cabo cualquier conducta. No, no desmerezcamos tanto la libertad ideológica. Un derecho fundamental no puede consistir en abrir la puerta a saltarse a la torera el ordenamiento jurídico. ¿Cómo va a ser la libertad que tanto nos ha ocupado una excusa para hacer lo que nos dé la gana? ¿Qué tiene eso que ver con hacer lo que se debe hacer, que es la libertad? Hacer lo que se quiere en contraste con tener la capacidad para hacer lo que se tiene que hacer es la diferencia entre la barbarie y la civilización. El derecho fundamental a la libertad ideológica cristaliza en el ordenamiento jurídico como uno de sus estandartes, como una condición para que seamos capaces, por nosotros mismos, de hacer lo que es debido. Este derecho nos reconoce la facultad para asumir una norma como propia y actuar consecuentemente. Nos reconoce que esa norma asumida como pauta de conducta arraiga en la conciencia. No puede haber nada más lejos de hacer lo que nos dé la real gana.

Claro que, si esto es así, la libertad ideológica nos presume capaces de atisbar la conducta debida, de sopesarla en conciencia. Nuestra facultad para asumir el requerimiento de conducta que procede de la conciencia y para actuar conforme al mismo choca frontalmente con otra obligación legal, con otra conducta que es debida, no por la conciencia, en este caso por el mismo ordenamiento que hace posible que ejerzamos la libertad.

Volvamos sobre nuestros pasos para avanzar otros tantos. El derecho a la libertad ideológica nos reconoce la facultad de atender el requerimiento de conciencia. Esa es la capacidad que nos permite identificar el mandato legal como una obligación, como una conducta igualmente debida. ¿Qué quiero decir con esto?

Eximirnos del cumplimiento de la norma jurídica implica que ejercemos esa capacidad, la libertad ideológica. La capacidad por la que nos acogemos al requerimiento de conciencia es la capacidad por la que identificamos igualmente el mandato legal como debido a la sociedad. Al optar por dar paso a la conciencia simplemente priorizaríamos nuestro propio mandato a otra conducta que es debida. Por eso, al hablar de objeción de conciencia, hay que plantear la exención a esa otra conducta debida.

Hay dos conductas debidas, la de la norma y la de la conciencia. Actuar libremente implica que está justificado dar paso a una de esas conductas en ese caso concreto. Pero para justificar una en lugar de la otra, no para escoger entre una de ellas como el que escoge entre el helado de fresa o el de mango, hay que ser coherentes y plantear la exención a su cumplimiento. Hemos identificado la conducta debida, sabemos que hay una obligación legal, luego actuar coherentemente, aunque sea para eximirnos de esa conducta, requiere que esa conducta sea tenida en cuenta.

Nuestra capacidad para asumir la conducta debida, la de conciencia o la de la norma, es una cuestión seria. Decimos que en caso de poder acogernos a la conciencia ejercemos un derecho, el de la objeción de conciencia. Nuestra capacidad nos impide pasar por alto, entonces, que hemos visto y somos conscientes de que hay otra conducta debida. Algo tenemos que hacer con ella, tratarla con el debido respeto, aunque sea para eximirnos de ella. De lo contrario, sería algo así como negar nuestra propia capacidad, nuestra propia libertad.

Para ser coherentes con nuestra libertad tenemos que plantear el dilema, que proponer la exención del mandato legal a favor del ejercicio del derecho fundamental porque somos sabedores de que hay otra conducta debida. Tenemos que mantener la coherencia con la capacidad que nos hace responder a la conducta debida por nuestra conciencia, esta vez con la conducta debida por una norma jurídica. Concordancia con el mismo ordenamiento que habilita a que actuemos acorde a nuestra conciencia, por eso hay que proponer la exención al cumplimiento del mandato legal para ejercer correctamente nuestro derecho para ejercer noblemente la objeción de conciencia. Ahí yace una obligación. Una obligación que nos exige plantear un dilema jurídico.

Norma contra norma. Derecho contra derecho. Conducta debida contra conducta debida. Tenemos que plantear al órgano competente que nos exima de la obligación legal para cumplir con el mandato de conciencia. Tenemos que dirigirnos al juez para hacer valer nuestro derecho a la objeción de conciencia.

De esta manera he intentado hacer ver que, para ejercer correctamente, si se prefiere, con nobleza, la objeción de conciencia, en el momento en que se levanta el telón del escenario jurídico y entran a escena dos derechos incompatibles, tenemos que dirigirnos hacia el juez y plantearle la cuestión que nos exima del cumplimiento de la legalidad vigente. La razón es que la misma legalidad que permite acogernos a nuestro ideario, a nuestras creencias, que nos reconoce ese derecho, reclama en ese instante que se cumpla otra conducta. Así que quedamos obligados a acudir al que tiene que aplicar las leyes para que nos exima.

Un apunte más. Curiosamente, no siempre tendremos que plantear esta exención, que atender a este requisito de obligación. Veamos.

Esta obligación que nace del ejercicio del derecho fundamental a la libertad ideológica cuando se concreta en la objeción de conciencia puede salvarse. Es decir, es posible que estemos eximidos de realizar esta obligación. ¿Cómo es eso? Porque el mismo ordenamiento jurídico puede regular el ejercicio del derecho a la objeción de conciencia en un ámbito determinado, concreto, en lugar de remitirnos al ejercicio del derecho fundamental, y por tanto sin especificar un ámbito concreto. En ese caso particular, en que la objeción de conciencia es un derecho regulado para un caso concreto, no plantearemos el conflicto entre conductas debidas, entre derechos, sino que nos acogeremos directamente a la ley que habilita eximirse en ese caso en particular.

De ahí que el derecho a la objeción de conciencia tenga dos formas de ejercerse. Una, por la cual se ejerce el derecho fundamental a la libertad ideológica, y por tanto como una instancia particular de la libertad que no puede especificarse en un caso concreto, sino que puede hacerse valer en cualquier situación. En este caso, el correcto ejercicio del derecho fundamental nos obliga a plantear la cuestión jurídica ante el juez para que resuelva el conflicto entre derechos. Otra, por la cual la objeción de conciencia es un derecho regulado específicamente para un caso concreto, y por tanto no acarrea ninguna ulterior obligación, sino el ejercicio directo de ese derecho para ese caso en concreto en el que se encuentra ya regulado. A lo primero lo llamamos ejercer una libertad fundamental, a lo segundo la doctrina judicial se ha referido como *interpositio legislatoris*, en otras palabras, la necesidad de intervenir con ley para ejercer la objeción de conciencia en un ámbito particular.

Pero que no haya equívoco. Nuestro texto constitucional incluye el ejercicio del derecho fundamental a la libertad ideológica, y por tanto una de sus posibles manifestaciones se da en la objeción de conciencia sin especificar un ámbito en particular (art. 16 CE). Al tiempo, contiene dos supuestos específicos por los que se regula la objeción de conciencia, a saber, en el caso del servicio militar (art. 30.2 CE) y la cláusula de conciencia de los profesionales de la comunicación (art. 20.1.d CE). Mientras que el primero es genérico, los otros dos casos son casos particulares regulados para ejercer directamente el derecho a la objeción de conciencia.

Ahora bien, en el ejercicio de la libertad fundamental, y por tanto dentro de las coordenadas del alcance «genérico» del derecho a la objeción de conciencia se presenta una obligación. Ese ejercicio nos exige que planteemos la exención del mandato de aquella norma que choca con la objeción de conciencia. Nos deriva a la argumentación jurídica, a evaluar el peso de los derechos fundamentales en cada caso particular, en última instancia, a la ponderación de derechos constitucionales.

9.

DEL SENTIDO DE LA OBJECIÓN DE CONCIENCIA

La verdad no es la relación lógica del mundo aparencial a la razón, aparencial también, sino que es penetración íntima del mundo sustancial en la conciencia, sustancial también.

Miguel de Unamuno,
Vida de don Quijote y Sancho, 1905.

Felipe González Vicén (1908-1991) fue un increíble y preclaro filósofo que se dedicó al estudio del Derecho. Filósofo y estudioso, preocupado por el Derecho. No creo que el apellido «del Derecho» que se añade a veces a filósofo haga justicia a su figura de pensador tal y como la concibo. Felipe González Vicén fue un filósofo con todas las de la ley, un filósofo preocupado esencialmente del Derecho, no un filósofo del Derecho.

La verdad es que no nos legó demasiados escritos. Su obra no es grandilocuente, mucho menos sistemática, más pronto se compone de delicadas sinfonías y plasma un esfuerzo titánico por estudiar a los clásicos y a sus contemporáneos no tanto con estilo enciclopédico (aunque no hay obra suya que no se encuentre minuciosamente atiborrada de fuentes), sino con la capacidad de observación, análisis, comprensión y disección del objeto que caracteriza a un egregio cirujano del conocimiento. Todas esas virtudes irradian cada una de sus obras, están presentes en todos sus estudios y escritos.

Uno de esos ensayos versa sobre la obediencia al Derecho. Lo curioso de este trabajo es que cuando hablo con los colegas observo que suelen retener de su estudio una célebre frase:

> Si un Derecho entra en colisión con la exigencia absoluta de la obligación moral, este Derecho carece de vinculatoriedad y debe ser desobedecido. O dicho con otras palabras: *mientras que no hay un fundamento ético para la obediencia al Derecho, sí hay un fundamento ético absoluto para su desobediencia*[104] (cursiva del autor).

---

104 González Vicén, F.; «La obediencia al Derecho», en *Estudios de Filosofía del Derecho*, Facultad de Derecho, Universidad de la Laguna: Santa Cruz de Tenerife, 1979: 388.

Hay que reconocer que la afirmación impresiona. Es una de esas frases célebres que podríamos tatuarnos en nuestra piel de juristas, la típica que todos deberíamos añadir a nuestro repertorio.

Ahora bien, el ensayo es tan bueno que González Vicén dice mucho más que esa frase. Su ejercicio de fundamentación no va dirigido únicamente a sostener esa posición. El autor encierra en su ensayo toda una doctrina metafísica y fenomenológica de la vida. En absoluto se reduce a posicionarse, justificar su opinión con cuatro frases pomposas y marcharse a fumar un cigarrillo. Nada más lejos de la realidad. González Vicén absorbe toda una doctrina, se empapa hasta las entrañas de ella y en su desglose acaba pronunciado la famosa sentencia.

La doctrina, la tradición, que lleva al autor a fundamentar la objeción de conciencia es de procedencia germana. Nuestro pensador había absorbido a Heidegger, a Cohen, a Natorp y a tantos otros. Los cimientos de su postura sobre la objeción de conciencia proceden de una doctrina sobre la vida humana que había inaugurado una intensa tradición de pensamiento, de las más importantes escuelas filosóficas del siglo XX.

En esa fundamentación González Vicén da vueltas sobre el sentido de la objeción de conciencia en el fuero interno del individuo. Eso es lo que vamos a buscar nosotros. Ahora bien, no vamos a sumergirnos en la tradición germana. No. Vamos a aprovechar las categorías y la filosofía de la vida que llevamos en nuestra propia tradición, en la filosofía que también se ha hecho y que perdura desde nuestro lugar en el mundo. Me refiero a la filosofía orteguiana de la razón, la vida y la historia. No se trata ahora de exponer toda esa doctrina, sino de sacar del fondo de sus entrañas la savia que ha vigorizado nuestros pasos. Porque en ningún momento nos hemos apartado de esta tradición, de esta doctrina, sino que ha sido el motor que ha insuflado vida a nuestras discusiones. Es el momento de pagar nuestro tributo a esas enseñanzas porque somos conscientes que estaban ahí desde la primera cita.

El viaje que hemos dado con la libertad ideológica desde los términos, el razonamiento por la naturaleza de las cosas, por el ejercicio de la libertad y la objeción de conciencia explica algo humano, demasiado humano que hay en todos nosotros. Si de verdad tenemos capacidad para formarnos una idea de las cosas y para actuar en consecuencia es porque en todo ello hay un sentido para nosotros. Nos va la vida cuando actuamos traicionando a nuestras creencias, ideas o principios. Y es que los actos tienen sentido, las obras están impregnadas de significado y ello explica que para nosotros valgan.

Al decir que nuestros actos tienen sentido para nosotros decimos algo que parece tan obvio, demasiado obvio incluso como para ser dicho porque está siempre presente, implícito en todo momento, está ahí como parte de nosotros. Esa razón de vida por la que las cosas, los actos, nosotros, nuestras ideas, tienen sentido para nosotros, en nuestra vida, es ni más ni menos que la doctrina de la razón vital.

Además, nuestras ideas, creencias, convicciones, principios, que decimos son nuestros, arraigados a nuestro ser, fundidos con nuestra intimidad, son a menudo compartidos. Abrazamos unas convicciones, nos formamos unas ideas que otros pueden compartir o refutar, nos sostenemos en unas creencias. Ideas, convicciones, creencias que son parte de lo humano. Muchas de ellas estaban ya ahí cuando aterrizamos en este mundo y simplemente nos subimos en ellas. A sus lomos continuamos la historia de esas ideas. Porque cuando pensamos están ahí, y pensamos no solo desde nuestro fuero interno, sino acompañados con la cabeza de tantos otros que se dedicaron a asuntos similares y tratamos de lanzar esos pensamientos sobre las tareas que ahora nos ocupan. Cuando reparamos sobre este hecho, somos testigos de otro tipo de razón, que Ortega llamó razón histórica.

Qué cosa, razón vital, razón historia, filosofía de la vida, tradición de pensamiento. Qué cosa porque a través de la libertad ideológica hemos ido agitando un farolillo que iluminaba los rostros de estos conceptos, de esta filosofía, pero no reparábamos sobre ellos. Tomamos una senda, la de la libertad ideológica, y nos entreteníamos con las cosas que iban saliéndonos al paso, descuidando el suelo, que son las ideas, y el subsuelo, donde nos apoyamos en las creencias, sobre el que caminábamos. Hemos estado largamente observando el mundo al derredor nuestro a propósito de la libertad ideológica, ahora toca contemplar el material del que está hecho todo ello.

Elevemos desde el conflicto práctico los presupuestos que nos permitan incidir en el sentido de las cosas.

Ser un objeto sexual, o sobre objetar si te piden pirulas postcoitales

Sin mucho reparo hemos insistido en la idea de que la objeción de conciencia es un derecho, una de las posibles manifestaciones de la libertad ideológica. En esa cualidad, la objeción de conciencia consiste en el ejercicio de un derecho fundamental.

Esta afirmación no es en absoluta pacífica. Al contrario, han hecho falta intensos debates doctrinales y un buen número de sentencias del TC para hacer cuajar este derecho. No nos entretendremos ahora en esta historia constitucional, sino que nos interesaremos por el asunto que definitivamente asienta esta doctrina. Me refiero al célebre caso de la STC 145/2015, de 25 de junio[105], comúnmente conocido como el caso del *farmacéutico objetor*.

105 Para un estudio detallado de la primeriza jurisprudencia constitucional antes de esta sentencia, y que entonces incorporó una clasificación de las diferentes posturas, remito a la lectura de ya clásico de Escobar Roca, G.; *La objeción de conciencia en la Constitución española*, Centro de Estudios Políticos y Constitucionales, 1993.

El 4 de febrero de 2008 un inspector de sanidad se presentó en una farmacia hispalense a raíz de una denuncia ciudadana. El motivo, que el establecimiento farmacéutico sevillano carecía de preservativos y de píldoras del día después (medicamento con el principio activo levonorgestrel 0,750 mg. que evita la concepción y se emplea de emergencia para prevenir un embarazo tras practicar relaciones sexuales sin profilaxis). La tarea del inspector más bien fue rutinaria. Se cercioró de que la farmacia disponía de los medicamentos y productos sanitarios mínimos exigidos por la ley andaluza de farmacia vigente por entonces. Al verificar que entre las existencias no se podía encontrar ni preservativos ni píldoras postcoitales procedió a cerrar el acta de inspección anotando la carencia de esos productos. El expediente se cerró con una sanción grave por carecer de los medicamentos y productos sanitarios mínimos exigidos por la ley.

En el momento de levantar el acta se hallaba en la farmacia don Joaquín Herrara Dávila, cotitular del establecimiento. Cuando el inspector de sanidad cumplimentaba el formulario el farmacéutico quiso justificar la ausencia de esas existencias. Alegó que no disponía de ellas por ser objetor de conciencia y que se pidiera al Colegio de Farmacéuticos hispalense que certificara su condición, pues a tales efectos se había inscrito como objetor de conciencia en el registro de objetores de la entidad. El hecho de remitirse a la expedición de un certificado, en este caso emitido por el registro de un colegio oficial, es a lo que los juristas suelen llamar una diligencia probatoria.

El caso es que el inspector rehusó incorporar la diligencia porque ya estaba en conocimiento de su condición de objetor a preservativos y a píldoras postcoitales. Su trabajo se limitaba a una cuestión de hecho, a verificar si realmente disponía de determinados productos y medicamentos, según constaban en el anexo de la ley de farmacia andaluza. A él no le tocaba valorar una condición u otra, sino afianzar que las exigencias legales se cumplen en cualquier rincón de la ciudad.

Con el expediente sancionador dio comienzo una escalada de reclamaciones hasta alcanzar el amparo al Tribunal Constitucional para hacer valer el derecho a la objeción de conciencia. Vale la pena resumir la peripecia.

Contra el expediente sancionador el farmacéutico interpuso recurso de alzada justificando que la objeción de conciencia amparaba al farmacéutico para no disponer de preservativos ni píldoras postcoitales. Se denegó el recurso, pues el aprovisionamiento mínimo por ley es el almacén mínimo que debe disponerse en toda farmacia. Con esta denegación finalizó la vía administrativa un 16 de julio de 2010.

Ante la denegación, el farmacéutico objetor se enfrentó interponiendo un recurso contencioso-administrativo alegando que se vulneraba su derecho a la objeción de conciencia como contenido esencial del derecho a la libertad ideológica del artículo 16 CE. En la justificación añadió, por una parte, que la píldora del día después es un medicamento del que derivan efectos abortivos y, por otra, que es posible adquirir preservativos en cualquier otro establecimiento, aun fuera de las farmacias.

La respuesta del tribunal llegaría el 2 de noviembre de 2011. La sentencia del juzgado recoge que, de una parte, el expediente sancionador se cerró en base a Derecho, según la normativa de existencias mínimas en las farmacias vigente en ese momento, y, de otra parte, alegando una doctrina del Tribunal Europeo de Derechos Humanos (caso *Pichon et Sajous vs. Francia*). La sentencia de TEDH venía al caso porque a un par de farmacéuticos franceses se les denegó protección de la objeción de conciencia entendiendo que la obligación de dispensar determinados fármacos no riñe con el derecho a la libertad de conciencia del CEDH.

Frente a la sentencia, el farmacéutico interpuso un incidente de nulidad de actuaciones. El incidente de nulidad de actuaciones es una figura procesal interesante de nuestro sistema judicial. Consiste en que se le plantea al mismo juez que dicta una sentencia definitiva o firme la posibilidad de que la anule porque en su actuación ha vulnerado un derecho fundamental (art. 241 LOPJ). En el caso del farmacéutico objetor, el incidente se interpuso alegando la vulneración del derecho a la objeción de conciencia según el derecho fundamental a la libertad ideológica (art. 16.1 CE) y de la tutela judicial efectiva por resolver el caso con una motivación omisiva, es decir, sin pronunciarse sobre la objeción de conciencia, y, por tanto, arbitraria e irrazonable (art. 24 CE). El 22 de diciembre de 2011 el incidente de nulidad de actuaciones fue inadmitido a trámite.

Al farmacéutico no le quedaba más remedio que solicitar el amparo del TC, que finalmente reconoció su derecho, aunque de una forma extraña. El TC reconoció el derecho a la objeción de conciencia en virtud del artículo 16.1 CE, aunque sólo para las píldoras del día después, no para los preservativos. La protección de los profilácticos sexuales, a fin de cuentas, «queda extramuros de la protección que brinda el precepto constitucional indicado» (Fundamento Jurídico VI).

Este recorrido judicial plantea nuevas dudas. No podemos hacer otra cosa que salir al paso de ellas e intentar despejarlas. Una versa sobre los efectos abortivos de las píldoras y otra sobre la doctrina judicial que dice que la libertad de conciencia no impide dispensarlas.

Preservativos, pastillas, disposición y dispensación

He calificado la posición del TC en este caso como extraña, por decirlo suavemente. Y es que aplica la doctrina de la objeción de conciencia en el caso del aborto a la situación de un farmacéutico que vende anticonceptivos. Vamos a seguir el hilo de este razonamiento. De la doctrina sobre una cosa a su aplicación en nuestro caso.

Que la objeción de conciencia alcance una píldora y no un preservativo tiene su razón de ser en que, como argüía el farmacéutico objetor, la píldora provoca efectos abortivos. Si esto es así, la objeción de conciencia tradicionalmente encontraba razón de ser en el ámbito sanitario porque ante la interrupción voluntaria del embarazo los médicos planteaban acogerse a las convicciones en favor de la vida. El obstetra entendía que primaba su deber de proteger la vida incipiente del feto sobre la interrupción voluntaria de la gestación. Entre provocar el aborto y hacer valer la vida incipiente, las creencias del médico le movían priorizar la segunda. De este modo, frente a la obligación de interrumpir la gestación, el médico planteaba la objeción, esto es, la exención de esa obligación, convencido de que su deber consistía en proteger la vida incipiente, no en detenerla. Este razonamiento es el que se extrapola a los efectos abortivos de nuestro farmacéutico para hacer valer su derecho a l objeción de conciencia.

Intentemos profundizar en esta justificación y en el problema práctico que debe resolverse. El problema práctico al que se enfrentaba el médico es el del aborto. Una situación límite en la que su acción es determinante: bien interrumpe la gestación provocando el aborto, bien se acogía a la creencia de proteger la vida en camino. No hay vuelta atrás. Lo tiene que hacer él en quirófano, no cualquier otra persona y mucho menos un movimiento social.

En la creencia del médico cabe un universo de justificación, no siempre en términos religiosos. Insistamos en verlo como un problema práctico, no religioso. Un médico dedicado a salvar vidas tiene que decidir si interrumpe un embarazo, si detiene la gestación. No cabe duda de que a más de uno le pasará por la cabeza que se metió a ejercer la medicina para salvar vidas en lugar de atajarlas. Pensará, tal vez, que en una situación similar si una paciente le pide que salve al feto, él tiene la obligación de intentar salvarlo. En cambio, en esta otra le solicitan que interrumpa su desarrollo. Si mira la ley, ésta le obliga tanto a velar en un caso como a proceder a intervenir en el otro. ¿Qué puede hacer si se metió a estudiar Medicina para salvar vidas? ¿Por qué la legislación le pone entre la espada y la pared, empujándole a realizar actos contradictorios en casos similares? ¿Lo que pidan las personas está por encima del mandato hipocrático de beneficencia y no maleficencia que juró al colegiarse? ¿Lo que vale es lo que le pidan y no su vocación para salvar vidas?

Decíamos en otra ocasión que no se puede decidir en abstracto, sino en el caso concreto. Claro es que cada caso que le llega a la consulta tiene sus propias circunstancias. En algunos, ese médico ve claro que lo correcto es acceder a la petición de interrumpir la gestación. No queda más remedio, a fin de cuentas, también un médico es capaz de ponderar las consecuencias sociales de sus actos y omisiones. Pero pongamos que llega un caso en que ese médico, que ha accedido otras veces a interrumpir la gestación porque se ha enfrentado al problema social que subyace a la petición de la gestante, tiene dudas, en que no lo ve claro. Su olfato médico le insinúa que no hay nada certero, la petición es confusa, el historial médico peliagudo. Y, aun así, el Derecho le obliga a acceder a la petición por encima de sus dudas. ¿No puede ese médico acogerse a su ideario, aunque no sea religioso? Como mínimo, ¿no puede plantear la exención al cumplimiento de esa obligación?

En este escenario práctico de tensión nace el derecho a la objeción de conciencia en el ámbito del médico. Sin embargo, sucede que nuestro médico tendría difícil acogerse al derecho a la objeción de conciencia si no lo ejerce invocando creencias religiosas, todo sea dicho. Por ejemplo, una particular concepción de la vida como la que defiende y divulga la Iglesia Católica. La otra opción consistiría en declararse objetor y en hacer constar que es un médico que no practica el aborto. El problema es que para nuestro médico esta opción no encaja con su puesta en práctica de la medicina, que para él es una ciencia esencialmente práctica, tomándose en serio cada caso y procediendo o cuestionándolo según lo ve más o menos claro.

En cualquier caso, la fundamentación que da paso a la objeción de conciencia pivota sobre la idea de vida, de una concepción de la vida en términos religiosos que resulta incompatible con practicar un aborto, con interrumpir, precisamente, la vida que está en camino. Fundamento de creencias que las hace valor, anteponiéndolas a la obligación legal derivada de la regulación del derecho al aborto.

Y esa fundamentación es la que sirve de amparo en el caso del farmacéutico objetor. Por analogía traemos el razonamiento que llevó a amparar al médico objetor de conciencia al caso del farmacéutico. Lo que pasa es que, Houston, tenemos un problema en esta analogía. Un problema serio.

¿Realmente la píldora del día después genera un aborto? ¿Qué es eso de los efectos abortivos? Acudamos a la definición de los conceptos. Según el DRAE, el «aborto» supone la interrupción natural o provocada del desarrollo de un feto durante el embarazo. Tal vez parezca una sutileza, pero el detalle es de la mayor importancia. Para abortar hay que interrumpir el desarrollo de un feto. En términos bastos, hay que desechar un feto. Y por «feto», según la voz del mismo DRAE, hay que entender ese embrión que está ya implantado en el útero hasta el momento del parto. Y en síntesis de todo ello, podemos decir que el aborto consiste en la interrupción del desarrollo de un embrión que está implantado en el útero, por tanto, gestándose. Ni siquiera me entretendré a desarrollar los plazos de tiempo necesarios para que estemos delante de un embrión a efectos de criticar el recurso a la nalogía para este caso.

La pregunta que debe estar sonando en nuestras orejas en estos momentos gira en torno a si la píldora del día después realmente aborta, si produce esos efectos abortivos. Para salir de dudas, consultemos el Prospecto Levonorgestrel Exeltis 0,75 mg. comprimidos EFG que facilita la Agencia Española de Medicamentos y Productos Sanitarios. Para nuestra sorpresa, resulta que los usos del principio activo son, en esencia, tres: 1) impedir que los ovarios liberen el ovocito; 2) evitar que los espermas fecunden el óvulo liberado; y 3) en caso de que el óvulo se fecunde, impedir que se adhiera a la pared del útero.

Curioso. No menos que curioso. Ahora resulta que el medicamento actúa antes de que el embrión se desarrolle en el útero. Y eso en el mejor de los casos, puesto que hablaríamos de que un óvulo ha coincidido con un esperma y va camino de anidar dirección al útero. Ni siquiera se encuentra anidado en el útero, arraigado y desarrollándose, sino que el medicamento actúa impidiendo que se agarre a la pared de ese órgano. Y si esto es así, no hay feto que desechar, por más vueltas que le demos.

Ahora resulta que la píldora del día después en realidad no provoca efectos abortivos, sino que impide la anidación en el útero, en el caso más extremo. Dicho en otras palabras, resulta que la píldora es un método anticonceptivo, no abortivo. Lo que, es más, si aceptamos la píldora como efecto abortivo en términos similares podría aplicarse al preservativo, puesto que impide de igual modo la concepción y la anidación en el útero, sólo que fuera del cuerpo de la mujer. Usar preservativos y píldoras anticonceptivas, incluso las de emergencia, deben ser no menos que una patología de proporciones pandémicas.

Por arte de magia, el TC aplica la justificación del aborto como fundamento de la objeción de conciencia del médico al caso de los farmacéuticos. Magia pura porque convierte en aborto lo que es anticoncepción. Magia porque excluye a otro método anticonceptivo, el preservativo, y es que, ¿cómo va a llegar la protección de la objeción de conciencia a un anticonceptivo? No seamos bobos y califiquemos a un anticonceptivo en abortivo, así damos una de cal, y mantengamos la etiqueta de profiláctico para el látex, así damos una de arena para el anticonceptivo que actúa dentro del cuerpo de la mujer. A fin de cuentas, todos nos vemos el pene, pero lo que pasa en las entrañas de una mujer, como no lo vemos, siempre será sospechoso. ¿Con ello aceptamos pulpo como animal de compañía? Bueno, ficciones jurídicas más gordas hemos hecho antes y tampoco ha habido para tanto. Hubo un tiempo en que las mujeres o los negros no eran sujetos de Derecho. Podemos hacer la vista gorda y aceptar gato por liebre una temporadita. Que hoy un anticonceptivo se califique de aborto tampoco tiene que llevarnos a calificar como unicornios a los magrebíes. Nada más faltaría. A fin de cuentas, en todas casas cuecen habas.

La varita mágica del Derecho es capaz de convertir una cosa en otra, por los siglos de los siglos. Que hay que considerar un método anticonceptivo como aborto, pues así sea por sentencia. Aquí tenemos un ejemplo.

Insertos en el razonamiento del TC ya hemos hecho lo más difícil. Teníamos que encontrar la identidad de razón, el paralelismo, entre el caso del médico y el del farmacéutico. Hemos hallado la similitud en el aborto, aunque para ello hayamos tenido que cambiar anticonceptivo por aborto, o efecto abortivo, su versión más refinada. Hemos construido un argumento gourmet, de alta cocina interpretativa.

Ahora toca afrontar lo más fácil. Tenemos que aplicar esta doctrina al farmacéutico. Para ello hay que tener presente la jurisprudencia que los tribunales han ido invocando y que puede condicionar la aplicación al caso. En esa doctrina judicial se encuentra el caso *Pichon et Sajous vs. Francia*, del TEDH, en el que a dos farmacéuticos se negó la protección al derecho a la libertad de conciencia del artículo 9 del CEDH. El TEDH explicó que una cosa es tener creencias y otra muy distinta dispensar un medicamento o un producto farmacéutico. Si alguien acude a la farmacia hay que atenderle, no porque tenga una ideología determinada, sino porque el establecimiento presta un servicio y, en principio, no cabe negárselo a nadie. Como sobre esta cuestión ya discutimos en torno a la discriminación ideológica, seguiremos sin detenernos. Nos interesa ahora retener la doctrina judicial que obliga a dispensar un medicamento que se encuentra recogido por ley, aunque se tenga una creencia o ideología.

El escenario legal que impide dar cobijo a la objeción de conciencia del farmacéutico es el siguiente: no se puede hacer valer la objeción de conciencia para no dispensar un medicamento. Transformémoslo en una frase lógica: prohibido X si impide Y. Es decir, prohibido ejercer el derecho a la objeción de conciencia si impide la dispensación del medicamento. Por tanto, la objeción de conciencia no alcanza a dar cobijo a la negativa de dispensar un medicamento.

Menudo lío. Resulta que los precedentes judiciales que son de aplicación impiden al TC hacer valer la objeción de conciencia para dispensar las pastillas. ¿Cómo vamos a salir de esta y a dar protección a nuestro pobre feligrés?

Repasemos el caso a ver si hay algo a lo que acogerse. Vemos que el farmacéutico había hecho constar su condición de objetor para no tener que disponer de existencias en su farmacia. Es decir, en realidad, el farmacéutico en ningún momento se negó a dispensar un medicamento por razones de conciencia, sino que, en realidad, se negó a disponer de esos productos en el almacén. ¡Eureka! Ahí está el resquicio. La objeción de conciencia valdrá para la disposición, pero no para la dispensación. Así es como el TC amparó la objeción de conciencia del farmacéutico a propósito de disponer de determinados productos.

Una bonita pirueta argumentativa que en la práctica permite al farmacéutico acogerse al derecho a la objeción de conciencia. Insistamos, objeción de conciencia no a dispensar, sino a disponer de ciertos medicamentos, que hemos considerado abortivos.

Ahora todo encaja. La doctrina de la objeción de conciencia en casos de aborto sigue más viva que nunca. Que no se interrumpa su desarrollo doctrinal.

De esta historia sacamos cosas en claro. Una es que se consolida la doctrina judicial por la que el derecho a la libertad ideológica se puede manifestar en la objeción de conciencia. Otra es que todo este desarrollo doctrinal cuenta con muchos esfuerzos argumentativos por circunscribirlo a un solo supuesto, a saber, el antiabortista. Y tanto esfuerzo por hacer valer este presupuesto no deja mucho margen para concluir de otro modo que no sea que, a través de esta jurisprudencia, lo que se ha implantado no es una doctrina sobre la libertad ideológica y la objeción de conciencia, sino una imposición ideológica.

Priorizar creencias arraigadas

Al dar paso a la objeción de conciencia reconocemos que las creencias están suficientemente arraigadas en el individuo. Arraigadas hasta el punto de plantear un conflicto insuperable de conciencia, de una parte, porque el Derecho nos obliga a llevar a cabo una conducta y, por otra, porque nuestras creencias nos empujan a actuar de un determinado modo, con un sentido.

En el caso del farmacéutico objetor, no cabe duda de que el hombre se encuentra en unas creencias religiosas, las mismas que compartía gran parte del TC. En sí mismas, no hay nada reprochable. Cada uno tiene sus creencias, hasta podríamos abrazarlas o compartirlas. Ahora bien, la objeción de conciencia requiere que las creencias estén lo suficientemente arraigadas en la conciencia del individuo como para hacerse valer sobre un mandato legal. Hace falta que el individuo se enfrente a un mandato y que en ese supuesto surja el conflicto insuperable de conciencia. Esto no queda del todo claro en este caso por una serie de razones que a la larga acaban por enturbiar, por oscurecer, la noción de derecho a la objeción de conciencia.

En primer lugar, el farmacéutico objetor es cotitular de un establecimiento farmacéutico. Eso quiere decir que él tiene sus creencias, y lo sabemos porque remitió al inspector al registro del colegio oficial de farmacéuticos de su provincia. Ahora bien, ¿y el otro cotitular? ¿Acaso no puede tener también creencias? ¿Son las mismas que la del objetor? Aunque podemos presumir que efectivamente las comparten, todas esas dudas no las podemos dar por zanjadas porque el TC amparó el ejercicio de la objeción de conciencia de uno de los farmacéuticos, el que impugnó el expediente sancionador. Nada cierto sabemos sobre el otro.

En segundo lugar, y derivado de lo anterior, la obligación de disponer medicamentos y productos sanitarios recae sobre todo el establecimiento farmacéutico, no sobre una persona. Esta cuestión sería irrelevante en caso de que el farmacéutico objetor fuese el único responsable, o titular, de la farmacia. Pero desde el momento en que tenemos conocimiento de que hay más de uno, como se recoge de los antecedentes de hecho de la sentencia al calificar a este farmacéutico como cotitular, la naturaleza de la obligación debe ponerse en situación. Sabemos que la normativa andaluza sobre farmacias incluye una lista de existencias que toda farmacia debe disponer en su inventario. Bien, esta obligación, por su naturaleza, recae sobre el establecimiento, y por tanto sobre ambos cotitulares, no sobre una sola persona.

En tercer lugar, en este caso, la objeción de conciencia se ejerce frente a un acto que implica a más personas que el farmacéutico, en lugar de frente a una conducta debida y concretada en él. De ahí que las creencias del farmacéutico objetor se impongan a toda persona involucrada en la farmacia. En este caso no se da cobijo, protección, al conflicto de conciencia del farmacéutico en favor suyo, sino en detrimento de los derechos y obligaciones del personal de la farmacia y de los derechos de la ciudadanía a acceder a determinados medicamentos, en lugar de frente a un ciudadano concreto en un caso también concreto. La objeción de conciencia, en este caso, debe ponderarse con esos otros deberes: por un lado, el derecho de cualquier ciudadano a acceder a determinados fármacos y productos, por otro, el derecho del resto del personal de la farmacia a ejercer la objeción de conciencia, si fuera el caso, frente a la obligación legal de dispensar o disponer productos y fármacos. La sentencia del TC omite lo último para eximir al farmacéutico de sus obligaciones mediante el amparo de su objeción de conciencia, de ahí que exima de responsabilidad al resto del personal, lo que no casa bien con la objeción de conciencia.

En cuarto lugar, tampoco podemos admitir la hipótesis de que esa farmacia sea un establecimiento de tendencia, es decir, que haya asumido un ideario como fin del establecimiento. Podríamos deducirlo implícitamente del hecho que ambos cotitulares del establecimiento constasen como objetores de conciencia. Sin embargo, es una información de nuevo reservada. Aun así, la información es de vital importancia porque en la planificación de las farmacias de guardia debe tenerse en cuenta para evitar que se deniegue el derecho de la ciudadanía acceder a medicamentos incluidos en la ley. ¿Qué pasa durante el tiempo en que esa farmacia está de guardia, nadie puede acceder a medicamentos dispuestos por ley? De no considerar esta circunstancia, hablaríamos de una nueva imposición ideológica, en este sentido, la que prioriza unas creencias antes de que los demás puedan ejercer sus derechos.

Finalmente, ¿dónde está el conflicto insuperable de conciencia? Recordemos que en este caso se da amparo a la objeción de conciencia a partir del artículo 16.1 CE y no desde un supuesto específicamente regulado. Delante de una obligación de hacer surge el conflicto de conciencia, ante la conducta debida por la norma jurídica. En este caso, conocemos de antemano la condición de objetor del farmacéutico y eso trae sus problemas. Si antes de enfrentarse a una obligación el sujeto hace valer su ideología, ¿dónde se da el conflicto de conciencia? Des de luego en el caso práctico, particular, concreto, no. La objeción se estaría ejercido aquí antes de estar en el meollo del asunto, lo que no coincide con la fundamentación jurídica del 16.1 CE. Al declararse objetor antes de un conflicto, ese momento hace que la ideología prevalga sobre cualquier otra obligación legal, en lugar de en un conflicto de derechos tener que optar por darle prioridad a la libertad o a la obligación legal. Si eso es así, hablamos de una finalidad política, moral, por la cual hacer prevalecer ciertas creencias, no de un conflicto de conciencia.

Al constatar la condición de objetor en un registro y actuar públicamente evitando disponer de ciertos medicamentos y productos, se hace valer la finalidad política de cambiar lo que diga la norma jurídica en favor de otro modo de ver las cosas. Esa finalidad política, actuar de antemano al conflicto de conciencia, impone un ideario y desvirtúa a la objeción de conciencia desdibujándola hasta colindar con la desobediencia civil. En este caso se desobedece un conjunto de normas jurídicas, no un mandato concreto, porque la objeción a disponer de determinadas existencias impide ulteriormente que esas existencias se puedan dispensar, luego quebranta la obligación de prestar el servicio, y es que si no se dispone de existencias no es posible dispensarlas. Una objeción a un mandato acaba convertida en la insumisión al ordenamiento jurídico.

Con todo ello, nos hemos ido alejando cada vez más de la objeción a un mandato, de un problema conciso y muy particular entre dos conductas contrarias que son debidas simultáneamente. El problema social de la objeción de conciencia se ha visto transformado en la implantación de una ideología, la que compartían jueces y farmacéutico, anteponiéndola a las leyes. Una ideología, unas convicciones compartidas, unos principios sobre la vida y las cosas, encubiertos tras la melodía de la protección de las creencias.

¿No es eso perversión de los conceptos? ¿No es eso la corrupción de las cosas? ¿Qué es sino la corrupción de Derecho? Si estoy equivocado, que baje Santo Tomás de Aquino a consolarme.

Un conflicto moral

Más allá del choque de conductas debidas que nos plantea la objeción de conciencia, de una parte, con la conducta debida por la norma jurídica en colisión, de otra parte, con la conducta debida por la conciencia, el problema puede plantearse en términos morales. Hasta ahora hemos interpretado la objeción de conciencia principalmente en el lenguaje leguleyo: obligado hacer tal cosa, prohibido hacer tal otra, conducta debida por aquí, derecho a lo otro por allá. Y las cosas, expuestas en estos términos, suenan frías.

La objeción de conciencia es un asunto profundo de conciencia porque las leyes exigen conductas morales. Las normas jurídicas nos obligan, nos prohíben o nos permiten llevar a cabo determinadas acciones, y con ello incrustan en el Derecho un mínimo de moral.

En la obligación, la sociedad ha encapsulado un modo de hacer las cosas, un cómo tienen que hacerse, una conducta que decimos, además, que es debida. ¿Por qué le da a la sociedad por ordenar la conducta humana de un modo determinado? ¿Qué lleva a que el Derecho contemple una conducta y no otra entre las diferentes formas que hay para hacer las cosas?

Partamos desde este último interrogante. Para hacer las cosas caben diferentes maneras, distintas conductas. Para escribir un texto podríamos emplear las manos o los pies, emplear estilográficas, lápices o huesos untados en sangre, plasmarlo en papel, en pergamino o en las ropas de nuestros padres. Cada una de estas variables, algunas más estúpidas que otras, dan muestra de que es posible llevar a cabo la escritura de diferentes modos.

Ahora bien, diremos que para escribir bien un texto y hacerlo presentable mejor será usar las manos que los pies, la pluma en lugar de la espinilla de un babuino, la tinta antes que la sangre y el papel en lugar de la ropa.

Las normas jurídicas establecen que entre todas las formas posibles de hacer las cosas sólo una conducta, de todas ellas, será la legal. El Derecho fija como la recta forma, la correcta a ojos de la ley, una conducta entre todo el abanico de posibles formas de llevarse a cabo la labor. De este modo, se prioriza una conducta sobre el resto, se proclama una como la debida jurídicamente.

Dentro de la norma jurídica hallamos la estimación, la valoración, de una conducta como la legítima, en sentido legal. Aquí yace la fuente de la moralidad mínima que incluye toda norma. Se ha estimado una de las conductas posibles, la obligación, la prohibición o el permiso de hacer algo, como lo que se debe hacer. Se ha priorizado esa conducta sobre las otras. Para ello hace falta valorar, ejercer el criterio para escogerlo. La norma jurídica refleja esa estimación, esa priorización, esa valoración, de una conducta como debida legalmente en lugar de cualquier otra conducta posible. Por tanto, en toda norma observamos que se estima, se valora, se prioriza, una conducta sobre el resto de posibles.

Ya tenemos identificado el mínimo moral de toda norma jurídica. Una cuestión distinta es a la luz de qué valor se ha considerado la conducta como debida legalmente. Sin embargo, esa cuestión es muy profunda y nos exigiría ir caso por caso, norma tras norma, dilucidar el valor que inspira la regulación en particular. En cada norma jurídica hay que apreciar el valor estimado, apreciado, para darle forma de derechos. Unas veces será la utilidad, otras la conveniencia, la justicia, la autonomía, la libertad, etc. Y cuestión distinta es el papel que desempeña el valor de la justicia, en mayúsculas, sobre toda norma jurídica. Ahora bien, dejemos ahora simplemente anotada esta tesis iusnaturalista para desarrollarla con más holgura en una mejor ocasión. Por ahora quedémonos con la idea de que toda norma jurídica incluye un mínimo moral en el hecho de haber estimado, valorado, apreciado, una conducta como la debida en lugar de cualquier otra posible para hacer las cosas.

Ese mínimo moral que hay en toda norma jurídica a veces entra en conflicto con la conciencia del individuo. Colisionan el mínimo moral entre cómo deben hacerse las cosas según una norma jurídica y la conciencia del individuo. Las creencias de cada cual hacen que vivamos de un determinado modo, obligan a que nuestros actos guarden coherencia con el sentido que tiene la vida para nosotros mismos y con la cosmovisión del mundo que nos circunda. Actuamos con sentido, motivados por nuestras ideas, creencias, principios, convicciones. Al tiempo, actuamos no azarosamente, sino dirigidos a un fin, a un propósito. Por ello que nuestra conciencia en ocasiones no tolera que actuemos contradiciéndonos, lo que adquiere tonos dramáticos cuando nos vemos obligados a actuar de otro modo por un deber que no viene de la conciencia, y se torna en tragedia cuando esa otra obligación procede del Derecho. Una tensión irresoluble, un conflicto insuperable de conciencia.

Y es que nuestras acciones guardan relación, están vinculadas, mantienen la coherencia con el sentido de la vida para nosotros y con nuestras convicciones sobre el mundo a nuestro derredor. Si nuestro acto se da de una manera que no conserve esa coherencia, bien se desmorona nuestra vida, bien traicionamos lo que somos, a nosotros mismos.

Al actuar de otro modo se traiciona a nuestro ser, es engañar al fondo insobornable de nuestro fuero interno, a nuestra conciencia. Insobornable porque no se deja convencer, porque no cabe duda, ese fondo es, además de insobornable, infranqueable e indubitable. No admite duda, no vacilamos en nuestro interior. Aunque actuemos aportando razones accesorias y las hagamos vencer para actuar de ese otro modo, no nos convencen. Y es que hemos dejado de ser nosotros para actuar de esa forma. Habremos actuado sin convencernos, engañando a lo insobornable de nuestra intimidad.

Dejamos de ser nosotros, traicionamos lo que somos, sobornamos siempre fútilmente a nuestra conciencia. He ahí el sentido de la objeción de conciencia. Lo que está en juego es nuestra vida, esa que somos cada cual. Veámoslo.

La conciencia llena de razón vital

En la vida hemos aparecido de repente y sin saber cómo. Nos encontramos arrojados al mundo en un momento de la Historia, en un lugar extraño y hostil y, para colmo, nuestra vida no está hecha. Nuestra vida está dada sobre nosotros, pero ni mucho menos hecha de una vez por todas, determinada por alguna fuerza. Si le pego un puntapié a la piedrecita que me sale al paso, esa china tiene una trayectoria determinada, fija, inerte, dirigida a chocar con el suelo y a detenerse unos pocos metros más allá. En cambio, nuestra vida no es de esa naturaleza, que tiene un destino prefijado desde el momento en que somos arrojados a ella.

La vida humana no está dada definitivamente, de una vez por todas, sino que cada uno de nosotros tenemos que hacernos a nosotros mismos. La vida, paradójicamente, hay que hacerla. Por eso Ortega decía que la vida no es un infinitivo, vivir, sino que se conjuga en gerundio, la vida es un ir viviendo, porque la vida se hace a cada instante. Vamos, poco a poco, decidiendo lo que vamos a ser en el próximo instante de nuestra vida.

Porque la vida es tarea, porque no está hecha nunca del todo, porque nuestra vida tenemos que hacérnosla nosotros. Tenemos que ir viviendo para ser lo que somos. Así es como la hacemos, al decidir en el mundo. Nos hacemos a nosotros mismos en este mundo, aprehendemos al mundo a nuestro derredor, a nuestra circunstancia, que nos circunda. Nos ocupamos en las cosas, en ese mundo, en la circunstancia y así vamos viviendo, vamos haciéndonos a nosotros mismos.

Tenemos que conocer el mundo a nuestro derredor, que es todo eso que nosotros no hemos hecho, sino que nos es dado, que está ahí. Tenemos que aprehenderlo, que ocuparnos de las cosas. Sin conocerlo no podemos hacernos, no podemos decidir, no podemos ir escogiendo a cada instante lo que vamos a ser en el próximo, no sabemos a qué atenernos.

Sin conocer el mundo a nuestro derredor se ve mermada nuestra capacidad para la autonomía, nuestro margen de escoger entre las opciones que hay en el mundo se encoge y el mundo se convierte en una perenne hostilidad. Hay que preocuparse por nuestro mundo porque en efecto nos circunda, porque es nuestra circunstancia, y al envolvernos constriñe o ensancha el margen de holgura para hacernos a nosotros mismos. Dibuja los perfiles que debemos tener en consideración para poner en marcha nuestra libertad. A esos márgenes que no hemos elegido, sino que nos encontramos coexistiendo con ellos, los hemos llamado margen de fatalidad, pues están ahí, aunque nosotros no queramos, y son todo aquello que no hemos escogido nosotros, sino que coexiste a la par que nosotros. Y el otro margen, el de holgura para hacernos a nosotros mismos, es el margen de libertad, en el que vamos haciéndonos a nosotros mismos decidiendo lo que vamos a ser en el próximo instante, actuando conforme a nuestras ideas, creencias o principios, dándole sentido al ser que somos y que lanzamos hacia el siguiente instante.

El Derecho es uno de los factores que dibuja los márgenes de fatalidad y que a veces colisiona de forma dramática con nuestra conciencia, con lo que somos, con el fondo insobornable que nos define en nuestro fuero interno, que afronta las ideas y creencias que nos hacen ser y que abrazamos para ir viviendo, para ir haciéndonos a nosotros mismos conforme a lo que ya somos, para seguir siendo en el siguiente instante.

Aquí tenemos el conflicto insuperable de conciencia. Mírenlo con toda su intensidad. Una tensión insuperable para nuestra vida, que tiene que renunciar a ser ella misma si da paso a la conducta exigida por la ley, y que de oír escuchar a su conciencia desatiende un imperativo valorado, estimado, por la sociedad de la que forma parte, por su circunstancia. El valor del Derecho impuesto por la elección de la conducta que ha hecho de la sociedad frente al valor de nuestras ideas, creencias y principios que tiene sentido para nosotros, la coherencia con nuestra trayectoria vital, con lo que somos. El valor del yo y el valor de nuestra circunstancia, Dios mío, ¿a quién salvamos? Ése es el conflicto insuperable de conciencia.

Ambas fuentes de valores tienen sentido dentro de la vida humana, porque la vida humana no se explica sin el yo coexistiendo con su circunstancia. La tensión dramática en sede moral se explica con el valor apreciado por el yo y el valor que la sociedad estima para regular la conducta humana.

La objeción de conciencia da continuidad a lo que somos, tenemos que eximirnos del cumplimiento de la legalidad para no traicionarnos. Al mismo instante, en nuestra circunstancia encontramos una valoración de la conducta humana como debida en la norma jurídica. O salvo el yo en detrimento de la circunstancia o doy paso a la valoración de la circunstancia traicionándome a mí mismo. La tragedia es que no se pueden salvar yo y circunstancia al mismo tiempo.

Por eso que la objeción de conciencia consiste, esencialmente, en plantear la exención del mandato. Esto es, en plantear a la sociedad el ruego de eximirse del mandato que atenta contra la conciencia. Hay que acercarse al juez y plantear el conflicto de derechos para que lo pondere, la objeción de conciencia frente al mandato legal, para hacer a nuestra circunstancia partícipe de la salvación, de la respuesta a ese drama particular y humano.

Si la sociedad concede el derecho a la objeción de conciencia apuesta por esa vida humana en particular. Si prioriza cumplir con el ordenamiento jurídico estrecha los márgenes de las creencias, de las ideas, de las convicciones, sin las que el individuo puede ir viviendo, avanzar, ser; le obliga a renunciar a sí mismo para que se haga ese acto.

Ese es el sentido de la objeción de conciencia, el de hacer a nuestra circunstancia partícipe de lo que somos planteando la exención al cumplimiento de un mandato concreto, porque en ello nos va la vida, porque dejaríamos de ser. El sentido último de la objeción de conciencia es reabsorber la circunstancia, fundirla de nuevo con el yo.

CONCLUSIONES

La libertad ideológica ha servido de pretexto para defender, en términos generales, un concepto de libertad como capacidad para la autonomía. Cuando a ese sustantivo, el de libertad, lo acompañamos del adjetivo ideológica especificamos su ámbito. Entonces nos referimos a la facultad humana para aprehender el mundo que nos circunda, para conocerlo y formarnos una idea de éste, y para actuar conforme a ello en un esfuerzo por compartir esa idea tan íntima de las cosas.

La libertad ideológica cuenta así con una dimensión interna y otra externa. La primera protegida a todo trance, la segunda supeditada al ejercicio de otras libertades, debiéndose coordinar con ellas en el foro público.

El primer problema al que nos hemos enfrentado ha sido que la libertad ideológica aparece en el discurso práctico como sinónimo de otras tantas libertades, a saber, la libertad de pensamiento, la de conciencia y la de religión y de culto. Teníamos que asumir una concepción de esta libertad y, después, ir distinguiendo ese concepto de cada una de las otras libertades. Tras ello, gracias a ese trabajo previo, proponer el uso apropiado para cada una de estas libertades que comparten vínculos tan estrechos.

En primer lugar, hemos delimitado el concepto de libertad de pensamiento a partir de dos características esenciales. Por una parte, la capacidad para asumir cualquier ideario o creencia y para actuar conforme a ello, evidenciando así que el ser humano es un agente moral y racional. Por otra parte, que el concepto es amplio, genérico, en el sentido de que engloba más libertades, como la religiosa o la de manifestación o expresión de ideas y creencias u opiniones. Decíamos, por ello, que la libertad ideológica actúa como concepto paraguas, bajo el cual se manifiestan esas otras libertades.

En segundo lugar, pasamos a contrastar ese concepto con las otras libertades vinculadas estrechamente con ella.

La conexión entre la libertad ideológica y la libertad de pensamiento no parece especialmente controvertida. De acuerdo con un estudio previo de las garantías y objetos de los artículos 16 CE y 9 CEDH, concluimos sin dificultades que se trata de derechos equivalentes. Las expresiones libertad ideológica y libertad de pensamiento son equivalentes y, por tanto, podemos aceptar su uso como sinónimos.

El vínculo con la libertad de conciencia es más complicado. La libertad ideológica o de pensamiento, indican que un individuo está posicionado racionalmente ante la vida y que actúa coherentemente con esa postura. Es decir, que puede ejercitar el músculo racional mediante el cual construye un sistema de ideas inspirado en creencias autónomas que brotan de su capacidad de pensar, o manifestar sus juicios de apreciación sobre la moralidad de las acciones. Claro que estos atributos se predican igualmente de la libertad de conciencia.

Nuestra propuesta pasa por diferenciar entre un ámbito genérico y un ámbito particular. A partir de ahí, es posible proponer un uso específico para cada expresión.

Cuando estas libertades, la de conciencia y la ideológica o de pensamiento, aparecen en el discurso jurídico como sinónimos, sería apropiado ir con precaución y utilizar una expresión genérica para referirse a la posición de la persona como ese individuo que comprende la realidad circundante. Es decir, al referirnos a esa situación genérica, un tanto abstracta, lo apropiado sería recurrir a la libertad ideológica o de pensamiento. Al revisar la jurisprudencia del TC y atender a la doctrina impartida por los juristas españoles observamos que ambas libertades se emplean englobando, expresa o implícitamente, otras libertades específicas.

Finalmente, la libertad de conciencia indica que el individuo actúa de acuerdo con alguna creencia o idea con el objetivo de limitar algunas interferencias que, generalmente, proceden de los poderes públicos. Esta libertad en la actuación, como advierte Bobbio, es una libertad en un sentido negativo, como explicó Berlín. La libertad de conciencia nos traslada al terreno de la acción desprovista de la coerción externa. La libertad de conciencia aparece en acciones de este tipo, como libertad negativa. Por este motivo, manejar esta expresión indistintamente como sinónimo de libertad ideológica no es conveniente, ya que representa genuinamente una libertad más específica, a saber, para la protección de derecho individuales, sin coerciones o injerencias. El uso de la expresión libertad de conciencia no nos remite a que interpretamos una actividad racional en sentido amplio, sino a que consideremos la acción motivada por una serie de convicciones específicas y libre de restricciones, como cuando nos referimos al ejercicio del derecho a la objeción de conciencia.

La segunda batería de problemas de la libertad ideológica que hemos hecho frente viene a través de su ejercicio y de nuestro intento por proponer un razonamiento propicio para resolver los casos en los que esta libertad toma parte.

En primer lugar, al actuar acorde con un ideario lo primero que reparamos fue en que la ideología, las creencias, los principios, condicionan la relación jurídica del individuo con las demás gentes. En el trato entre particulares sucede que cuando se participa de creencias o ideología a menudo éstas constituyen el motivo principal que justifica dispensar esa acción. Ahora bien, si las creencias o la ideología no tienen razón de ser en esa relación entre las partes, pero son tenidas en cuenta para dispensar el trato, se incurre en una discriminación ideológica. Y es que el Derecho impide que hagamos valer determinadas características personales como el motivo principal para dispensar un trato a los demás. Entre esas características encontramos la ideología o las creencias, que por tanto quedan excluidas como su posible justificación.

En segundo lugar, la discriminación ideológica es una injusticia porque implica contemplar la ideología como motivo para tratar diferente a lo igual o igual a lo diferente. Al preguntarnos sobre la igualdad formal de trato dimos con que la igualdad no es ningún valor, sino una medida en la relación entre las personas o las cosas. Si apreciamos valor alguno en la igualdad es porque nos designa el de justicia (lo valioso de tratar igual lo igual o diferente lo diferente), el de libertad (el fin en sí misma que es) o el de ambos. Además, vimos que la igualdad forma de trato en nuestro ordenamiento jurídico sólo exige el trato igual de lo igual, pero no el desigual de lo desigual, dando así la mitad de la justicia nada más. Sin embargo, eso no sucede con el principio de no discriminación porque determinadas características personales, entre las que encontramos la ideología o las creencias, no pueden operar como razón que justifique el trato igual de lo diferente o diferente de lo igual. A la postre, con esta reflexión estimamos el trato justo entre particulares a razón de ideología, creencias, convicciones o principios.

En tercer lugar, para evaluar esa justificación, si el papel de las creencias o la ideología es pertinente en el caso tenemos que apreciar la naturaleza de las cosas. Con la naturaleza de las cosas debatimos sobre los fines, los objetivos, los propósitos de las prácticas sociales, de las relaciones humanas, de las instituciones. De ahí que la naturaleza de las cosas nos sumerja en el razonamiento teleológico como el principal tipo de argumentación para resolver los casos en los que toma partido la libertad ideológica. Para ello, descartamos las críticas a la naturaleza de las cosas que la reducían al subjetivismo por el cual el sujeto acaba impregnando a las cosas con su propia valoración. En este sentido, asumimos la concepción de la naturaleza de las cosas en la que, por una parte, tenemos que contar con los proyectos o fines humanos y, por otra, con los requisitos que se desprenden de las cosas cuando tenemos que lidiar con ellas. Los requisitos que nacen de las cosas cuando topamos con ellas al trata de alcanzar nuestros propósitos son el criterio, además, con el que evaluamos las actividades, los actos, las relaciones. A esta concepción concisa llegamos de la mano de la filosofía orteguiana.

En cuarto lugar, nos quedaba discutir sobre el trato de los individuos que ejercen su libertad ideológica en relación con las instituciones. Las instituciones públicas tienen el deber de respetar la ideología o las creencias de los particulares. Lo que no quita que las instituciones tengan fines. Las instituciones tienen una razón de ser, unos fines propios, una misión, que define su esencia, su naturaleza. Mediante la naturaleza de las cosas y el razonamiento teleológico vimos que si introducimos fines distintos a los que definen a las instituciones las corrompemos desplazando su razón de ser en favor de una accesoria. Esta cuestión se agudiza con las instituciones u organizaciones privadas, que tienen potestad para abrazar un ideario o ética como propios. En este caso, cabía la posibilidad de que entraran en conflicto esas creencias con las adoptadas por el individuo. Para resolver esta cuestión nos ayudamos de la teoría de los modos colectivos de vida y trazamos una línea para separar los requisitos ideológicos como parte de las obligaciones exigibles al llevar a cabo una función determinada, por ejemplo, en un puesto de trabajo dentro de una empresa ideológica, respecto a exigir acciones de carácter ideológico cuando no se pueden vincular con las obligaciones derivadas de esa función. En el primer caso, como requisitos ideológicos derivados de una función social, serán exigibles. En el segundo, darán lugar a un trato injustificado por motivos ideológicos y, por tanto, incurrirá en una discriminación ideológica.

Finalmente, en la tercera parte nos hemos inmiscuido en los problemas derivados de una de las posibles manifestaciones del derecho fundamental a la libertad ideológica, como es el derecho a la objeción de conciencia con alcance genérico. Hemos buscado su sentido, su razón de ser.

Por una parte, comenzamos la búsqueda diferenciando la objeción de conciencia del resto de formas de desobedecer el ordenamiento jurídico. No nos centramos tanto en el hecho de que la objeción de conciencia sea un derecho y el resto no, sino en que, para mantener la coherencia con nuestra propuesta de libertad ideológica, esa capacidad para conocer el mundo y actuar acorde a esa idea, para ejercer la objeción de conciencia con alcance general, en definitiva, hace falta cumplir con una obligación. A saber, la de plantear la exención al cumplimiento de la norma jurídica que se pretende dejar de cumplir.

Por otra, al preguntarnos sobre el porqué de esa obligación, volvimos a navegar en la filosofía orteguiana para encontrar el sentido de la objeción en conciencia. En el fondo insobornable de nuestro fuero interno que es la conciencia surge un conflicto irresoluble entre dos obligaciones. Una, la estimada, la valorada, como debida por la sociedad en la norma jurídica que nos manda llevar a cabo una determinada conducta. Otra, en la obligación de actuar conforme al mandato de nuestra conciencia y no traicionar lo que somos. Este dilema escenifica la tensión entre el yo y su circunstancia, entre la norma de conciencia y la norma del mundo que nos circunda. La obligación de plantear la exención al cumplimento de la norma, el rasgo distintivo de la objeción de conciencia que hemos subrayado implica hacer a la circunstancia partícipe de una solución que no puede darse sólo a instancias de parte del individuo. De lo contrario, sólo salvaríamos al yo escapando de la circunstancia.

EPÍLOGO

AGRADECIMIENTOS

Por epílogo, el origen de la obra, en el que no pueden faltar los reconocimientos a quienes están siempre ahí.

Los principales argumentos que dotan de contenido a las páginas de esta obra no son recientes. Los elaboré hace unos años y no ofrecen mucha novedad acerca de mi forma de pensar. Y es que los datos, indagaciones, lecturas, acotaciones, subrayados, hipótesis, argumentos... con los que formé una opinión sobre los asuntos que envuelven a la libertad ideológica constituyeron parte del trabajo de llevar a cabo la tesis doctoral y subsiguientes trabajos en los que continué desarrollando el tema.

Una tesis consiste, en síntesis, en estudiar concienzudamente un tema en particular. Si aquí le hubiera ofrecido una amalgama de todo lo que se recoge en esa tesis, usted, desocupado lector, me odiaría de por vida. ¿De qué le puede servir a las gentes una lectura atropellada de datos a partir de normas, de pronunciamientos judiciales y de doctrina? En sí mismos, esos datos más bien de carácter enciclopédicos ni le sirve ni le pueden interesar, creo yo. Antes que atiborrar a bellotas a la gente, tenía que explicar algo. No es tanto cebarle con una hormigonera de frutas que ya he compartido antes, sino de invitarle a cenar. Así que nunca he estado muy convencido de que una tesis doctoral deba publicarse sin sustanciales modificaciones en formato libro.

Algunas razones en las que se sostiene mi convencimiento son las siguientes.

Si lo que hubiera compartido aquí fuesen esas notas, el trabajo de la tesis maquillado, sentiría que estoy mintiendo. Encuentro que hay dos razones de peso para no publicar una tesis en libro, insisto, en ningún caso. Además de que el público no se merece una indigestión de todas esas notas académicas tan poco agradables, especialmente si no tiene el hábito de leer textos académicos, una tesis llevada a cabo en una universidad, ¿acaso no es ya una obra pública? La otra razón es que, por lo anterior, me inclino por considerar un engaño que se publique una tesis, sin mayor reformulación, en formato libro. En el fondo, pienso que nadie me negará esto: la razón de compartir una tesis en forma de libro consiste en añadir una línea al currículum en forma de ISBN. Por tanto, para convertir una misma publicación en dos. Para mí es una falta de integridad que una misma publicación se la valore de ese modo: como tesis y como libro, cuando *mutatis mutandis* se dice exactamente lo mismo encuadrándolo en las exigencias de la formalidad académica o de una editorial.

Ciertamente, lo anterior luce muy bien ante las agencias de acreditación. En mi caso, al conseguir las acreditaciones por otros trabajos, diferentes a la tesis, me desprendí de esa necesidad. Así que ahora había llegado el momento oportuno de contar algunas ideas porque tengo la necesidad de contarlas, no de confeccionar un currículo a medida de ciertos estándares. La principal idea que quería presentar es que no podemos solventar los conflictos sociales en los que entre en juego la libertad ideológica sin acudir al razonamiento sobre la naturaleza de las cosas. En el fondo, básicamente quería soltar ese rollo y defenderlo públicamente. ¿Entiende ahora lo inútil y falso de vender una tesis cuando lo que aquí se trata es de defender y narrar una idea ante todos?

En definitiva, he procurado escoger sólo tres de los argumentos defendidos en ese trabajo, que se corresponden con las diferentes partes de esta obra, y los he redactado para un público amplio, lego en la lectura de batiburrillos académicos. Que les convenza o no de ello, o que tenga mayor o menor incidencia en nuestra sociedad, ya no depende de mí. Lo que tampoco me interesa mucho porque no es el motivo para escribirlo, como vengo diciendo.

Explicado el origen de algunas ideas y de los datos, es conveniente dar paso a exponer por qué esas ideas se han convertido en este tipo de obra y no en otro. Es decir, por qué me ha dado por escribir un libro más bien novelesco en lugar de unos documentos de trabajo, por ejemplo.

El por qué al tipo de obra sita en que, para dar a conocer una idea al público, a un lector en particular, hay que tenerlo en cuenta. No se escribe en el vacío, sino pensando en quién puede recibir el texto. Aura me sugirió que, si no quería aburrir a la universidad con una tesis, debía defender un par o tres de cuestiones interesantes para un público que acceda por primera vez a planteárselas y, por tanto, debía escribir en una forma más literaria, accesible, menos académica, menos pedante, si se quiere. Le agradezco infinitamente el consejo porque ahí yace el espíritu del libro. Gracias a ello empecé a escribirlo con renovadas ganas.

Desde que lo sugirió, un gusanillo me ha carcomido las entrañas recordándome que había pensado unas cosas, que para llegar a formarme una opinión del tema me había servido del estudio de las obras de otros y que, en el fondo, lo justo era ofrecer esas ideas de una manera comprensible, sin escudarme en el hermetismo del lenguaje jurídico. A ella le debo haber despertado la necesidad y las ganas de compartir estas ideas. Así es como el impulso para ejercer la libertad, la ampliación de los márgenes de nuestra capacidad no depende únicamente de nosotros mismos. Así es como ella me hace un poco más libre cada día.

Si bien esa es la indicación definitiva que actuó como el motor, como el nervio, con el que he ido escribiendo estas páginas, reconozco que hay también, digamos, hay en ellas una provocación. Mejor dicho, una invitación a explicar las reflexiones para que todo el mundo pueda entenderlas. Noelia Igareda, compañera de la UAB, suele lanzarme ese guante diciéndome que está muy bien eso de sacarse un billete para las ideas y para la reflexión infinita, que es fantástico tener esa costumbre de «dedicarse a la masturbación mental». Pero si soy capaz de dar rienda suelta a tales tendencias onanistas, al tiempo he de ser capaz de explicar lo que esté reflexionando incluso a un alumno de primero para que lo entienda. Provocación, consejo, invitación... como quiera verse. Lo que he hecho ha sido tomar sus palabras en serio. No sé si lo habré logrado.

Junto a ella, mis compañeras del grupo Antígona y del área de Filosofía del Derecho de la Universidad Autónoma de Barcelona han accedido siempre a debatir cualquier cuestión o tema, sin ningún tipo de censura o de reproche. Algunos casos del libro los hemos comentado en nuestras comidas y reuniones. Reconozco que suelto muchas barbaridades, pero es que ellas además de aguantarlas las debaten y esto hay que recalcarlo porque la tolerancia y la disposición al debate de cualquier opinión escasea en la academia. Ellas jamás censuran a nadie por pensar una cosa u otra. Desde luego, nunca lo han hecho conmigo. Ellas hacen posible un ambiente propicio para que se desenvuelva la libertad que constituye el tema de estas páginas. A la cabeza va Encarna Bodelón, pero la UAB sería irreconocible y otra institución completamente distinta sin Maria Barcons. Lo mismo puede decirse del resto de compañeras del área: Lucía Ortiz, Lorena Garrido, Bárbara Monllor, Esther Murillo, Luisa Moreno, Ariana Pisonero, Patricia González, Paz Olaciregui y tantas otras compañeras que entran y salen continuamente o que están también presentes de algún modo, como Cristina Vasilescu desde la UdG. Por supuesto, también más allá del área. Stefania Giombini, Josep Cañabate, Olga paz y Marc Hernández nos ofrecen constantes debates desde Historia del Derecho. Y «nuestros penalistas de cabecera» comparten algo más que un pasillo con nosotros.

Como la tesis la completé en la Universidad de Barcelona, muchas cosas las discutí con Ricardo García Manrique, que tuve el inmerecido privilegio de que fuera mi director. Ahora, lo considero un amigo y ese colega académico con quien se puede contar para cualquier cosa, al igual que con Víctor Méndez y Héctor Silveira. Un trío de sabios que para mí da sentido a la Facultad de Derecho de la UB. Junto a ellos, esa institución sería impensable sin Xavier Pedrol, que fue mi primer profesor de Teoría del Derecho, Pol Cuadros (aunque paciendo sus cosas por Lérida), Maris Köpcke, Pablo Scotto, Martí Colom, Alonso Pino, Lara Jiménez de Parga y Gonzalo Fernández, quienes llenan de reflexiones el lugar. En mi mente incluyo aquí a Rafael Ramis, aunque sea por derecho propio toda una institución en Mallorca.

Entonces, además, me ayudaron sobremanera las observaciones de Guillermo Escobar Roca y Elia Marzal.

Algunas ideas las he compartido con amigos y colegas del ámbito académico que ejemplifican muy bien la virtud de disposición perenne para el debate y para orientar a quien lo necesita. Entre ellos siempre despiertan mi admiración Consuelo Álvarez Plaza, José Juan Moreso y, sobre todo, Xavier Testar. Ojalá estas páginas hayan absorbido y reflejado algo de su ejemplo.

Finalmente, si pude finalizar aquel trabajo y si felizmente sigo adelante fue y es gracias a mi familia y allegados, en general. En particular gracias a mis padres, que en lugar de sembrar dudas acompañan siempre en las buenas y en las malas y, cómo no, de nuevo, a Aura.

Con ella he aprendido a reformular la filosofía orteguiana que concentra la frase «Yo soy yo y mi circunstancia, y si no la salvo a ella no me salvo yo», en otros términos. Y viene por la banda de los sujetos involucrados y legitimados para poder referirme a la realidad radical que es la propia vida.

Mi vida es mi vida porque no me pertenece sólo a mí. Sin reconocer a los otros me vacío de contenido.

El «mi» de mi vida es un determinante posesivo neutro muy especial, cuyo determinante se conjuga en singular, el posesivo en plural y de neutro no tiene nada, sino de radical. El determinante identifica mi vida en mi entidad biológica, en la realidad que soy yo, como ser único e irrepetible. El posesivo convierte mi vida en irrenunciable al mismo tiempo que incluye a quienes son partícipes de ella, sin los que carece de sentido vivirla, impidiéndome considerarlos cualquiera. Finalmente, identidad, entidad y sujetos partícipes como condición necesaria para ser vida humana son categorías que se dan radicalmente en la vida. Radicalmente porque todo lo demás enraíza con ellas y va adquiriendo coherencia, sentido, significado propio.

Cód. 07

Made in the USA
Middletown, DE
05 November 2026

36587642R00110